中國學術思想 研究輯刊

二九編

林慶彰 主編

第4冊

論當代儒學重構之問題與方法：
以牟宗三與勞思光爲例

周詠盛 著

花木蘭文化事業有限公司

國家圖書館出版品預行編目資料

論當代儒學重構之問題與方法：以牟宗三與勞思光為例／周詠
盛 著 — 初版 — 新北市：花木蘭文化事業有限公司，2019〔
民 108〕
目 4+234 面：19×26 公分
（中國學術思想研究輯刊 二九編：第 4 冊）
ISBN 978-986-485-706-7（精裝）
1. 牟宗三 2. 勞思光 3. 學術思想 4. 儒學
030.8   108001202

ISBN-978-986-485-706-7

中國學術思想研究輯刊
二九編 第 四 冊   ISBN：978-986-485-706-7

論當代儒學重構之問題與方法：
以牟宗三與勞思光爲例

作　　者　周詠盛
主　　編　林慶彰
總 編 輯　杜潔祥
副總編輯　楊嘉樂
編　　輯　許郁翎、王　筑　美術編輯　陳逸婷
出　　版　花木蘭文化事業有限公司
發 行 人　高小娟
聯絡地址　235 新北市中和區中安街七二號十三樓
　　　　　電話：02-2923-1455 ／傳眞：02-2923-1452
網　　址　http://www.huamulan.tw 信箱 hml 810518@gmail.com
印　　刷　普羅文化出版廣告事業
封面設計　劉開工作室
初　　版　2019 年 3 月
全書字數　216466 字
定　　價　二九編 15 冊（精裝）新台幣 28,000 元

論當代儒學重構之問題與方法：
以牟宗三與勞思光爲例

周詠盛　著

作者簡介

周詠盛，1984 年生於新北市，臺灣大學哲學所博士。由於對近代史與方法論有濃厚興趣，所以特別從「傳統義理如何現代化」的角度切入，選定了二十世紀中國哲學的研究方向，其中又以哲學問題的設定、分析、論域與回應為核心關懷。此外，也從事哲學普及與教育，在數所高中開設了哲學課程，鼓勵學生觀察現象、提出疑問、蒐集資訊、分析內容並建立自己的觀點。

提　要

　　從思維內容來看，傳統義理約略等同於中國哲學；但從論述模式看，傳統義理多以經典注釋的形式呈現，而中國哲學則採用了一套問題設定，來把文本材料解讀為對於這些哲學問題的描述、解釋與回應，並賦予古代學說以系統性的形式。在這樣的重構過程中，研究者所設定的哲學問題，打造了古代學說的邏輯結構，形塑了研究成果的主要內容。

　　牟宗三與勞思光都以儒學為成聖之學，強調了工夫論做為一種哲學問題的獨立性，工夫論是論述我們如何自我修養以達致理想人格的學問，又可細分為實踐指導、聖人境界與直覺體驗等面向。

　　然而，牟、勞兩家在處理工夫實踐的超越根據上則有不同意見。牟氏提出「道德的形上學」，強調了逆覺體證，並以本心能夠證成天道、創生萬物。勞氏提出的心性論，則強調了主體自覺，而否定了天道的獨立實存。雙方的最大差異，在於牟氏認定工夫體驗必然有哲學上的論證效力，而勞氏則不如此認為。故牟氏以天道為獨立實存的形上本體，並透過本心所有的工夫體驗來賦予天道以實質內容；但勞氏則把天道理解為主體自覺的投射或延伸，亦即天道可化約為價值自覺。

　　本書除了詳細說明牟、勞兩家的立場與後續論爭，也將進一步指出：儒學重構應當強調工夫體驗的積累過程。

誌　謝

一部博士論文的完成，得到了許多人所提供的支持。

首先要感謝我的兩位指導教授。碩士班時選修杜保瑞老師的課程，使我開始把研究興趣轉移到儒學之上，論文中對於牟宗三的許多論述，也都是承繼杜老師的思路而有的。博士班選修李賢中老師的課程，則讓我注意到方法論的重要性，他對方法的諸多觀點，是論文發想的重要契機。除此之外，本書的題目與範圍歷經了多次變動，兩位老師對於我研究方向的支持，是本書得以順利完成的關鍵因素。

其次要感謝北京大學哲學系的干春松教授，以及鄧志偉、馮駿豪兩位同學。在我交換期間，干老師的課程，提供了我一些有價值的參考資料；而鄧、馮兩位同學，和我一起組成了一個小小的讀書會，論文當中對於牟宗三的許多觀點，都從此而開始慢慢明朗。

其三要感謝幾位口試委員的詳閱與建議。林月惠老師指出多處義理表述不夠恰當之處，陳福濱老師補充了不少歷史背景的部份，曾春海老師則補充了工夫論中可再詳加說明的環節。這些建議都使得本書得以更加精進，並使我發現到一些可以繼續延伸的議題。

最後要感謝我的父母，他們一直支持我完成博士班學業。以及論文撰寫期間與我結為連理的采鴻，她不僅常常關心我的論文進度，也很願意傾聽我的論文內容。

其他我在臺大哲學所就讀期間，有所交流的老師、同學與學界同好，也都間接促成了本書的完成，此處無法一一詳述，只能以此隻字片語略表謝意。

目次

第一章 緒 論

第一節 研究緣起：系統化的要求

「中國哲學」一詞在現代社會並不讓人感到陌生，一般而言，它是傳統義理的同義詞，但我們應當注意：「中國哲學」概念出現不過一百多年，傳統義理卻已有幾千年的發展歷史。十九世紀末的日本學者最先開始使用「支那（中國）哲學」一詞〔註1〕；而在中國，僅管思想上受到日本不少影響〔註2〕，但將「中國哲學」正式納入學科體制，則是二十世紀初的事。據此，傳統上的自稱「中國」，和翻譯自 Philosophy 的「哲學」，兩者的結合並不那麼理所當然：為何傳統義理不使用自身的詞彙來指稱自己，而要採用西方的「哲學」概念？事實上，與其說傳統義理在發展過程中選擇了哲學來代表自己，不如說它是被強行納入哲學這一學科之中。而這一過程，反映出了清末民初以來的學術轉型。

民國政府於 1912 年推動了學科體制改革，將原本的京師大學堂改制成為北京大學校，使得對傳統義理的研究，被打散到文、史、哲三科。〔註3〕而 1914

〔註1〕 如内田周平於 1888 年、松本文三郎於 1898 年、遠藤隆吉於 1900 年、高瀨武次郎於 1910 年，都先後出版過《支那哲學史》。關於這幾本著作的進一步介紹，可參見陳威瑨〈「中國哲學史」通史專書寫作的發展——從中日交流的視角談起〉，收入鍾彩鈞編《中國哲學史書寫的理論與實踐（中國文哲專刊49）》，臺北：中研院文哲所，2017，頁 140～160。

〔註2〕 關於影響的過程，可參見葛兆光〈道統、系譜與歷史——關於中國思想史脈絡的來源與確立〉，《文史哲》，2006 年第 3 期。

〔註3〕 王學珍等編《北京大學紀事（1898～1997）》上冊，北京：北京大學，1998，頁 30～31。

年設置了中國哲學門，正式把義理之學的內容歸屬於中國哲學。至此，中國哲學已受到學科體制的承認，但以中國哲學爲名的著作，則歷經了一段經學、哲學不分的過渡期，直到胡適於 1919 年出版了《中國哲學史大綱》後，一套新典範才眞正被樹立起來。所以從歷史脈絡來看，是先出現了中國哲學此一學科，而後才有了眞正脫離經學框架的中國哲學研究成果。

在中國的學術傳統裡，本來缺少哲學史一類的著作，是在西學東漸之後，學者們仿效了西方哲學史的體裁來處理傳統義理的材料，於是才有了中國哲學史著作的出現。葛兆光就曾指出：

> 在近代中國，思想史這一名稱似乎沒有哲學史這一名稱受靑睞，也許，三分之一是因爲西洋的「哲學史」的現成範式給予轉型期中國學術的方便，三分之一是因爲「哲學」一詞的西洋意味在二十世紀前半期對中國學術的誘惑和挑戰，還有三分之一是由於大學學科的劃分中有哲學一系，因而需要有相應的教材。於是，有的學者試圖挪用西洋成型的概念、術語和邏輯總結中國的學術歷程，而有的學者則試圖在中國的學術歷程中找到與西洋一樣的哲學以證明中國也有同樣的知識，還有的學者則爲了大學的教學而寫作哲學史教材。〔註4〕

儘管葛兆光意在說明何以「哲學史」一詞較「思想史」一詞來得受歡迎，但這同時也反映出：在中國自身的學術脈絡下，哲學史研究是近代以來才出現的產物。西方的學術脈絡，發展出一套哲學史著作的論述模式，包括特有的問題設定、術語系統與理論結構等，並把不同的理論體系按時間順序來編排，以見其發展演變的過程。而中國傳統顯然缺乏類似著述，唯有《宋元學案》、《明儒學案》等近之，但它們是以文本摘錄爲主，而不具備西方哲學史那樣的結構。這樣的差異，讓中國哲學史研究的要求顯得更爲迫切，因爲傳統義理的表述形式，相較於西方哲學，看似全然不成系統。如果傳統義理只是缺乏形式上的系統，而必定具有實質上的系統，那我們顯然需要把傳統義理予以系統化，將各個學說呈現爲特定的邏輯結構，這才能算是眞正的「中國哲學研究」。據此，除了有傳統義理的思想資源以外，中國哲學研究之所以成爲學術上的積極要求，主要是因應學術轉型、符應於現代學科的時代趨勢而有的。反過來也可以說，古代學說的系統化，是透過中國哲學研究來進行的。

〔註 4〕 葛兆光《思想史的寫法：中國思想史導論》，上海：復旦大學，2004，頁3。

　　區別傳統經學與中國哲學兩個概念，有助於我們理解學術轉型是在什麼意義下成立。傳統經學是以經典注釋為核心來開展研究，這包括了尊奉經典內容、以詮釋經典的形式來發揮新思想、以不同經典來做學科或學派劃分等。單看文本材料，傳統經學與中國哲學所處理者，確實頗多重疊；但若論及研究方法，則中國哲學研究者莫不有意識地取西哲之長、避經學之短，要以回應哲學問題為核心來開展研究，也就是說，中國哲學研究認定了學說內容是對哲學問題的描述、解釋與回應。更具體地說，學說的思維內容是由古代文本材料所記載，所以在研究時，是將文本材料中的概念、命題或其他內容，理解、整合與呈現為哲學理論中的一部分，並強調了哲學理論是一因回應哲學問題而有的邏輯結構。這是一個系統化的過程，此過程首先需要提出問題設定，亦即一組用以研究傳統義理的哲學問題，才能順利進行下去。

　　據此，傳統義理與中國哲學的差異遠不只是名稱。中國哲學的誕生，實際上是學術轉型的一環，而中國哲學做為一個新學科，在思維取向、概念約定、方法成果、制度設計以及機構運行上，都與過往的經學截然不同。〔註5〕如果我們把「中國哲學」視為傳統義理的思維內容，那它無疑地經歷了長久積累，其內容是豐富多元的；但「中國哲學」做為一種論述模式，是因應學術轉型、因應現代學科、因應對西方哲學的理解而有的，此做法才剛滿百年而已。筆者之所以強調這樣的區別，是為了反省中國哲學何以為中國哲學，是要看傳統所累積的思維內容，如何被賦予一個全新的論述模式，以完成學說的系統化呈現。在這種不可逆的劇烈轉變之下，中國哲學要求我們在哲學學科的框架內，重新去理解傳統義理，並將其原意呈現為有系統的理論形式。換句話說，它要求我們基於古代的文本材料，來對傳統義理的思維內容進行一種重構、一種系統化。這樣的系統化如何可能？又該怎麼做？據此思路，本書所強調的，並非中國哲學本身具有什麼樣固定不變的內涵、外延，而是要在一個發展變化的動態過程中，探討古代學說如何被系統化地呈現出來。

第二節　研究背景：問題設定的起源

　　所謂問題設定，是指由研究者所自行設定的一組哲學問題，它的主要功能，是把傳統義理予以系統化。亦即在解讀文本材料上，將其中的思維內容

〔註5〕關於學術轉型的各個面向，參見李維武《中國哲學的現代轉型》，北京：中華書局，2008，頁2～7。

轉換並呈現爲對這組問題的描述、解釋與回應。古代的文本材料，在理論問題上往往不甚明顯，儘管它們具有回應問題的思維內容，表面上看來卻欠缺完整結構，所以我們才格外需要問題設定，一方面用以突顯古人思維內容所針對的哲學問題，二方面以有系統的理論形式來展示其思維內容。〔註6〕事實上，早在中國哲學研究的草創期，學者們就已自覺地給出了問題設定來解讀古代學說。以下就簡要說明胡適、馮友蘭與張岱年三家的觀點，一方面做爲問題設定的實際案例，二方面反映出問題設定所帶來的影響，三方面對問題設定的不同性質略作說明。

一、胡適《中國哲學史大綱》

要充分說明胡適《中國哲學史大綱》的開創性意義，我們可以從北京大學的成立開始說起。中華民國建立之後，意識到建立現代學科體制的必要，進行了一連串仿傚西方的學科制度改革。蔡元培擔任臨時政府的教育總長，並於 1912 年起草了「大學令」，不僅廢除了「忠孝爲本、經史之學爲基」的固有信條，更取消了經學科。〔註7〕同年，中華民國政府頒令京師大學堂改稱北京大學校，嚴復出任首任校長，他力圖按照近代學術體系和世界高等教育通行模式來整頓學校課程，「經科」被整合到了「文科」。這時的文科，已有哲學門的設置，師資不乏經學家。〔註8〕而 1914 年，胡仁源出任北大校長時，更在文科中增加中國哲學門。〔註9〕

〔註 6〕 傅偉勳已提及了「問題設定」一詞，且其意義與功能與本書大致相同，他認爲現代中國哲學工作者必須關注問題設定上的齊全性、問題解決上的無瑕性、解決程序上的嚴密性、語言表現上的明晰性。參見傅偉勳《從西方哲學到禪佛教》，北京：三聯書局，1989，頁 268。他又指出，所謂的中國哲學現代化，並非是要改變中國哲學的內容或義蘊，而是主張新問題設定、新表達方式以及方法論的建立。參見傅偉勳〈中國哲學的方法論建構問題〉，收入韋政通編《中國思想史方法論文選集》，臺北：大林，1981，頁 367～368。值得注意的是，僅管傅偉勳和本書都強調了問題設定在中國哲學研究當中的重要性，也都在方法的層次上來考慮之，但傅偉勳偏重於中國哲學的創新發展，而本書是就儒學重構而言的。

〔註 7〕 蕭超然等編《北京大學校史（1898～1949）》（增訂本），北京：北京大學，1988，頁 44。

〔註 8〕 此時的文科師資有陳黻宸、黃侃、朱希祖、陳漢章、辜鴻銘、林琴南、馬敍倫、錢玄同、沈尹默、馬裕藻等。見北京大學檔案館校史館編《北京大學圖史：1898～2008》，北京：北京大學，2010，頁 5。

〔註 9〕 蕭超然等編著《北京大學校史（1898～1949）》（增訂本），頁 46。

　　這樣的改革，是以現代學科的分類來取代傳統義理的分類。僅管從實質內容來看，傳統學術涉及了政治、哲學、文學、歷史、天文、地理等西方學科，但由於分類架構上的截然不同，傳統義理內部的分類，無論是經、史、子、集四分，義理、辭章、考據三分，或四書五經之分等，都不能和現代學科有直接對應。從此之後，研究傳統義理的學者們，至少在形式上就必須接納中國哲學此一學科。這不可避免地形成一段思想轉變的過渡期：傳統義理有著屬於自己的分類架構，教學或研究皆有自身的條理與系統可言，當此分類架構被取消，而要透過中國哲學來重新面對豐富多元的思維內容時，若只按時間順序而把眾多材料放在一起，卻沒有哲學的架構或方法來加以整理，就會出現無所依歸、缺乏條理與系統的情況，甚至導致經學、中國哲學彼此混同不分。

　　譬如，謝無量於 1916 年出版的《中國哲學史》認定了儒學即哲學。〔註10〕這僅管是要突顯中國亦有西方意義下的哲學與科學，但卻並未有意識地說明傳統義理和西方哲學之別，更無法區分研究經學與研究中國哲學有何不同。他僅管也論及了中西兩種分類架構，卻是把它們都納入哲學的範圍之內，強調其同而不論其異。〔註11〕在北京大學教授中國哲學史的陳黻宸，也有非常類似的情況。〔註12〕再者，經學家陳漢章在中國哲學史的課程中，從三皇五帝開始，講了半年才到周公，引起了學生們的不滿。〔註13〕當時為北大學生的馮友蘭，上了胡適的課之後，就發出了這樣的感想：「當時我們正陷入毫無邊際的經典注疏的大海之中，爬了半年才能望見周公。見了這個手段，覺得面目一新，精神為之一爽。」〔註14〕這代表當時的課程，還缺乏對文本材

〔註10〕　「道術即哲學也，方術即科學也。古之君子，盡力於道術，得其全者，是名曰儒。……在古之世，道術恆為士君子之學，稱學而道在其中。及官失學散，乃謂之曰儒學，謂之曰道學，謂之曰理學，佛氏則謂之義學，西方則謂之哲學，其實一也。」見謝無量《中國哲學史》，臺北：中華書局，1976，頁 1。

〔註11〕　「所謂哲學之分類，今昔略有不同。近世學者，論其大別，率分形而上學、認識論、倫理學三種。吾國古有六藝，後有九流，大抵皆哲學範圍所攝。」同上書，頁 2。

〔註12〕　「歐西言哲學者，考其範圍，實近吾國所謂道術」、「儒術者，乃哲學之極軌。」見陳德溥編《陳黻宸集》上冊，北京：中華書局，1995，頁 415。

〔註13〕　程偉禮認為這正是中國哲學史觀仍沉溺於經學古史觀中的表現。見程偉禮〈中國哲學史：從胡適到馮友蘭〉，《學術月刊》第 8 期，1995，頁 68～69。

〔註14〕　馮友蘭《三松堂自序》，《三松堂全集》卷 1，鄭州：河南人民出版社，2001，頁 184。

料的歸納整理與系統呈現，經學、哲學的混同不分，也因此成了一個學術上所不得不解決的難題。

而真正完結這一過渡期者，正是胡適。胡適認為自己是中國哲學史研究的開山人物，他說：「但我自信，中國治哲學史，我是開山的人，這一件事要算是中國一件大幸事。……凡不能用這種方法和態度的，我可以斷言，休想站得住。」〔註 15〕其於 1919 年出版的《中國哲學史大綱》，有意識地推翻了經學的研究模式，其中最為關鍵的，就是用問題設定來取代典籍注釋。〔註 16〕他所提供的問題設定是：其一，宇宙論：天地萬物怎樣來的？其二，名學及知識論：知識、思想的範圍、作用及方法。其三，人生哲學、倫理學：人生在世應該如何行為？其四，教育哲學：怎樣才可使人有知識，能思想，行善去惡？其五，政治哲學：社會國家應該如何組織，如何管理？其六，宗教哲學：人生究竟有何歸宿？〔註 17〕

這組彼此之間相互關聯的哲學問題，形成了一個理論架構，可用以呈現學說的系統性，如胡適自己所言：「若有人把種種哲學問題的種種研究法和種種解決方法，都依著年代的先後和學派的系統，一一記敘下來，便成了哲學史。」〔註 18〕這明白揭示了哲學史所關注的焦點所在，是各家各派的思想學說如何對應到哲學問題。更具體地說，是把文本材料解讀對這些問題的描述、解釋與回應，把材料的解讀結果一一納入這些問題之中，即可透過問題設定來呈現出古代學說的內容。這樣的解讀過程，胡適又稱之為貫通，他說：「貫通便是把每一部書的內容要旨融會貫通，尋出一條脈絡條理，演成一家有頭緒有條理的學說。」〔註 19〕所謂脈絡條理，就是他所提出的問題設定與相應的邏輯結構，這在呈現古代學說的系統性上實不可或缺。

〔註 15〕 胡適〈整理國故與「打鬼」〉，收入歐陽哲生編《胡適文集》卷 4，北京：北京大學，1998，頁 117〜118。

〔註 16〕 此書的其他特點，可用蔡元培所歸納出的四點來代表：一是證明的方法，亦即確實考證哲人的時代以及所使用的史料；二是扼要的手段，亦即截斷眾流，拋棄那些半神話式的記述，從老子、孔子開始講起；三是平等的眼光，亦即不特別遵奉諸子百家任何一者，而盡量還原各個學說的長處或短處；四是系統的研究，亦即突顯出思想發展演變的脈絡。見胡適《中國哲學史大綱》，上海：上海古籍出版社，2000，序頁 2。

〔註 17〕 同上書，頁 1〜2。

〔註 18〕 同上書，頁 2。

〔註 19〕 同上書，頁 21。

　　胡適的開山貢獻確實不容抹煞，余英時就借了科學哲學的說法，指出《中國哲學史大綱》建立了一個新典範，但這是就「史學研究」而言的，並非針對「哲學史研究」。〔註20〕從哲學史的角度來看，此書的實驗性質很高，尚有不少疏漏之處，勞思光就直接否定了胡書具有哲學性，因為胡適在說明問題上所用者大半只是常識。〔註21〕若從問題設定的角度來看，胡適所提供的問題範圍太廣，尤其是政治、宗教、教育等三個問題，隱隱超出了純粹哲學的範圍。加上他在理論推演的部分著墨不多，反而在考證材料上花了許多心力，其哲學性自然大打折扣。這些情況，代表胡書其實是介於哲學史與思想史之間的著作。事實上，胡適自己就曾說過：「後來我總歡喜把『中國哲學史』改稱為『中國思想史』。」〔註22〕他在 1923 年於〈一個最低限度的國學書目〉一文裡，已把自己的《中國哲學史大綱》歸入思想史之列。〔註23〕更曾經打算停下哲學史工作，轉為致力於寫作古代、中古和近世的思想史。〔註24〕根據賀麟對胡適言行的回憶，胡適甚至考慮取消北京大學哲學系，而把順著他做哲學史考據的教授轉移到歷史系。〔註25〕可見他在研究傳統義理上所持的態度，應當較為接近思想史。

二、馮友蘭《中國哲學史》

　　馮友蘭《中國哲學史》兩卷本，分別於 1931、1934 年出版。相較於胡書只寫到先秦，此作區分了子學時代與經學時代，具備了通史的完整形式。他所採用的問題設定如下：其一是宇宙論：求一「對於世界之道理」，又可分為（一）本體論：研究「存在」之本體及「真實」之要素者，以及（二）宇宙論：研究世界之發生及其歷史，其歸宿者。其二是人生論：求一「對於人生之道理」，又可分為（一）心理學：研究人究竟是什麼，以及（二）倫理學、政治社會哲學：人究竟應該怎麼者。其三是知識論：求一「對於知識之道理」，

〔註20〕　余英時《重尋胡適歷程：胡適生平思想與再認識》（增訂版），臺北：中研院、聯經出版，2014，頁 261。

〔註21〕　勞思光《新編中國哲學史》卷一，桂林：廣西師範大學，2005，頁 1～2。

〔註22〕　胡適英文口述稿、唐德剛譯注《胡適口述自傳》，歐陽哲生編《胡適文集》卷 1，頁 415。

〔註23〕　胡適〈一個最低限度的國學書目〉，收入歐陽哲生編《胡適文集》卷 3，頁 89。

〔註24〕　胡適《中國古代哲學史》，歐陽哲生編《胡適文集》卷 6，頁 158。

〔註25〕　賀麟〈兩點批判，一點反省〉，收入三聯書店編《胡適思想批判》第二輯，北京：三聯書店，1955，頁 90。

又可分為（一）知識論：研究知識之性質者，以及（二）論理學：研究知識之規範者。〔註26〕

　　馮友蘭注重說明哲學理論的推演過程，他不僅指出哲學問題之間的邏輯連結：或以一哲學之人生論根據於其宇宙論，或以知識論證成其宇宙論，或以研究人是什麼而涉及知識論。〔註27〕更特別強調論證的重要性：

> 自邏輯之觀點言之，一哲學包有二部分：即其最終的斷案，與其所
> 以得此斷案之根據，即此斷案之前提。……普通人只知持其所持之
> 見解，而不能以理論說明何以須持之。專門哲學家則不然，彼不但
> 持一見解，而對於所以持此見解之理由，必有說明。〔註28〕

一個學說之所以能夠被歸屬於哲學，不光是對哲學問題給出了回應，更是要說明其主張如何能夠成立、基於什麼前提與理由而成立。所謂論證，即是由若干前提與結論所組成，前提支持了結論，而結論則立基於前提。據此，論證過程往往也就描述、解釋與回應了哲學問題，馮友蘭即特別強調哲學是理智之產物，一個道理要成立，必須要以論證支持之。

　　此外，據馮友蘭所言，一個學說可被稱為哲學，則必然具有實質系統，無實質系統者即非哲學學說。〔註29〕但沒有形式系統則無關乎是否為哲學學說，只是在形式上不容易看出其實質系統，所以我們才需要進行重構（或說系統化）的工作。那麼，這樣的重構有無標準可供依循？以下引文即清楚地表明，問題設定扮演了重要角色：

> 如果他自己有形式系統，則依他自己本有的形式系統敘述：如果他
> 自己本沒有形式系統，則當就他的實質系統中求出他的形式系統敘
> 述。何者為他的形上學？何者為他的人生論？何者為他的知識論？
> 他在他的形上學中提出一些什麼問題，他解決他所提出的形上學之
> 問題，用的什麼方法？採的什麼論證？得出什麼結論？他解決他所
> 得出的人生論之問題，又是用的什麼方法？採的什麼論證？得的什
> 麼結論？〔註30〕

〔註26〕　馮友蘭《中國哲學史》卷上，《三松堂全集》卷 2，鄭州：河南人民出版社，2001，頁 245～246。
〔註27〕　同上書，頁 246。
〔註28〕　同上書，頁 248。
〔註29〕　馮友蘭〈泛論中國哲學〉，收入《三松堂全集》卷11，頁 130。
〔註30〕　馮友蘭〈怎樣研究中國哲學史？〉，收入《三松堂全集》卷11，頁 410。

由於古代文本材料往往缺乏嚴密條理，要兼顧學說的系統性與原意，就必須透過形上學（在馮友蘭的術語界定裡，形上學與本體論基本上是同義詞）、人生論與知識論所組成的一套問題設定來處理材料內容。這是以問題設定為基礎，先行建構出一個哲學學說所應該具備的邏輯結構，再把解讀材料所得出的內容一一放到這一邏輯結構之中來理解。

　　值得注意的是，金岳霖在〈審查報告〉中，指出馮友蘭的研究並非「中國哲學的史」，而是「西方哲學在中國」。他的論述鋪陳頗長，但最為關鍵的區分在於：「一個態度是把中國哲學當做中國國學中之一種特別學問，與普遍哲學不必發生異同的程度問題；另一種態度是把中國哲學當做發現於中國的哲學。」〔註31〕其中的普遍哲學，是指把西哲的問題設定當作哲學的唯一標準，學說內容必須對應到西哲的問題設定才能算是哲學。如果傳統義理所討論的問題與西方哲學完全一致，那傳統義理當然算是哲學。但如果傳統義理所討論的某些問題與西哲一致，某些又與西哲相異，這就在研究態度上產生一種左右兩難了。

　　面對此困難，我們有兩種可能做法：一是堅決以西哲式的問題設定為標準，二是自行設定哪些問題才算哲學。在金岳霖看來，馮友蘭採取的態度是前者，他說：「馮先生的態度也是以中國哲學史為在中國的哲學史；但他沒有以一種哲學的成見來寫中國哲學史。」〔註32〕由於馮友蘭的問題設定是直接移植自西哲，是以西方哲學的問題設定為哲學的普遍標準，所以金岳霖說他沒有哲學的成見。在此意義下，「中國」僅是一個地理而非文化概念，故馮書是「西方哲學在中國」，是要敘述發現於中國的西方哲學。這代表馮書在方法層次上，對於中國哲學自身的特質考慮不多，其成果較為缺乏「中國性」。牟宗三即指出，馮友蘭根本沒有進入宋明儒者本身關心的問題，所以「其言十九與中國傳統學術不相應」。〔註33〕勞思光也認為馮友蘭無法掌握道德主體的概念，甚至是把成德之學看做形上理論，實為大謬。〔註34〕這樣的反思，一定程度上促成了牟、勞兩家對於工夫論的重視。

　　事實上，馮友蘭已然指出中國哲學缺乏知識論〔註35〕而強調修養論〔註36〕，

〔註31〕　馮友蘭《中國哲學史》卷上，《三松堂全集》卷2，頁617～618。
〔註32〕　同上書，頁618。
〔註33〕　牟宗三《中國哲學的特質》，《牟宗三先生全集》卷28，頁2～3。
〔註34〕　勞思光《新編中國哲學史》卷一，頁3。
〔註35〕　馮友蘭《中國哲學史》卷上，《三松堂全集》卷2，頁249。
〔註36〕　同上書，頁251。

但在他自己所提供的問題設定裡，卻缺乏修養論而強調知識論。值得注意的是，表面上看來，修養論似乎屬於人生論的一環，但在馮友蘭的三分問題架構裡，人生論的次級論題是心理學（人究竟是什麼）以及倫理學、政治社會哲學（人究竟應該怎麼行動），其中並未明確提及修養論。修養論是指自我修養並達致理想人格的相關論述，我們不應將其直接等同於心理學或倫理學，所以在理解馮友蘭的觀點時，我們也不應因其有心理學或倫理學的設定，來說他有在問題設定上反映出修養論（儘管在具體成果上或有涉及）。此外，在許多學說的解讀上，馮友蘭大量採用了西方哲學的資源，譬如以共相與殊相、外延與內涵等概念來解讀公孫龍〔註37〕；用希臘哲學中形式、材料的概念來解釋朱熹的理、氣關係〔註38〕；在解釋朱陸異同時，認爲朱熹所見之實在有兩世界，一在時空一不在時空，象山則只見到在時空的這一世界。〔註39〕凡此種種，都是先了解西方哲學於形上學或宇宙論有何觀點，並在認定古代學說有著相同的理論問題後，把這些觀點套用在解讀學說上。這實際上是把西方哲學的內容代入古代學說之中，而古代學說的特質卻不見得能突顯出來。

當然，這並非說馮友蘭絲毫不關心修養論，事實上其成果並不乏對修養論的處理，眞正屬於知識論的部分反而偏少。但從問題設定的角度來看，由於缺少修養論，加上中國哲學的關鍵概念往往涵義豐富，所以在面對具有修養論內容的概念時，馮友蘭就傾向把它理解爲對西方哲學問題的回應，這一點在論及宋明儒學時特別明顯。〔註40〕這樣的問題設定，使得馮友蘭一開始就難以把修養論當成中國哲學的理論基礎，他或許在實際操作上還是處理了修養論，卻與原先的問題設定不太一致，導致其研究很大程度上滿足了胡書所缺少的哲學性，卻無法充分反映出中國哲學本身的特質。

三、張岱年《中國哲學大綱》

張岱年《中國哲學大綱》於 1937 年寫成，但由於戰亂，直到 1958 年才正

〔註37〕 馮友蘭《中國哲學史》卷上，《三松堂全集》卷2，頁436。
〔註38〕 同上書，頁329。
〔註39〕 同上書，頁357。
〔註40〕 徐復觀即說：「馮友蘭之徒，硬拿著一種西方形而上學的架子，套在儒家身上，如『新理學』等說法，這便把儒家道德實踐的命脈斷送了。」見徐復觀〈儒家精神之基本性格及其限定與新生〉，收入李維武編《儒家思想與人文世界》（徐復觀文集卷二），武漢：湖北人民出版社，2009，頁39～40。

式出版。相較於胡、馮按學說的時間先後來編排章節，張書是把不同學說的內容打散並分配到特定的哲學問題下，可說是一本中國哲學問題史。他所提供的問題設定是：一是宇宙論，可分爲（一）本根論或道體論：論宇宙之最究竟者，（二）大化論：論宇宙歷程之主要內容。二是人生論，又可分爲（一）天人關係論：人與本根之關係，（二）人性論：人性之探究，（三）人生理想論或人生最高準則論：理想生活之基本準則，（四）人生問題論：關於人生的各種問題。三是致知論，又可分爲（一）知論：論知之性質、可能與標準，（二）方法論：論求道之方、名言與辯。〔註41〕他又特別指出：「中國哲學與西洋哲學在根本態度上未必同；然而在問題及物件上及其在諸學術中的位置上，則與西洋哲學頗爲相當。」〔註42〕也就是說，中西哲學共用相同的問題架構，兩者的主要差別，在於對這些問題的不同立場與觀點，或說是不同的回應方式。

　　由此可見，張岱年不僅承襲了胡、馮的做法，透過一組問題設定來進行文本解讀，更進一步採用了問題史的形式，這利於看出古代各家對同一問題的不同回應。他有意識地運用了傳統概念來表述問題，並試圖在問題設定上反映出中國哲學的修養論特色，譬如其中的天人關係論、人性論、人生理想論與方法論等，都有修養論的影子。或者我們也可以說，張岱年考慮到修養論的重要性，並據此來修改西方原有的哲學問題，以建立一個中西哲學共用的問題架構，如此就可以透過在問題上的不同立場與回應，來突顯中西哲學之間的差異。

　　這樣的做法，反映出張岱年如何看待中西哲學之間的關係。陳來即指出，張岱年是把哲學看成文化，要從全人類文化的角度出發來把「哲學」當成一個共相。〔註43〕故中哲和西哲都是哲學的一個類型，彼此之間地位平等。李維武也說，張岱年並未以西方哲學來貶抑中國哲學，也非保守的文化傳統主義者，而是要立足於中西哲學比較的視域，來發現中國哲學的特色與精義。〔註44〕據此，張岱年指出了中國哲學的六個特點：其一是合

〔註41〕　張岱年《中國哲學大綱》，《張岱年全集》卷2，石家莊：河北人民出版社，1996，頁4。

〔註42〕　同上書，頁3。

〔註43〕　陳來〈關於「中國哲學」的若干問題淺議〉，《江漢論壇》，2003年第7期，頁22。

〔註44〕　李維武〈從中西哲學比較中發現中國傳統哲學的特色與精義——以張岱年《中國哲學大綱》爲中心〉，《江海學刊》，2014年第6期，頁31。

知行，即中哲學說以實踐爲依歸。其二是一天人，這除了指天人之間並無本質上的區別以外，也代表最高理想在於達成與天合一的人格境界。其三是同眞善，認識眞理即是認識道德，追求道德即是追求眞理。其四是重人生而不重知論。其五是重了悟而不重論證。其六是不依附科學亦不依附宗教。〔註45〕其中，前五點都和修養論有很強的連結。

尤其是，張岱年強調了知識論與修養論之間的密切關係，要用綜合兩者的致知論來突顯中國哲學的特質。劉軍平指出：

> 他注意到，中國哲學中致知之方與德行涵養相依不離是中國哲學的特點。知識論是在倫理學的範圍內發生的，即這裡所講的知識的獲得、知識的發展並不像西方哲學那樣是在對自然的認識當中形成的，而是以道德修養爲基礎。〔註46〕

「知識論是在倫理學的範圍內發生」這一表述，特別值得我們注意。一般說來，知識論和倫理學應該分屬不同哲學問題，但這卻是把知識論納入倫理學的脈絡下來理解，更說它是以道德修養爲基礎。往好處想，我們可以重新呈現有中國哲學特色的知識論，並拿它和西方哲學做比較。但這也導致，中國原有的修養論內容被視爲某種客觀知識。張岱年自己即說：「過去中國之所謂學，本不專指知識的研究，而實亦兼指身心的修養。」〔註47〕在其問題設定中，修養論內容是被納入致知論，特別是方法論下來理解。在此意義下，修養過程其實和認知過程無異，而修養所得的德性之知和認知所得的聞見之知就容易被放在一起比較，譬如張岱年在綜論致知方法時，就歸納出了四種進路：直覺、實踐、觀察、思辨。〔註48〕廣義來看，它們的確都可以算是知的方法。但若要細分，直覺、實踐屬於主觀修養，觀察、思辨則屬客觀認知。

修養論與知識論並不互斥，雙方關係也並非不能討論，但把兩種內容納入同一哲學問題來處理，眞的是恰當的嗎？這恐怕是一個值得深思的問題。

四、比較研究與相應的文獻回顧

綜上所述，我們可以看到三家問題設定的優缺點：胡適在問題設定的提

〔註45〕 張岱年《中國哲學大綱》，《張岱年全集》卷2，頁5～9。
〔註46〕 劉軍平《傳統的守望者：張岱年哲學思想研究》，北京：人民出版社，2007，頁441。
〔註47〕 同註36，頁6。
〔註48〕 同上書，頁613。

出上，的確是首倡風氣之先，但其成果的哲學性則太過薄弱。馮友蘭的問題設定，是以西方哲學爲主要標準，這大大加強了哲學性，其成果卻落於「西方哲學在中國」，缺乏「中國性」。張岱年的問題設定，則試圖加入了修養論（以下又稱工夫論）的思維內容，一定程度上反映了中國哲學的特質，卻依然沒有把工夫論視爲獨立問題。由此可見，問題設定在中國哲學研究上實扮演了重要角色，尤其是在通史或斷代史的研究上，如果不先確定所要處理的哲學問題，面對龐大的文本材料，就難以理出一個清楚明確的脈絡來。

在這樣的思想背景下，本書特別選擇了牟宗三（以下簡稱爲牟氏）與勞思光（以下簡稱爲勞氏）兩位學者來進行研究，因爲他們都明確提出了自己的問題設定，更把儒學的工夫論特質給詳細考慮在內，以工夫論爲核心來重構儒學學說。據此，若要深入反省儒學重構之問題與方法，勢必不能繞過牟、勞兩家的成果與貢獻。這涉及了兩家之間的比較，以下即要說明這種比較如何進行，加以文獻回顧，以更好地反映出本書的核心關切。需要說明的是，對於牟氏的儒學重構，學界已有非常豐富的討論，針對勞氏者亦不在少數，以下將在相應章節裡陸續論及。故此處僅就牟、勞比較的文獻來進行回顧。

牟、勞兩家在宋明儒學的研究上皆有相當貢獻，也有豐富且深入的論述，其中有許多異同之處值得討論。也就因爲如此，我們的比較研究，要從怎樣的角度切入？又要特別關注哪個面向？這就必須訴諸於比較之目的，或說比較所預期得出的價值。本書關注的是儒學重構，特別是問題設定在重構過程中所帶來的影響，故在比較牟、勞兩家時，除了鋪陳其基本觀點以外，並非是就特定概念（如天道或理氣）、特定學說（如朱熹或陽明學說）、特定經典（如《孟子》或《中庸》）的不同理解來進行，而是強調他們在問題設定上的異同，以及此異同延伸出了怎樣的哲學意義。簡而言之，牟、勞兩家都設定了工夫論，這突顯儒學做爲成德成聖之學的性質，但在處理工夫實踐之超越根據上，牟氏設定了形上學而勞氏設定了價值論，這就導致了對於儒學的不同理解，以及宋明儒學內部的不同分系或階段。

此外，牟、勞兩家曾有一些針對對方觀點的簡要批評，他們很早就已意識到彼此之間的差異，故比較的另外一個意義，就是充分說明雙方的根本差異，或說雙方不可協調的衝突爲何。也就因爲如此，本書的比較，相當部份是藉由立場攻防的形式所展現出來的。當然，雙方也有一些重要的共通之處，那就是以儒學爲一源遠流長的哲學傳統，也以現代儒學就是古典儒學的直接

繼承與發揚。

接著是文獻回顧的部份。有系統地比較牟、勞兩家的專書，似乎還不多見，廖曉煒《牟宗三・勞思光哲學比較研究——以儒學重建與文化哲學爲中心》一書，可說是全面且深入之作。此書關心的首先是「儒學之重建」問題，其次是「中國文化路向」問題。這兩個問題當然相互關聯，特別是我們對儒學的理解，決定了中國文化在現代社會當中能夠發揮出怎樣的價值來，而在章節編排上，廖書也的確是先說明了牟、勞兩家的儒學觀，而後論及儒學現代性的問題。這就承認了勞氏儒學觀點的豐富與深入，在整體上足以和牟氏平等齊觀，且在諸多方面皆可進行有價值的比較，同時也爲勞氏思想在現代儒學發展中給出了一基本定位。

必須注意的是，儘管都比較了牟、勞兩家並肯定其學術價值，廖書與本書的核心關切其實不盡相同。要說明這一點，可從廖曉煒的這段論述開始：

> 牟宗三的態度基本上是使傳統先通過現代的檢驗再批評現代，也就是說傳統在牟宗三這裡已經具備了現代的特性，同時針對現代性的諸種弊端而有所回應，是以牟宗三說：「現代化是必須經過的，然不是最後圓滿的。」勞思光則將此轉換爲一個重要的理論上的區分：「開放成分」與「封閉成分」的區分，而傳統儒學中何者爲開放、何者爲封閉的評判標準則似乎都是現代性的，勞思光試圖使傳統儒學完全衝破這些滿是荊棘的阻礙，以最後所得到的具有開放性的內容作爲回應現代性問題的基本資源。〔註49〕

這誠然指出，牟、勞兩家的儒學重構，都試圖在傳統性與現代性之間取得平衡，但廖曉煒似乎沒有進一步處理：傳統與現代之間有無優先次序？兩者之間有沒有可能相互衝突？筆者認爲這有進一步辨明的必要，因爲儒學與現代社會之間的關係，至少可以有兩種認知：一是基於現代社會的需要，來篩選儒學所應呈現出的內容與價值；二是基於儒學本有的內容與價值，來指導現代社會的運作與發展。這兩者顯然有根本的差異，因爲前者更像是要汲取特定部份，而不需要顧及儒學本身的整體性，但後者則必然要先突顯出儒學的整體特質來。

這就反映出：爲何本書是把焦點集中在儒學重構上，而沒有直接涉及現代性的問題。在筆者看來，牟、勞兩家皆持「儒學指導社會」而非「社會篩

〔註49〕 廖曉煒《牟宗三・勞思光哲學比較研究——以儒學重建與文化哲學爲中心》，新北：花木蘭文化，2012，頁 5～6。

選儒學」的態度，這就需要先對儒學有充分理解，而後才可處理它在現代社會之中的定位。當然，筆者並非要說我們不應把兩個問題放在一起討論，而是要指出：單就儒學重構來比較牟、勞兩家，是有其意義的，也是必須的。特別是，本書則是從中國哲學的起源出發，有意識地反省了問題設定在儒學重構中的關鍵功能，並據此脈絡來比較牟、勞，而廖書更多地是著眼於現代性與文化路向的問題來比較牟、勞，這造成了廖書與本書在問題意識、研究方法與處理內容上的差異。故廖書的結論意在說明勞氏應當可以歸屬於新儒家，因為勞氏以儒學為中國文化的核心、對儒學有一種使命感、要讓儒學成為活的哲學，凡此皆與新儒家同。〔註50〕而本書之最終目的，則是要對儒學重構提出進一步建議。

此外，林宏仁的博士論文「勞思光宋明儒學方法論辨析」，有專章比較牟、勞兩家在儒學觀點上的差異，亦值得一提。牟氏認為儒學當中必然論及了形上學，並以「道德的形上學」來代表儒學的圓教型態，而勞氏則是反對以形上語言來重構儒學，這顯然形成了一種詮釋競爭。根據林文的整理，牟氏以及其他學者的批評，主要是勞氏忽略儒學亦處理了存在問題，且誤把《中庸》、《易傳》視為宇宙論中心。〔註51〕林宏仁顯然有意替勞氏辯護，他認為超越之性僅是主體意念的投射，而逆覺體證也僅是一種神秘體驗，頂多代表了一種強烈信念，而無法證成超越的天道。〔註52〕

本書亦處理了牟、勞兩家的針鋒相對，但和林文不同的是，本書先是從問題設定的角度出發，說明牟氏設定了形上學而勞氏設定了價值論，而後指出牟、勞兩家對於工夫體驗有截然不同的觀點：牟氏認定工夫體驗有哲學上的論證效力，而勞氏則認為沒有。若從形上學的角度來嚴格檢視，工夫體驗或許真的無法證成形上學命題，但從儒學重構的角度來看，牟氏是努力要把儒學的工夫體驗予以哲學化。由於儒學是以成聖為最終目標，而工夫體驗則是個人修養成聖所不可或缺的一環，故我們應當著重探討牟氏此說如何反映出了儒學特質，而不應輕易貶之為主觀信念，不應以其在解釋儒學合理性上毫無效力可言。此乃本書的基本態度。

〔註50〕　廖曉煒《牟宗三・勞思光哲學比較研究──以儒學重建與文化哲學為中心》，新北：花木蘭文化，2012，頁272～278。

〔註51〕　林宏仁「勞思光宋明儒學方法論辨析」，臺北：中國文化大學哲學系博士論文，2012，頁82～89。

〔註52〕　同上書，頁99。

第三節　研究目的：反省問題設定的功能

　　本書意在從學術轉型的背景出發，來看二十世紀以降，牟、勞兩家採用了怎樣的問題設定來進行儒學學說的系統化。其中又以宋明儒學爲主要範圍，因爲牟氏的三系說、勞氏的一系三階段說，對於我們如何理解儒學有著極大影響，且雙方的觀點有許多異同之處值得討論。如果用問題的形式來表達：牟、勞兩家如何基於中國哲學的論述模式，加上對前人的反省與自身的學術觀點，而建立了一套重構儒學的問題與方法？他們的問題設定與方法架構，又是如何決定了研究成果以及我們對於儒學的理解？透過比較兩者的方法架構，是否能夠提供有價值的意見，以推動更進一步的研究？據此思路，以下先略爲梳理中國哲學研究的發展脈絡，而後檢視牟、勞兩家所採用的問題與方法。

一、釋題

　　藉由釋題，可勾勒出本研究的大致輪廓，並做術語上的區分與釐清，以收提綱挈領之效。

　　首先，我們可以區分「中國哲學」的兩種意義：一是古代的哲學思維內容，約略等同於傳統上所說的義理之學，在之後的行文裡，主要以「傳統義理」一詞來代表此義；二是現代學者的學術著作，可說是以傳統義理爲研究對象，但又涉及了特定的論述模式、問題設定與方法架構，在之後的行文裡，以「中國哲學（研究）」來代表此義。本書即是以牟、勞兩家的中國哲學研究爲主要對象，看其各自透過了怎樣的問題設定與方法架構，一方面解讀了古代流傳下來的文本材料，二方面基於文本材料所蘊含的思維內容，來爲儒學重新建構出有系統的理論體系。之所以針對這兩家，除了筆者學力有限，不得不有所取捨以外，牟宗三與勞思光兩位先生，一來皆以儒學爲一獨立的思想整體，並以探求儒學原意爲研究取向〔註53〕；二來皆建立了明確的問題設定與方法架構，並有重要的學術貢獻與影響；三來兩人對儒學的觀點相當不

〔註53〕　值得注意的是，牟氏曾說其《心體與性體》非哲學史，其理由有二：一是並未涉及所有重要人物，如邵康節；二是強調義理分解，而略去社會文化的前因後果。見牟宗三《宋明理學演講錄》，《牟宗三先生全集》卷30，頁3。但這顯然是就一種嚴格意義下的哲學史體裁而言的，較爲廣義地來看，其著作仍然可以歸於中國哲學史研究之列。

同，透過比較與反省之，可望為未來的儒學研究提供重要參考。

　　所謂「儒學」，在本書的行文脈絡裡，主要是指「儒家哲學」，亦即儒家學派所發展出來的、屬於哲學的思維內容。從人物的角度來看，儒學是以先秦孔孟、宋明程朱陸王等人的學說為代表；從文獻的角度來看，則是以《論語》、《孟子》、《大學》、《中庸》、《易經》等經典為代表，包括種種注釋與相關的著作、語錄。〔註 54〕當然，廣義來看，儒學所涉及的面向相當多元，還涉及了文學與史學等，但本書所關切的是中國哲學，而上述人物與經典乃是儒學做為中國哲學的主要代表，故後文當中所謂儒學，主要指承繼孔孟的、屬於哲學的思維內容本身，而不涉及著述體裁或論述模式上的差異。儘管本書是從反省「中國哲學」一詞出發，但為了不讓處理範圍太過寬泛，本書主要是就牟、勞兩家的儒學研究來做討論，特別是他們在中國哲學上的貢獻，主要也是反映在儒學重構上。

　　所謂「重構」，是因這樣的一種思路而有：中國古代的哲學著述，多以經典注釋或語錄的體裁流傳下來，相較於西方哲學，並不具備結構嚴謹、層次分明的理論形式。而在中國哲學研究的積極要求下，學者們遂以西方哲學為參照，透過系統性的理論形式將古代學說給展示出來，此即傳統義理的系統化過程。〔註 55〕換個角度看，儒學的文本材料與思維內容，是在中國哲學研究的問題設定與方法架構下，被重新理解、組織為特定的邏輯結構，此即所謂重構。某些學者（如馮友蘭）認為，中國哲學研究能夠展示出儒學的原意與特質，故重構僅是改變了儒學的呈現形式，而沒有改變儒學原有的思維內容。不過，以下在論及牟、勞兩家的成果時，姑且對這一觀點持保留態度，

〔註 54〕　如劉述先即把儒家區分為精神的、制度的與政治的。其中，精神的儒家是中國哲學主要討論的對象，又可分為三期：先秦的孔孟、宋明的程朱陸王、現代新儒家。見劉述先〈港、臺新儒家與經典詮釋〉，收入劉述先《現代新儒學之省察論集》，臺北：中研院文哲所，2004，頁 147。

〔註 55〕　牟氏對此曾有說明：「我們在現在講中國學問是很困難的，因為中國以前的文獻並不像西方哲學那樣有系統，並沒有那麼清清楚楚的給你擺出來。中國的文獻常常是這裡一句那裡一句，這就必須靠你文獻熟，你孤立地看是不行的，孤立地看一句話，可以有種種不同的講法。洋人講中國的東西困難也就在這個地方。因為他了解的文字是死的，他孤立地看這一句，他不知道每一句話在我們行文的時候有上下文的文氣，你不看上下文而光看一句話是不行的。再進一步說，這句話也不只是套在上下文氣中來講，有時候它沒有上下文，那麼要拿什麼作它的文氣呢？這個時候就以全部儒家的義理作它的文氣。」見牟宗三《中國哲學十九講》，《牟宗三先生全集》卷 29，頁 84。

因爲現代學者的研究成果多有不同，重構過程實際上決定並形塑了成果內容，至於此成果是否爲儒學原意，則需要另外的標準來檢驗與判定。本書特別關切成果內容如何被形塑，故在標題上強調了「重構」。

所謂「問題」，或說「問題設定」，是重構過程中的必要環節，乃本書的核心關切所在，在下一節中有更詳細的說明，此處先略述其要。由於傳統的文本材料在形式上並無註明理論問題，而哲學理論又是爲了回應哲學問題而有，所以要將學說予以系統化，就必須先行指出其所面對的理論問題，並據此來理解其種種思維內容，故相較於古代著述，中國哲學研究特別強調哲學問題的描述、解釋與回應。〔註56〕這就代表，以同一學說爲對象的兩項研究，若在學說所針對的問題上有截然不同的觀點，成果必然也就大異其趣。在筆者看來，牟、勞兩家在研究成果上的差異，很大程度上是因爲他們在儒學重構上採取了不同問題設定，故問題設定是格外值得我們注意之處。

所謂「方法」，又稱「方法架構」，可說是問題設定的擴大或延伸。學界對方法一詞的指涉與涵義多有不同意見，但在本書的脈絡裡，是指重構古代學說時所運用的一種論述模式，包括問題設定、論證推演與術語界定等面向。傳統上所使用的、蘊含學說內容的概念命題，有些涵義豐富而可以分析爲數個層面，有些彼此之間意義重疊而可以互釋。面對這種情況，往往需要透過一套足夠細緻的方法架構，一來將傳統的概念命題納入此架構當中來理解，二來將學說內容透過嚴謹的問題設定、邏輯結構與術語界定展示出來。〔註57〕同樣地，在研究上採用的方法若是不同，所得成果也就會有很大差異。據此，問題設定是方法的核心，而方法架構是環繞著問題設定而建立的，兩者之間有著緊密連結，故問題、方法兩詞所指基本重疊，可說僅有狹義、廣義之別。

〔註56〕 傅偉勳即認爲，哲學史方法論應該運用問題探索法，亦即找出發現問題到解決問題的整段思維歷程，而後使用一套嚴格的概念分析與邏輯推演，使用明確的哲學語言，重新建構並展示哲學思想的論理程序。見傅偉勳《從西方哲學到禪佛教》，北京：三聯書局，1989，頁23～24。

〔註57〕 劉笑敢指出，要判定某思想足以稱爲哲學體系，就必須滿足下列條件：以討論哲學問題爲主、有多側面的思想內容、多側面之間有基本的內在一致性、多側面之間有結構上或邏輯上的關係、有相當的獨特性與創造性。換個角度想，則我們也可以說，要適當地呈現一哲學體系的思維內容，就必須透過哲學問題與它們之間的邏輯結構。相關論述，見劉笑敢《詮釋與定向──中國哲學研究方法之探討》，北京：商務印書館，2009，頁41。

接下來，對參照西方哲學這一做法略做反省，有助於我們理解方法架構在儒學重構上所扮演的關鍵角色。「中國哲學」一詞的出現，代表了參照西方哲學來研究傳統義理，不僅是可能的，也是有價值的。然而，很早就有人開始質疑這樣的做法，如章太炎特別反對中西學說的比附，直言比附將會導致理解偏差，尤其是強調雙方之同而忽略雙方之異時。〔註58〕胡適儘管認爲參照西方學說是比較而非亂做附會，但他在四十年後，也頗爲後悔當初對《莊子・寓言》所言的「萬物皆種」做了「物種由來」式的解釋。〔註59〕對於這類情況，學界有反向格義〔註60〕、洋格義〔註61〕或逆格義〔註62〕等說法來概括之，它們一同反映出，參照西方哲學來理解傳統義理，多少會受到西哲概念、術語以及理論的影響，儘管這類做法並不必然導致理解上的偏差，而多少有其正面效果可言，但我們不應因此忽視其所帶來的可能弊病。

值得注意的是，史華慈（Benjamin Schwartz）指出，這樣的情況之所以發生，是由於許多研究者了解並熟悉西方思想，相較之下，中國傳統的文本材料，則是被動、未定型以及模糊的。〔註63〕唐君毅也說：

> 而其影響中國哲學之研究者，則學者之治哲學者，多先習西方哲學之論，慕西方哲學概念之清晰，論證之嚴整，乃或本西方哲學之義理爲底據，以整理說明中國先哲之說；依西方哲學之問題，以觀中國先哲對之之答案，而或割裂篇章。〔註64〕

〔註58〕 章炳麟《章太炎政論選集》上冊，北京：中華書局，1977，頁 509。

〔註59〕 「但看『始卒若環，莫知其倫』八個字，這裡說的不過是一種循環的變化論罷了。我在當時竟說：『萬物皆種也，以不同形相禪』此十一個字竟是一篇『物種由來』。這眞是一個年輕人的謬妄議論，眞是侮辱了『物種由來』那部不朽的大著作了。」見胡適《中國古代哲學史》，臺北：臺灣商務，1970，臺北版自記頁 2～3。

〔註60〕 劉笑敢〈「反向格義」與中國哲學研究的困境：以老子之道的詮釋爲例〉，《中國哲學與文化》第一輯，桂林：廣西師範大學，2007，頁 10～36。

〔註61〕 林鎮國〈中觀學的洋格義〉，收入《空性與現代性》，臺北：立緒文化，1999，頁 181～210。

〔註62〕 林安梧〈中西哲學會通之「格義」與「逆格義」方法論的探討──以牟宗三先生的康德學與中國哲學研究爲例〉，《淡江中文學報》第 15 期，2006，頁 95～116。

〔註63〕 Benjamin I. Schwartz, *In Search of Wealth and Power: Yen Fu and the West*, President and Fellows of Harvard college, 1983, p.1.值得注意的是，此言雖然主要是就思想史研究而言的，但也未嘗不能適用於中國哲學研究。

〔註64〕 唐君毅〈中國哲學研究之一新方向〉，收入韋政通編《中國思想史方法論文選

由於古代文本材料主要是以經典注釋或語錄的形式流傳下來，所以需要重新將其內容組織爲有系統的邏輯結構。這時，若先行設定了某種邏輯結構，就必然會把材料往特定方向去解讀，也就是把材料解讀成符合此結構的內容。當然，要呈現出一定的系統性，就需要有一定的邏輯結構，但如何保證此結構可以對應到傳統義理的原意呢？這就必須訴諸於方法架構的恰當與否。由此可見，方法架構在儒學重構的成敗上具有關鍵性的影響，它決定了研究成果將以什麼樣的邏輯結構呈現出來。

　　至少就主觀意圖而言，牟氏與勞氏都提出了一套用以研究整個傳統義理的方法架構，可用以處理儒、釋、道等不同思想學派。然而，爲了使本書的處理範圍不至於太過寬泛，並利於展示問題設定與方法架構在文本解讀上造成什麼影響，故以儒學的重構過程爲主要切入點，其中又以宋明儒學爲主要討論材料。此中重點，在於論述方法架構的各個環節並加以反省，而非本書自己要來進行儒學重構。故在行文上，是先釐清牟、勞兩家的問題設定與方法架構，其儒學研究成果則是做爲方法架構的具體實現而被考量。以建築爲喻，牟氏與勞氏建立了自己的方法架構，用以處理文本材料的思維內容，這如同設計了自己的藍圖，運用了鋼筋水泥等材料來建造出高樓大廈。本書即是要研究設計圖本身，包括它們如何處理材料、如何規畫建築結構等，至於高樓大廈本身主要是做爲藍圖的具體實現而被考量。

二、中國性、哲學性與整體性

　　接下來，爲了釐清本書如何研究牟、勞兩家的儒學重構，有必要對於方法一詞做出進一步說明。學術研究上所言的方法，可說是「達成研究目的之規則性思想操作歷程及其處理架構」〔註 65〕，而對中國哲學研究而言，討論方法往往等同於討論中國哲學所應具備的學術功能。〔註 66〕以下即藉由說明

集》，臺北：大林，1981，頁 129。

〔註65〕　李賢中〈中國哲學研究方法之省思〉，《哲學與文化》第 34 卷 4 期，2007 年 4月，頁 7～8。

〔註66〕　如陳少明即指出，方法常常是和不同知識期待聯繫在一起的，這隱隱代表不同知識領域的方法無法通用。而中國哲學史研究的情況更爲特別，由於它所研究的對象非常古老，但作爲一個學科則相當年輕，在此意義上，方法不僅是一種手段，甚至是其目的所在，我們需要透過方法論的界定來表明中國哲學史的功能。見陳少明〈序〉，楊海文《化蛹成蝶：中國哲學史方法論斷想》，濟南：齊魯書社，2014，頁 2。

中國哲學研究之基本目的，或說是儒學重構時所應達到的基本要求，一來說明方法所應有的關懷，二來說明本書在審視方法時所持的視角，三來做為比較兩家成果的判斷標準。

從操作過程的角度來看，中國哲學研究方法是指：由研究者所操作，基於中國文化的範圍，用以處理與解讀文本材料，將材料內容轉換成哲學理論形式之原則、步驟、架構或系統性程序。單看此一定義，只要有益於研究過程者，無論用於哪一層面，都可以說是某種方法。然而，本書的核心關切在於中國哲學研究所特有的論述模式，這可以透過分析「中國哲學」一詞來進行：從詞語組成來看，「中國哲學」是「中國」與「哲學」兩者的結合，又由於我們把傳統義理看做是一有發展演變過程可言的思想整體，故研究成果必須滿足「中國性」、「哲學性」與「整體性」的要求，才能算是名符其實。

所謂「中國性」，是要求採用中國文化的材料，以及強調中國文化的特質。中國在此是一文化概念，此文化蘊含了特定的語言文字與思維內容。一項成果若只滿足「哲學性」與「整體性」，而不採取中國的材料，則可以僅是西方哲學（思想）史研究；就算採取中國材料卻不涉及如何反映其特質，則僅是篩選並研究那些中國思想裡可歸屬為西方哲學的部份。所以，我們必須在充分理解文本的前提下來反映出學說內容的特質，才可說是滿足「中國性」〔註67〕。

所謂「哲學性」，是要求了哲學的問題導向、邏輯結構與論證推演。古代流傳下來的諸多文本材料，其中蘊含豐富的思維內容，但其體裁卻缺乏嚴密條理，所以需要用理論系統的形式來反映出思維內容的哲學意義。一項成果若只滿足「中國性」，則可以僅是傳統典籍的注釋，或中國文化的弘揚〔註68〕；若只滿足「中國性」與「整體性」，則可以僅是中國思想史研究〔註69〕。所以，

〔註67〕 陳來曾有類似觀點，他認為，要準確呈現中國哲學的義理結構，必須持「心知其意」的還原精神，瞭解中國哲學問題意識的獨特性與獨特解決方式。見陳來〈前言：「中國哲學史」的學科建設〉，郭齊勇等編《問道中國哲學：中國哲學史研究的現狀與前瞻》，北京：九州出版社，2014，頁4～5。

〔註68〕 陳來論及馮友蘭《中國現代哲學史》之說，與此頗可相互參照：有中國性而無近代性，這只是傳統哲學，是馮友蘭要改變的；致力於近代性且保持中國性，才是馮友蘭哲學努力的目標。其中所謂近代性，是要採取西方近代以來的邏輯學與邏輯分析的方法，以說明中國傳統哲學的概念。見陳來《現代中國哲學的追尋：新理學與新心學》，北京：三聯書店，2010，頁3～4。

〔註69〕 哲學史是處理哲學思辨，具體表現為哲學概念、命題、論證、理論與論題的分析與邏輯推演；思想史則注重社會上的思維模式、潛藏意識與風俗習慣，並考慮它們之間的因果互動關係。這一區分，參考了黃俊傑與李維武的意見。見黃

光是敘述學說內容並不足夠，必得要以理論系統的形式呈現出來，並突顯其哲學意義，才可說是滿足了「哲學性」。

所謂「整體性」，可區分爲單一學說的整體，以及儒學義理的整體。這除了忠實呈現學說原意以外，更是要把諸多學說視爲一有發展演變過程的思想整體，整體之中的各個部分是緊密連結的，且此整體有其獨立於具體時空條件的性質。更詳細地說，是以諸多學說共享某些概念、命題與思路，共同構成了一套客觀不變的思維內容，並能夠以某種邏輯結構呈現出來。這就延伸出了如何定位各個學說，以及如何分期、分派、分系等問題。一項成果若只滿足「中國性」與「哲學性」，則可以僅是採納中國思想資源的哲學研究，而不必準確對應到學說原意〔註 70〕；就算考慮了學說原意而不涉及發展演變，則可以僅是不同學說的集結或合集。所以，必得要強調學說內容的完整性，並處理不同學說在此整體中的定位與發展演變，才可說是滿足了「整體性」〔註 71〕。

綜上所述，中國哲學研究可說是要呈現傳統義理做爲一個整體的原有內容、理論系統與發展演變，一項理想的中國哲學研究成果必得滿足三種性質，才能與其他學科區別開來，保持自身的學科獨立性。這並非反對中國哲學研究採納其他學科的資源，而是要確立學科的特殊性，以利更爲深入細緻的研究。本書的主要工作，即是要在此意義上來探討與反省牟、勞

俊傑〈思想史方法論的兩個側面〉，收入《史學方法論叢》，臺北：學生書局，1981，頁 245～246；李維武《中國哲學的現代轉型》，北京：中華書局，2008，頁 20。

〔註 70〕 這裡我們可以區分出兩種研究取向：一是不特別要求研究學說原意，而可以單純以回應問題或理論創作爲導向；二是以呈現學說原意爲基本任務，而不應參雜進任何研究者的主觀立場。兩者都可以算在中國哲學研究之內，前者可說是純哲學的創造，而後者則爲哲學史研究。光看成果的話，兩者之間往往難以有明確界線，因爲中國哲學往往繼承了中國哲學史的大量思想資源。但如傅偉勳所言，哲學史與哲學創造需要分開，而哲學史的方法論與哲學創造的方法論亦有本質性的殊異。參見傅偉勳《從西方哲學到禪佛教》，北京：三聯書局，1989，頁 18。據此，在研究取向上區隔兩者，將有助於避免一些不必要的困擾。本書的關切主要是哲學史研究（儘管其中可能涉及一些創造的成份），故後文在運用「中國哲學（研究）」這類概念時，主要是就此義而言的。

〔註 71〕 之所以採用「整體性」一詞而非「歷史性」，是因爲「歷史性」容易引起兩種誤解：一是特別注重傳統義理與具體時空條件之間的關係，二是特別注重傳統義理在特定時空條件下的合理性，而這兩點並非本書的關切所在。相較之下，「整體性」意在強調哲學思維的整體結構，並有其獨立於具體時空條件的性質。

兩家的方法架構，是要從後設的角度來看待它們，所以本書也有後設方法論的成份。〔註72〕此外，由於不同方法將會得出不同成果，亦即對傳統義理的不同理解，所以對方法的深入檢視，也就是對中國哲學研究的一種整體性反思。〔註73〕

三、以工夫論及其根據爲核心關切

　　回顧早期中國哲學研究在問題設定上的發展演變，我們可以發現，儒學本有的工夫論內容，漸漸開始受到學者們的重視。由於西方哲學中缺乏與工夫論直接相應的概念術語，以西方哲學爲主要參照的早期研究，並無法立即在問題設定上反映出工夫論。儘管早期學者們或多或少地注意到了工夫論內容在儒學當中的重要性，但工夫論並沒有被當成獨立的理論問題來對待，或說他們沒有自覺地在問題設定上給予工夫論以獨立地位。這導致工夫論內容常被納入其他問題（如形上學或知識論）來理解，於是工夫論的性質，往往就被理解爲形上學或知識論的特殊立場。牟、勞兩家皆有意識地反省了此一情況，進而提出了自身觀點。

　　什麼是工夫論呢？簡而言之，就是論述個人如何透過自我修養來達致理想人格。這樣的理想人格，在儒家曰君子或聖人。牟、勞兩家，皆已經能夠注意到工夫論在儒學當中的重要性，將其視爲一個獨立的問題設定，並積極探討工夫論與其他哲學問題之間的關係。牟氏即指出，儒學乃是內聖之學，或曰成德之學，其主要目的，在於「內而在于個人自己，則自覺地作聖賢工夫（作道德實踐）以發展完成其德性人格之謂也。」〔註74〕勞氏亦以「意志的純化」或「意志的理性化」來做爲儒學工夫論的核心〔註75〕，他更指出：「『工夫論』是儒學特有的哲學。在西方道德哲學中，這一部門可說是從未建立。」

〔註72〕　就中國哲學研究而言，「後設反省」這一表述早已有學者採用，且和本書的問題意識頗有類同之處。參見沈享民〈論中國哲學的研究及其方法論問題：一個後設的反省〉，《哲學與文化》第34卷4期，2007年4月，頁67～85。
〔註73〕　張岱年曾有類似的研究發想，他說：「『哲學史』這門學問也有一個發展演變的過程，對於『哲學史』這門學問的發展演變過程的研究，可以稱爲『哲學史學史』。研究中國哲學史，對於中國哲學史這門學問的歷史也要有比較明確的認識。」見張岱年《中國哲學史方法論發凡》，《張岱年全集》卷4，頁129。
〔註74〕　牟宗三《心體與性體》第一冊，《牟宗三先生全集》卷5，頁6。
〔註75〕　勞思光《虛境與希望——論當代哲學與文化》，香港：中文大學，2003，頁153。

〔註 76〕不僅如此，他們也積極從工夫內容或工夫根據的異同，來分判宋明儒學的義理型態，由此產生了牟氏的三系說：伊川朱子系、五峰蕺山系與象山陽明系，以及勞氏的一系三階段說：宇宙論型態、形上學觀型態與心性論型態。這是牟、勞兩家的共通之處，也是他們之所以能在儒學重構上有重要貢獻的主因：重視工夫論，即是滿足了中國性，因爲工夫論足以代表中國哲學的特質所在；而將工夫論視爲哲學理論的一環，並用有系統的形式呈現出來，則滿足了哲學性；以工夫論爲標準來做宋明儒學的內部分類，以突顯學說之間的傳承、演變與發展，則滿足了整體性。

　　若進一步細分，儒家工夫論至少可以包含以下三方面：一是聖人境界，論述聖人的心理狀態與思考方式相較於一般人有何特殊之處，如「七十而從心所欲不踰矩」，就是描述孔子在日常生活當中，已經不會有任何不良意圖產生，一舉一動皆可完全符合道德。二是實踐指導，論述人應透過哪些行動來修養自身，如「吾日三省吾身」就是強調反省自身缺失並改正之，或是應依循怎樣的順序或步驟來進行修養，如《大學》所言的格致誠正、修齊治平。三是直覺體驗，論述在聖人境界上或自我修養的過程中，所獲得的心理體驗，以及此體驗有何性質與內容，如孟子說的「反身而誠，樂莫大焉。」此樂就是因工夫修養而有的。

　　值得注意的是，相較於其他哲學問題，工夫論具有相當的體驗性質。詳細說明這一點，有助於我們把握牟、勞兩家的理論，以及本書的核心關切。工夫修養可說包含了客觀與主觀兩面：儒家經典中所蘊含的價值取向、道德原則與人格形象等，是工夫的理論基礎，屬客觀不變者；而在工夫實踐的過程中，則強調了意志鍛鍊、實現場域與行爲選擇等，是工夫的具體操作，屬主觀變化者。這裡所言的客觀與主觀並不互斥，如朱熹所說的「讀書與存心爲一事」，理論與工夫乃一體兩面的活動：理論指導工夫，工夫體現理論。而工夫的具體操作及其過程，可稱爲工夫實踐。如朱熹所言：

> 自家身上道理都具，不曾外面添得來。然聖人教人，須要讀這書時，
> 蓋爲自家雖有這道理，須是經歷過，方得。聖人說底，是他曾經歷
> 過來。〔註 77〕

所謂經歷，即是就工夫的切身實踐而言的，這是以修養成聖爲最終依歸，讀

〔註 76〕　勞思光《思辯錄——思光近作集》，臺北：三民，1996，頁 46。
〔註 77〕　宋・朱熹《朱子語類》第一冊，卷 10，北京：中華書局，1986，頁 161。

書則是因協助工夫而有的第二義。根據儒家性善論，道德實踐的能動力來自於人自身，不假外求，但此能動力要如何有恰當的發揮與實現，則需要有相當的經歷，也就是工夫實踐的操作過程。朱熹即明確指出，聖人之所以透過經典來發言，之所以教人理解經典，是要把自身的經歷透過經典文字來傳達給詮釋者，以指導其工夫實踐。

工夫實踐往往伴隨著相應體驗，這是指主體在工夫實踐中所把握到的一種心理認知或感受，此體驗有獲致與積累可言，而其獲致與積累即推動了主體境界的提升。朱熹說：「讀書須是以自家之心體驗聖人之心，少間體驗得熟，自家之心便是聖人之心。」〔註78〕這不僅是對工夫操作的要求，更指出達致聖人境界需要有一個「體驗得熟」的積累過程。朱熹在此所言的「體驗」，本是做動詞用，但我們亦可借之以代表實踐過程中所獲致的、有積累程度可言的、有益於修養境界提升的心理認知、感受或經驗。值得注意的是，工夫體驗並非基於主客二分而有的認知，也非因五感而有的感官經驗，它是主體對自身工夫實踐的充分自覺或省察，是道德心對於自身發揮的一種回歸與反思。在此意義下，工夫實踐與工夫體驗實是一體兩面，只是前者側重操作與過程義，後者側重自省與積累義。

體驗蘊含了特定內容，而這些內容往往不是概念或文字所能輕易表達出來的。讓我們引用一個著名的思想實驗「黑白瑪麗」來幫助說明：瑪麗從小生活在一個黑白色調的房間裡。她通過閱讀，知道這世界上除了黑白之外，尚有其他顏色，並且具有對於這些顏色的、豐富的科學知識，但她從來沒有真的看過那些顏色。某天她從房間出來，看到藍天白雲、花鳥草木時，請問她是否因此而得到任何之前並不擁有的知識？這一思想實驗，是 1982 年時由傑克森（Frank Jackson）所提出來的，其原意是為了反駁心靈哲學上的物理論，反駁心理性質可以被化約為物理性質。在這段敘述之中，突顯出了兩種不同意義的、對於「顏色」的知識：一是由理性思維所構成的抽象認知，二是由感官知覺所觸發的具體經驗。這兩種知識當然不必互斥，但確實有著不一樣的性質，因為後者具有前者所沒有的經驗內容，也就是那些實際看到藍天白雲、花鳥草木後，所獲得的東西。

同樣的區分，也可用以說明工夫活動。對於工夫實踐，我們可以有許多因概念思辨而有的認知，譬如實踐過程所涉及的要素與所遵循的機制。但無

〔註78〕　宋・朱熹《朱子語類》第七冊，卷 120，頁 2887。

論對概念思辨再怎麼熟悉，或概念思辨的知識再怎麼豐富，也無法獲得實踐後所獲得的體驗內容。因爲，概念思辨和工夫體驗在性質上是完全不同的，後者必須經由具體實踐來獲致，兩者雖然並不互斥，但也無法相互化約，不能用其中一者來取代另外一者的理論功能。〔註79〕這也就意味著，僅管都是工夫實踐一詞，但是否具有相應的經驗內容，在意義上可能完全不同，它們所能夠支持的或證成的理論命題，當然也就會有所不同。

本書之所以把工夫論視爲核心關切，是因爲牟、勞兩家在儒學重構上，都自覺地反省了前人對於工夫論的忽視，並刻意要在問題設定上突顯出工夫論，甚至是以工夫論爲理論層級的第一序。所謂第一序，代表了工夫論是儒學當中最爲核心的部份，儒學的一切理論問題或思維內容，都是環繞著工夫論而展開的，都是爲了支持或發揮工夫論而有的。譬如，儒家主張人人都可以透過修養自我以達致聖人境界，這就需要證成理想人格必然可能，要指出人人都有成爲聖人的能力、動力與潛力，孟子即是以人人皆有的四端之心來解釋之。值得注意的是，有可能並不代表已完成，人因爲有此潛力，成爲聖人才得以可能，但若缺乏工夫修養的意願與動力，則聖境還是無法眞正實現。據此，要解釋理想人格何以可能，往往需要訴諸於其他理論問題的支持，譬如形上學或價值論。

此外，「工夫實踐是爲了達致聖人境界」一類的表述，看似是以聖境爲目的而工夫爲手段，但我們不宜從此角度來理解聖境與工夫之間的關係。一般說來，一旦達成目的，或說獲得想要的結果後，手段就變得可有可無。然而，聖境的達致，絕不代表我們可以捨棄工夫，相反地，聖境可說就是持續工夫修養的一種穩定狀態，境界和工夫因而不可分割。或者也可以這麼說：達致聖境需要工夫體驗的積累與持續，這是一個自我轉化的過程，儘管聖境可說是自我轉化的完成，但不代表此一過程會因此停止。在儒家那裡，聖境是要在工夫過程當中持續保持下去，並且貫徹整個生命歷程。

牟、勞兩家的一個重要差異，即是對「工夫之超越根據」有相當不同的觀點。牟氏透過形上學的問題設定來理解工夫之超越根據，以工夫體驗能夠證成形上本體的存在。而勞氏則透過價值論的問題設定來理解工夫根據，以價值必得立基於主體自覺，工夫實踐才能夠有最佳發揮。由此可見，對工夫根據的不同理解，導致了兩套很不一樣的儒學觀，特別是牟氏認定「道德的

〔註79〕 李賢中對此曾有較爲全面的綜述，見李賢中〈中國哲學人文精神的直覺方法〉，《中西哲學的人文意蘊論文集》，臺北：輔大書坊，2013，頁73～99。

形上學」才是儒學的最高型態，而勞氏則堅稱儒學不需要透過形上學來論證其合理性，這之中顯然有著值得釐清的重大分歧存在了。也就因為如此，筆者相信，若要釐清牟、勞兩家在儒學重構上的貢獻，並透過比較雙方的理論得失，來為儒學研究提供更有價值的原則或方法，則必得要從問題設定的角度，來深入分析工夫論的思維內容，以及處理儒學如何看待工夫的超越根據。本書的研究方法，即據思路而開展。

第四節　研究方法：問題分析法

　　如前所言，中國哲學研究之目的，是為了使成果能夠滿足中國性、哲學性與整體性，故本書將以問題設定為核心，一方面探討牟、勞兩家方法架構的各個環節，二方面反省其方法架構如何滿足了這些要求。此進路可稱為問題分析法，這包括了探討問題設定的功能、說明相應的術語界定與方法架構，並指出問題表述與問題域之間的對應關係等。

一、問題設定的分析

　　若哲學理論的建立必定經過一段發現、思考與解決問題的過程，在最理想的情況下，中國哲學研究的問題設定，要與古人思維內容所面對的哲學問題完全一致，如此一來才能完整、忠實且有系統地呈現古代學說。那麼，什麼是「有系統」呢？康德論及純粹理性的建構術時所持之觀點，對此頗有啟發：

> 但我所理解的系統就是雜多知識在一個理念之下的統一性。這個理念就是有關一個整體的形式的理性概念，只要通過這個概念不論是雜多東西的範圍還是各部份相互之間的位置都先天得到了規定。所以這個科學性的理性概念包含有目的和與這目的相一致的整體的形式。一切部份都與之相聯繫、並且在目的理念中它們也相互聯繫的那個目的的統一性，使得每個部份都能夠在其他部份的知識那裡被想起來，也使得沒有任何偶然的增加、或是在完善性上不具有自己先天規定界限的任何不確定量發生。〔註80〕

〔註80〕　康德（Immanuel Kant）著、鄧曉芒譯《純粹理性批判》，北京：人民出版社，2004，頁 629。

康德所言的系統，可以套用在許多不同性質的知識上，但只考慮中國哲學研究的話，我們可以從中得出幾個要點：其一，統一雜多知識以成爲整體，亦即把古代學說的諸多思維內容給連結、統合、組織起來，成爲一個有邏輯結構可言的整體。其二，說明整體中的各個部份及其位置，亦即指出古代學說的重要面向，說明其各自的功能及面向之間的邏輯連結。其三，各部份都與此系統所設定之目的相一致，亦即以古代學說的所有面向都是爲了回應哲學問題而發，以學說的任何思維內容都在回應問題上擔任某種角色。所謂以系統性的形式呈現出來，可以理解爲這三個要點的綜合。

據此我們可以說：問題設定正是爲了滿足哲學性而發。記載學說內容的文本材料，多以經典詮釋或對話語錄的體裁流傳下來，使得學說對於同一哲學問題的回應往往散見各處。因此，要把古代學說以系統性的理論形式呈現，就需要歷經一個系統化的過程，亦即找出其核心觀念或問題，而後據此來展示一個有不同面向可言的邏輯結構，使得學說的各面向都能在此結構中找到對應位置與功能。〔註81〕也就是說，古代學說的概念、命題與論證，以及它們之間的邏輯連結，全是爲了回應哲學問題而有的，是環繞著問題回應而產生的。由此可見，問題設定在系統化的過程之中居於關鍵地位，因爲此系統是以描述、解釋與回應哲學問題爲最終目的。不僅如此，由於系統的各個部份都是爲了達成此目的而有的，它們的定位與功能也要從「如何有益於問題回應」的角度來理解。

從學說產生的次序來看，回應了怎樣的哲學問題，決定了學說有著怎樣的思維內容；而從研究過程的次序來看，問題設定應該是來自於材料內容原本所面對的哲學問題。但在實際操作上，採取怎樣的問題設定，很大程度取決於研究者的學術能力與風格，如對傳統義理的掌握與認知、對前人研究的繼承或改進、對西方哲學的參照或反省，都可能影響了問題設定，也連帶決

〔註81〕 徐復觀爲此過程提供了一個具體描述：「我在寫『象山學述』一文時，先是按著象山的各種觀念、問題，而將其從全集的各種材料中抽了出來；這便要把材料的原有單元（如書札、雜文、語錄等）加以拆散。再以各觀念、各問題爲中心點，重新加以結合，以找出對他所提出的每一觀念、每一問題的比較完全的了解。更進一步把各觀念、各問題加以排列，求出它們相互間的關連及其所處的層次與方位，因而發現他是由那一基點或中心點（宗旨）所展開的思想結構（或稱爲體系）。」見徐復觀〈研究中國思想史的方法與態度問題〉，收入韋政通編《中國思想史方法論文選集》，頁154。

定了研究成果。這就代表，問題設定不僅提供了系統化的根本方向，更具有形塑成果內容的作用，為呈現出來的邏輯結構與思維內容設下了基本限制。譬如在解讀文本材料時，若嚴格遵守了形上學、知識論、倫理學的問題設定，則所得成果就不會超出這三個問題所處理的範圍，而傳統上看重的工夫論，就很可能就被忽略。當然，學說內容並不見得對應到問題設定所涉及的所有範圍，而可以僅是針對其中一部分，譬如有的學說只涉及工夫論和倫理學，而不涉及形上學與知識論。

此外，問題設定不僅用以系統化單一學說，更能夠用以系統化整個儒學。牟、勞兩家皆把儒學視為一個思想整體，共同組成了一個有不同部份、不同層次可言的理論體系，而問題設定在此結構的呈現上也居核心地位。據此，我們一方面可以定位各個學說，譬如一學說在何問題上有特別深入的回應；二方面可以分派或分系，譬如哪些學說在同一問題上有著類似回應，因而同屬一系；三方面可以比較不同學說或派別，譬如它們各自強調了哪些問題，或是在哪一問題的回應上有所差異。牟氏的三系說，以及勞氏的一系三階段說，都是這樣的一種努力。

那麼，為何要特別針對其問題與方法，而非直接檢討或修正其成果？我們當然可以直接面對文本材料，並給出自己所認為的更好解讀，並據此回去檢視前輩學者的工作。但本書所採取的是另一思路：儒學的研究成果，是學者們運用方法架構來解讀文本材料所得出的，牟、勞兩家運用了各自的方法並得出不同成果，導致了對儒學的不同理解，故我們可以透過反省方法來反省他們如何理解儒學。而之所以強調問題，是因為兩家在問題設定上不盡相同，對問題的理解亦有很大差異。譬如，同樣是運用了「形上學」一詞，牟宗三「道德的形上學」是從道德實踐來感應或證成即存有即活動的天理，勞思光則以形上學在確立價值的理論效力上弱於心性論。他們對於「形上學」一詞的運用與理解各有不同，甚至對於哪些材料內容要被歸屬為「形上學」都有不同意見，導致了其研究成果的差異，故「形上學」無論是在表述上或在論域上，都有討論的空間與價值。這一點在之後的章節中將有詳述。

二、術語界定的分析

問題設定往往伴隨著一套相應的術語界定系統。這是由多個相互關聯的

術語所組成的，用以表述問題設定、邏輯結構以及理論體系當中的種種內容，亦可稱之爲概念約定。古代文本的書寫形式，和現代學術要求有一定差異，而以文言文來記載的思維內容，也需要透過語體文來加以解釋與呈現，所以我們必須有一套做爲中介的術語界定，在兩者之間進行恰當轉換，以符合現代的學術要求。

從整體的角度來看，清末時期大量引進日本翻譯的西學術語，如今多半已成爲常用詞彙，是現代概念約定的主要成份。〔註82〕而細部看來，每位研究者所運用的概念約定也不盡相同。這是因爲，傳統上的許多重要概念，如道、仁、性、心等，所代表的意義都相當豐富多元，就算是在同一理論體系之中，往往也有一字多義的情況。〔註83〕爲了更好地解明概念內容，學者們採用了幾個可以互補的策略：一是將概念析爲數義，並用傳統名言或日常用語來分別表述之；二是界定概念在何問題脈絡上使用，用回應不同問題來區分不同意義；三是把概念和西方哲學的既有術語對應起來，透過西哲術語來理解之。

據此，術語界定可說是發揮了後設語言的作用，它一來協助研究者把文本內容轉換爲系統性的邏輯結構，二來把許多相同涵義的概念、命題化約到同一術語來理解，三來讓讀者更易於把握學說的內容與性質。不僅如此，術語界定往往也影響了我們如何理解古代學說的思維內容，其中一個最爲明顯的情況，就是形上學、知識論、倫理學等問題的採用。某些研究者在採用它們時，已經預設了一種邏輯結構，也就是知識論證成形上學、形上學推演倫理學，而當我們把材料內容納入這些問題當中來理解，並用西方式的概念、命題來表述時，所展示出的學說自然也就會具有這樣的邏輯結構。所以，術語界定的分析，亦是本研究的關切之一，它和問題設定可說是一體之兩面。

三、問題表述與問題域的分析

接下來，爲了解釋問題設定與學說原意之間的可能落差，並更爲深入地

〔註82〕 關於中國現代哲學語彙的緣起與定型，從傳統概念、嚴復譯詞到日本譯詞的術語轉換過程，參見張法《走向全球化時代的中國哲學：從世界思想史看中國哲學的現代轉型與當代重建》，北京：北京大學，2011，頁47～139。

〔註83〕 這一定程度上和中國文字的特性有關。從六書來看，在古代哲人有一新發想，需要一概念來表達時，他只能從現有文字中去假借，亦即用一意義相近的、本有的字來表述，而無法自造新字。

探討與反省牟、勞兩家的問題設定，本書特別提出了問題表述和問題域這對術語。所謂問題表述，是指一個問題的概念型定義；而問題域，則指一問題所處理的內容範圍，包括所處理的概念、命題、論證與可能的回應策略。譬如，「倫理學」屬於一種理論問題，「人應該要如何行動」則屬於一種問題表述，而「仁」、「性善」、「主敬」、「致良知」所代表的思維內容則屬於問題域的一部分。在此意義上，中國哲學研究的重要任務之一，就是把文本材料的思維內容轉換為問題回應的形式來呈現。〔註 84〕若借用西方哲學中的內涵（intension）、外延（extension）來解釋，則問題表述相當於內涵，亦即哲學問題的性質或特徵；問題域則相當於外延，亦即哲學問題之處理對象、論述內容所構成的集合。

由於學說內容是透過文本材料來記述的，所以，一個理想的問題設定要能夠和材料內容有著恰如其分的對應關係：整體來看，問題設定應該要能夠涵蓋學說的全部內容；細部來看，任一問題都應該要能夠準確定位這些內容的理論功能。當然，一個學說不一定要涉及到問題設定裡的所有問題，若能指出一個學說並不具有回應某問題的內容，同樣可以說是呈現了原意。然而，問題設定往往不見得能涵蓋學說的重要面向，就算能夠涵蓋，其中的問題也不一定能夠準確呈現學說原意，譬如西哲在處理倫理學上的一些預設，就可能會妨礙我們對工夫論內容的理解。〔註 85〕這就涉及了問題應該如何處理材料內容，或材料內容應該被納入什麼問題來考量，問題表述和問題域的區別即是為此而發。再更進一步說，當我們運用現代術語來進行問題表述，並解釋傳統概念時，就是把傳統概念的思維內容納入此表述的問題域。或者換句話說，當我們把傳統概念理解為相應的現代術語，就是在將其思維內容納入與該術語相應的理論問題來理解。

〔註84〕　蔡仁厚不僅把哲學史分類為對人、對書、對哲學問題、對學術事件的研究，更認為傳統的觀念詞語可以轉換為哲學問題來加以探討。見蔡仁厚《哲學史與儒學論評：世紀之交的回顧與前瞻》，臺北：學生書局，2001，頁 61～62。

〔註85〕　劉述先在討論朱熹哲學時，為此情況提供了一個具體案例：「不錯，朱熹是中國的大哲學家，他是有一套形上學、宇宙論和倫理學。在某方面是可以和亞里士多德互相比較。但根本問題不在這裡。毛病在朱熹根本不是用這樣的思考方式，先建立一套形上學，繁演宇宙的意涵，而後應用於倫理學。……故此對朱熹來說，道德修養在先，理論、形上的反省在後，最後對自己有深切體認時，宇宙間的秩序才明白展示出來。」劉述先《現代新儒學之省察論集》，臺北：中研院文哲所，2004，頁 217～272。

值得注意的是，一般而言，一個概念的內涵、外延應該是相互配合的：其內涵越多，其外延越小；內涵越少，其外延越大。但在中國哲學研究裡，我們可以發現此情況：儘管某些問題表面看來大致相同，但各家用該問題所處理的內容範圍卻可能有極大差異。也就是說，類似的問題表述，其問題域可以很大也可以很小，可以很廣泛也可以很狹窄。問題域越大、越廣，所涉及的材料內容就越豐富；問題域越小、越狹，所涉及的材料內容就越稀少。這是由於，在把材料內容納入哲學問題來理解時，材料內容與哲學問題之間要如何對應、有怎樣的對應，往往沒有明確標準，而可以隨研究者自行判斷與決定。

我們可以透過答句與問句之間的轉換關係，來說明材料內容如何可以被同時納入多種問題來理解。原則上，任何直述句都可以轉換成問句的形式，或者我們也可以如此說：對於任何直述句 A，都必定存有至少一個問句 Q，使得 A 是 Q 的一種回應。然而，能夠滿足此條件的問句往往不只一個，這些問句的問題域實際上可能差別很大。譬如，直述句 A：「人應該守三年之喪」，它可能對應到的問句如下，Q1：「人應該守喪多久？」、Q2：「人人都應該守三年之喪嗎？」、Q3：「人要如何對父母盡孝？」、Q4：「人要如何成爲仁人？」、Q5：「人應該遵守哪些道德規範？」、Q6：「人生於世要如何行爲處事？」……等。從 Q1 到 Q6，它們的問題域都可以包含 A，都可以把 A 視爲一種回應。然而，Q6 在問題域上所涉及的層次與內容，顯然比 Q1 要廣泛豐富許多。由此可見，材料內容應該被納入怎樣的哲學問題，顯然存有很大的理解空間，上述的 Q4 到 Q6，都可以用倫理學一詞來代表，但它們的問題域其實有所差異。反過來說，一個理論問題能夠處理哪些材料內容，往往也存有很大的理解空間。譬如知識論一詞，大致說來，可以進一步分析爲：什麼是知識、如何獲得知識、如何證成知識等。然而，在判斷哪些文本材料裡具有知識論內容時，如果我們把一切「知」概念及其相關文本都歸屬於知識論之下，那無論是德性之知、見聞之知、藝術之知、技藝之知等，都會是其問題域的一部分，再加上討論如何獲得或證成的話，問題域就會變得非常廣泛。當然，我們也可以把知識論嚴格限定在對外在事物的客觀認知上，如此一來，問題域就會很狹窄，而對應到的材料內容也就會少上許多。

就牟、勞兩家而言，他們同樣採取了某些問題表述，譬如形上學或心性論，但在問題域上卻可能差異很大。牟氏以儒家有一「心性之學」，這亦可曰

「道德的形上學」，而勞氏卻認為心性論和形上學完全是不同型態。此情況之所以發生，是由於問題的內涵沒有明確標準，導致透過該問題來處理諸多思維內容時，兩家對於哪些思維內容要納入此問題往往有不同意見。此外，採用不同問題設定，也導致了雙方在文本解讀上的重大差異。譬如牟氏設定形上學，以儒家所言之「天」為超越本體，並積極要論證「萬物」的存在；但勞氏則設定價值論，把「天」看成是主體自覺的一種投射，而沒有去處理「萬物」的存在地位。理想情況下，問題域應該要廣狹適中，一方面足以涵蓋不同學說的重要內容，二方面能夠突顯不同學說的主要特質。但在實作上，問題域的實際範圍，主要是由研究者的學術能力與風格所決定的，這很大程度上解釋了兩家成果為何有所差異。所以，釐清問題表述與問題域之間的關係，並考慮問題所真正處理到的思維內容有哪些，是本研究在探討問題設定時的要點。

四、後設觀點的補充說明

以下幾點補充說明，有助於釐清本研究在方法上的後設觀點：

其一，本書的研究進路，儘管可說是涉及了中國哲學研究的方法論，但在研究對象與範圍上，和學界的某些方法論論述宜有區別。因為嚴格說來，本書是針對方法作後設研究，而非提供一種可實際操作的方法，更不直接解讀傳統的文本材料。〔註86〕目前學界論及方法者頗多，但各家所謂的方法論，其指涉似乎不盡相同，有討論中國哲學的基本程序、常識或素養者〔註87〕，有指明具體研究對象及其特質者〔註88〕，有提供處理文本的特殊進路者〔註89〕，有就實

〔註86〕 林安梧對於方法論曾有一簡明定義，與本書的用法基本相同：「所謂方法論（Methodology），是一種以反省方法為核心的論述，意在探討方法何以可能、有何根據，或者是說，對於方法的構成要素來進行後設性的、追根究柢式的反省，以描述或評價方法的功能。」見林安梧《人文學方法論：詮釋的存有學探源》，臺北：讀冊文化，2003，頁53。

〔註87〕 如張岱年《中國哲學史方法論發凡》，《張岱年全集》卷4；周桂鈿《中國哲學研究方法論》，太原：山西教育，2006。

〔註88〕 如陳少明則認為哲學史應該多多關注實際經驗，如身體活動、道德生活、語言學習、認知與情感活動等幾個層面，因為觀念是體現在人的具體言行之中。見陳少明《做中國哲學：一些方法論的思考》，北京：三聯書店，2015，頁242～244。

〔註89〕 如馮耀明特別運用了概念分析、語言分析與邏輯分析來處理文本，並有了一系列成果。見馮耀明《中國哲學的方法論問題》，臺北：允晨，1989，序頁19～23。

踐特質來提供問題架構者〔註90〕。從此可以看出，學界對於「方法」或「方法論」的使用似乎尚未有明確共識〔註91〕，無論是文本詮釋的原則、論證檢視的策略、思想資源的參照到整體特質的處理，都可說是某種方法論。〔註92〕當然，它們各有其功能，也頗具參考價值，但與本書的核心關切有所不同。

其二，本研究在論及古代學說時，以方法如何決定成果爲核心關切，但不代表成果完全受方法所決定，故探討方法與探討成果宜有區別。面對相同材料，同一方法讓不同人來操作，可能得出很不一樣的成果；反之，讓同一人來操作不同方法，所得成果也可能非常相近。所以，方法和成果是可以分開考慮的。當然，其中一個情況是：研究者並未完全依照方法來進行研究，但就算研究過程中嚴格遵守了方法，也不能保證不同人必會得出相同甚至相近的成果。這是因爲，方法儘管某程度上形塑了成果內容，但研究成果還會受到研究者的學術風格所影響，這包括所受過的理論訓練、所具有的生命經驗或所面對的論敵等。故方法架構與所得成果可能是不一致的，兩者不應混爲一談。也就因爲如此，本書在判斷一項成果如何滿足中國性、哲學性或整體性時，因應不同情況，儘管主要是從方法架構的角度來看，但也不完全排除學術風格的影響。

其三，從現今學界的研究水平來看，牟、勞兩家的研究成果可能有些不符學說原意的部分，這大致可有三種解釋：其一，牟、勞兩家一開始就是在進行自己的哲學研究，其方法架構也是爲此而發。其二，牟、勞兩家所採用的方法架構是爲了學說原意而發，但由於此方法內部的一些問題，導致成果不完全符合要求。其三，牟、勞兩家所採的方法架構是爲學說原意而發，但由於其他因素影響，使得其不完全按照方法架構來進行研究，導致成果不完全符合要求。因應不同具體情況，這三種解釋都有可能成立，本書主要是從第二或第三種觀點的角度切入，但這並非否定第一種觀點的可能性或價值。之所以提及這樣的區分，是爲了指出本書在看待牟、勞兩家的方法架構時，

〔註90〕 如杜保瑞提出了本體論、宇宙論、工夫論、境界論等四方架構，可適用於儒、釋、道三教的研究。見杜保瑞《中國哲學方法論》，臺北：臺灣商務，2013，頁 355～363。

〔註91〕 勞氏即注意到，「方法論」一詞在哲學研究當中，意義較爲模糊，因爲我們對於「方法」可以有多種不同理解。見勞思光《哲學淺說新編》，香港：中文大學出版社，1998，頁 38～39。

〔註92〕 此一情況值得深入探討，或是做一統整分類的工作，但應另有專文爲之，非本書所能及。

是將其視爲哲學史方法（以呈現學說原意爲主）而非哲學方法（以更好地回應問題爲主），也就是說，牟、勞兩家的研究主要還是爲了呈現學說原意而發，我們不能因爲其中有個人創見的成分，來說他們的方法架構並不屬於哲學史研究的一環。

第二章　牟宗三的儒學重構

　　在中國哲學研究的發展過程裡，牟氏確實促成了重大轉折，推動了質的飛躍。他運用現代的哲學術語，來呈現傳統工夫論的種種內容，並據此樹立起儒家的圓教型態。儘管學界對於牟氏觀點已出現了不少反省，但他無疑地為儒學重構做了極為重要的奠基工作。本章的主要目的，在於說明牟氏的儒學重構，以及相應的問題設定與方法架構。儘管牟氏思想歷經了相當的發展，他是先有了對宋明儒學的詮釋，而後才給出更深刻的理論模型與論證，如兩層存有論、智的直覺之理論功能等，但建立「道德的形上學」，並以本心能夠證成天道與創生萬物，此一核心思想則沒有改變過。因此以下討論，姑且不論及牟氏思想的前後差異。

第一節　「道德的形上學」與宋明儒學三系說

　　在《心體與性體》開始逐次展示宋明儒學的各個學說以前，牟宗三先行提出了「道德的形上學」一說，並據此來解釋儒學的諸多概念命題，或者換個方式說，他展現了這些概念命題如何透過「道德的形上學」而被理解。本節即是要以牟氏的宋明儒學三系說為例，反映出他重構儒學時所採取的問題設定與方法架構，並說明三系之間的區分標準。

一、從道德、宗教到哲學

　　傳統義理屬於哲學嗎？牟氏承繼清末以來的說法，以傳統上所說的義理之學，約略等同於今日所言的、廣義的哲學。〔註1〕他曾指出，哲學乃是把一

─────────────────

〔註1〕　牟宗三《心體與性體》第一冊，《牟宗三先生全集》卷5，頁3。

切知識關聯於實現最高善的學問。〔註2〕延伸此觀點，只要是關於實現最高善的思想，都可說是某種意義下的哲學。所以，儘管牟氏已把傳統義理定位爲道德或宗教，卻不妨礙我們把它視爲一種哲學：

> 中國的傳統學問是道德、宗教，不屬於哲學。但現在可方便的當哲學來看它、處理它，如此則需用概念的思考，就要用分解的方法。在這裏就可以看出哲學的界限來。在東方，儒家的最高目標在成聖，佛家在成佛，道家在成眞人。哲學活動是在教的範圍內幫助我們的一種疏通，是一道橋。界限就在這橋上，盡橋的責任就是它的界限。
> 所以，應用西方哲學方法的界限也就等於這方法自身的界限。〔註3〕

在此我們應先釐清牟氏的術語界定：所謂道德，是指以成聖爲依歸的道德實踐。所謂宗教，「宗」指宗旨，即最高目標；「教」指道路、方法，即達到宗旨的道路。牟氏認爲，中國哲學的特質，在於成聖成佛的實踐與成聖成佛的學問合一。〔註4〕故儒家屬於道德，也屬於宗教，亦可說是屬於一種帶有宗教性的信仰〔註5〕。而此處所論及的（西方）哲學，則偏重概念思考與分解方法的層面，如定義、推論與論證的精確等，其主要功能是連接或疏通，故牟氏以橋喻之。據此，哲學有助於我們疏通與呈現儒家義理，也就是說，以儒家爲一種哲學並反映出其性質，確實是可行的。這樣的說法，其實就是在解釋儒學重構的合理性，要說明哲學化的過程足以保留儒學本身的特質，而不至於失其本來面目。

那麼，這樣的哲學化要從何做起？如何兼顧儒學的特質及其哲學性呢？牟氏曾說，自己一直以來所作的，就是反省中華民族的文化生命以期重開中國哲學的途徑。〔註6〕他認爲，要把握儒學的性質，必得先把握其所面對的問

〔註2〕 「依此義而言，『哲學是把一切知識關聯於人類理性底本質目的之學』。本質目的中，有是終極目的（最高的目的），有是隸屬的目的（當作工具而連繫於終極目的）。終極目的就是人類底全部天職，而此不過就是實現『最高善』，圓善意義的最高善。把一切知識關聯到這個目的上的學問就是哲學。」見牟宗三《現象與物自身》，《牟宗三先生全集》卷21，頁479。

〔註3〕 牟宗三〈訪韓答問錄〉，收入《時代與感受》，《牟宗三先生全集》卷23，頁228。

〔註4〕 牟宗三《圓善論》，《牟宗三先生全集》卷22，頁5。

〔註5〕 牟宗三〈十年來中國的文化理想問題〉，收入《時代與感受續編》，《牟宗三先生全集》卷24，頁170。

〔註6〕 「在八十歲壽宴之時，他說從大學讀書以來，六十年的歲月只做一件事情，就是『反省中華民族的文化生命』以期『重開中國哲學的途徑』。」見蔡仁厚《中國哲學的反省與新生》，臺北：正中書局，1994，頁15。

題，以及面對問題時所給出的回應。牟氏對馮友蘭《中國哲學史》的批評，即是說其並未接觸到歷代各朝的哲學核心問題，所以也就缺乏有價值的討論。〔註7〕不僅如此，他更進一步指出：

> 中國哲學爲適應未來，須通過概念思考的方式和分解的方法把它講出來，而且進一步須將它和西方哲學的問題和內容相協調，以決定其未來。……康德的哲學可以作一個橋樑，把中國的學問撐起來，即用康德哲學之概念架構把儒學之義理撐架開，進而充實、光大儒學。同時反過來看，中國之儒、釋、道的智慧也可以消化康德，即容納並籠罩它，如此就能消化它。中國智慧之能消化康德哲學，即由於比它高，而這消化可使康德的哲學「百尺竿頭，更進一步」。
> 〔註8〕

由此可見，所謂中國哲學，一方面是把概念思考與分解方法用在傳統義理之上，二方面是將傳統義理的思維內容，用西方哲學的問題表述給呈現出來，這之中就必然涉及了某種「協調」。而眾所周知，牟氏自覺地採取了康德哲學來進行「協調」，這是採用康德哲學中的概念、命題、論證與問題，以將儒學的思維內容給表述出來，同時也是對儒學進行一種哲學式的重構。

二、「道德的形上學」與「道德底形上學」

首先，牟氏區分了「道德的形上學」（metaphysics of morals）與「道德底形上學」（moral metaphysics）：所謂「道德底形上學」，是透過形上學進路來討論道德原理，或說關於道德的一種形上式的研究，其題材是道德本身而非形上學；至於「道德的形上學」，則是透過道德的進路來討論形上學，或說是由道德實踐來進至形上學。〔註9〕下列引文有著進一步說明：

> 康德使用「形上學」這個名詞只是借用的，他這個「道德底形上學」就等於是 metaphysical exposition of morals，是道德底形而上的解釋。所以康德這個 metaphysics 是 metaphysical exposition 的意思，

〔註7〕 牟宗三〈客觀的了解與中國文化的再造〉，收入《牟宗三先生晚期文集》，《牟宗三先生全集》卷27，頁422。

〔註8〕 牟宗三〈訪韓答問錄〉，收入《時代與感受》，《牟宗三先生全集》卷23，頁232。

〔註9〕 牟宗三《心體與性體》第一冊，《牟宗三先生全集》卷5，頁144～145。類似內容，又見牟宗三《現象與物自身》，《牟宗三先生全集》卷21，頁39。

並沒有我們平常所說的形上學的意思。因爲我們平常說形上學一定
講到存在，但康德在這裡並沒有牽涉到存在的問題。〔註10〕

所謂「道德底形上學」，是針對「普遍的道德法則如何可能」的問題，要在說明道德之先驗性質，是滌除一切經驗現象後，從先驗根據的角度來反省道德。其中的「形上學」乃是借用，重點在道德之後設分析，或說道德之形上式的展示。也就因爲如此，「道德底形上學」並不提供對於客觀存在的解釋與論證，也就不能算是嚴格意義下的形上學。

相較之下，「道德的形上學」則指：

> 此一「道德底哲學」即函一「道德的形上學」。此與「道德之（底）
> 形上學」並不相同：此後者重點在道德，即重在說明道德之先驗本
> 性；而前者重點則在形上學，乃涉及一切存在而爲言者，故應含有
> 一些「本體論的陳述」與「宇宙論的陳述」，或綜曰「本體宇宙論的
> 陳述」（onto-cosmological statements），此是由道德實踐中之澈至與
> 聖證而成者，非如西方希臘傳統所傳的空頭的或純知解的形上學知
> 純爲外在者然，故此曰「道德的形上學」，意即由道德的進路來接近
> 形上學，或形上學之由道德的進路而證成者，此是相應「道德的宗
> 教」而成者。〔註11〕

「道德的形上學」必然提供了對於存在的解釋與論證，因而可說是涉及了一切存在，它所針對的問題是「存在如何可能」或「存在如何得到證成」，其問題域是以本體宇宙論與道德實踐的內容爲主，是由道德的進路來證成形上學。按牟氏自己的說法，「道德的形上學」所論之本體，「這所呈露的實體直接是道德的，同時亦即是形上學的。」〔註12〕這是以本體兼具道德性質與形上性質。或用問題分析的方式說，這樣的思路，結合並重疊了道德的問題域與形上學的問題域，並以本體概念處於此重疊的問題域內，故它可同時用以回應道德問題與形上問題。所以牟氏才說，萬物之「在其自己」有豐富的道德價值意義，因爲據此本體來肯定萬物之存在，也就必然肯定了萬物之道德價值；據此本體來肯定萬物之道德價值，也就必然肯定了萬物之存在。

〔註10〕 牟宗三《中國哲學十九講》，《牟宗三先生全集》卷29，頁72～73。
〔註11〕 牟宗三《心體與性體》第一冊，《牟宗三先生全集》卷5，頁11。
〔註12〕 牟宗三《現象與物自身》，《牟宗三先生全集》卷21，頁451。

　　那麼，「道德的形上學」如何可能？〔註13〕道德問題與形上學問題，是透過什麼而得以貫串起來呢？牟氏指出，這必須基於道德理性的充分發揮，此說可進一步區分爲三義：一是道德理性之意志自律純發於內，不受任何外在條件所決定；二是道德理性可直透形上學、宇宙論的意義，而爲宇宙萬物的本體，爲生化之理；三是必然在具體生活上有實踐工夫，有一具體而眞實的表現（在第五章第二節中，對道德理性三義有更爲詳細的論述）。〔註14〕在牟氏看來，「道德底形上學」儘管注意到了第一義，卻忽視了第二、三義，這是把意志之因果性與自然之因果性完全區分開來，以自由意志爲一假設，以人不能具有智的直覺。所以牟氏特別強調良知是呈現而非預設，可以直接貫通本體和宇宙，爲意志和自然之間提供了必然連結的保證。以下引文說得更爲明確：

　　　　就事言，良知明覺是吾實踐德行之道德的根據；就物言，良知明覺是天地萬物之存有論的根據。故主觀地說，是由仁心之感通而與天地萬物爲一體，而客觀地說，則此一體之仁心頓時即是天地萬物之生化之理。仁心如此，良知明覺亦如此。〔註15〕

成己與成物，在理論上固然可以分別言之，但它們的根據則是一本而無二，或者是說，道德根據和存有根據來自於同一本體。成己是就道德實踐言的，成物是就道德實踐之功化言的。根據這樣的邏輯連結，牟氏論證了道德根據和存有根據來自於同一本體。他特別舉出陽明所言的良知，是因良知特顯內在的道德判斷義，意念有善有惡，良知知善知惡，意念因涉及外物而必有其內容，故所謂「物」即是「行爲物」，亦可稱爲「事」。在此，意念更像是對物的一種應對態度或具體處理，所以物主要是就道德實踐言的，而非就認知意義言的。此外，牟氏亦取王陽明之說，來彰顯良知明覺之存有論意義。良知能夠感應物，但此感應本身並不是物，而是一種具體活動。之所以要強調

〔註13〕　值得注意的是，牟宗三自己曾指出「道德的形上學」之兩種可能含義，如下列
　　　　　引文：「分別言之，只無執的存有論方是眞正的形上學。執的存有論不可言形
　　　　　上學。統而爲一言之，視識心與現象爲眞心之權用，則亦可說是一個『道德的
　　　　　形上學』而含有兩層存有論。道德的形上學不但上通本體界，亦下開現象界，
　　　　　此方是全體大用之學。」而之後在論及「形上學」一詞時，是以「無執的存有
　　　　　論」這一含義爲主。見牟宗三《現象與物自身》，《牟宗三先生全集》卷 21，
　　　　　頁 41。
〔註14〕　牟宗三《心體與性體》第一冊，《牟宗三先生全集》卷5，頁 142～143。
〔註15〕　牟宗三《現象與物自身》，《牟宗三先生全集》卷21，頁 458。

這一點，是因爲單說知體明覺，可以只是形式上的規定，而未必有具體活動在，故感應義的提出，是要指明人必可把握此知體明覺，人若發揮感應則必有道德實踐，若不能感應則實踐落空。當感應眞正發揮，即是一體呈現，其極必與天地萬物爲一體，無任何隔閡可言。顯然，在牟氏那裡，「道德的形上學」能夠兼顧此三義。

三、宋明儒學的主要目標與理論問題

有了以上的認知，我們就可以接著來看，牟氏如何基於「道德的形上學」來說明儒家的圓教形態。在研究宋明儒學上，牟氏強調了「正宗」與「本質」：他肯定了宋明儒學的道統觀，並在整個儒學發展的歷史脈絡中，特別挑出一系列的人物與著作來做爲「正宗」傳承，而儒學的「本質」，則是以孔孟之生命智慧方向爲典型來養成與實現理想人格。〔註 16〕這樣的標準，不僅剔除了荀子與兩漢經學，也決定了牟氏以程朱之學爲歧出的立場。

此外，牟氏還有性理之學、心性之學、內聖之學、成德之教等種種說法。性理、心性二說，是取傳統概念以爲代表，偏重於道德實踐所以可能的先天根據；內聖、成德二說，則強調了工夫修養的過程。基於此一分野，牟氏把宋明儒學區分爲兩大問題：

> 此「成德之教」，就其爲學說，以今語言之，亦可說是一「道德哲學」（moral philosophy）。進一步，此道德哲學亦函一「道德的形上學」（moral metaphysics）。道德哲學意即討論道德的哲學，或道德之哲學的討論，故亦可轉語爲「道德底哲學」（philosophy of morals）。……但自宋、明儒觀之，就道德論道德，其中心問題首在討論道德實踐所以可能之先驗根據（或超越的根據），此即心性問題是也。由此進而復討論實踐之下手問題，此即工夫入路問題是也。前者是道德實踐所以可能之客觀根據，後者是道德實踐所以可能之主觀根據，宋、明儒心性之學之全部即是此兩問題。以宋、明儒詞語說，前者是本體問題，後者是工夫問題。〔註17〕

這段引文反映出了牟氏的幾個術語界定：「宋明儒學」意指宋明時期中的儒家整體思想；「成德之教」突顯出了此思想的工夫論性質；「道德哲學」代表此

〔註16〕 牟宗三《心體與性體》第一冊，《牟宗三先生全集》卷 5，頁 15～16。
〔註17〕 同上書，頁 10。

思想對道德有哲學式的探討，而這又可分為「道德的形上學」與「道德底形上學」兩者。不僅如此，他更給出了兩個問題設定：一是「本體問題」或「心性問題」，其內涵是「道德實踐所以可能之先驗、超越、客觀根據」；二是「工夫問題」或「實踐下手問題」，其內涵則是「道德實踐所以可能之主觀根據」。

那麼，本體問題與工夫問題之間的關聯為何？牟氏曾有如此解釋：

> 儒家自孔孟立教，講本體（道德哲學中之基本原則）必函著講工夫，即在工夫中印證本體；講工夫必預設本體，即在本體中領導工夫。依前者，本體不空講，不是一套懸空的理論，而是實理，因此，即本體便是工夫。依後者，工夫不飄浮而無根，而有本體以領之，見諸行事，所有行事都是實事，因此，即工夫便是本體。工夫與本體扣得很緊，永遠存在地融一以前進，因此，得凸顯出命限一觀念。
> 〔註18〕

儒學所謂工夫，並不僅指在行為選擇上試圖遵循道德法則，更是要在以理想人格為導向的工夫實踐上，去呼應發自內心的道德要求。牟氏指出，若道德行為真是自律、自發、自定方向，則自覺地做工夫乃是必須者。〔註19〕故工夫乃是道德的必要條件，或說工夫實踐與道德行為為一體之兩面。在此意義下，言本體是為了使道德實踐有既定的動力、方向與判斷標準，避免肆意妄為。此外，這樣的本體，並非僅是一種形式上的理論產物，儒者在工夫實踐的過程中，能夠確實認知、感受與經驗到本體所發出來的道德要求，亦即對於本體之實現有一種直覺體驗。

牟氏把儒者道德實踐的態度總結為：「求之在我，求有益於得，而又知其為無窮無盡。」〔註20〕這是因為，人對於命運是無可奈何的，行為結果本就無法完全盡如人意，常常不能如人所料想。但道德實踐是一直可以努力進行者，人格境界是只要願意就可漸漸觸及者，它們不被最終的行為結果所左右。也就基於這樣的態度，儒學格外強調命之概念，這是為了解釋行為結果與人格修養之間沒有必然的因果連結。本體與工夫在實踐上是必然要一致的，但

〔註18〕　牟宗三《圓善論》，《牟宗三先生全集》卷22，頁150。

〔註19〕　牟宗三《心體與性體》第三冊，《牟宗三先生全集》卷7，頁371。

〔註20〕　牟宗三在論及這點時，是在辨明儒學既非命定主義、也非樂觀主義的脈絡下進行的，並且以西方哲學何以無命限概念來相對照。為了避免離題太遠，此處恕無法進一步說明，詳見牟宗三《圓善論》，《牟宗三先生全集》卷22，頁152～153。

這個實踐嚴格說來並不以外在的行為結果為依歸，而是強調了人格境界的達成。下列引文說得更為詳細：

> 宋、明儒之將《論》、《孟》、《中庸》、《易傳》通而一之，其主要目的是在豁醒先秦儒家之「成德之教」，是要說明吾人之自覺的道德實踐所以可能之超越的根據。此超越根據直接地是吾人之性體，同時即通「於穆不已」之實體而為一，由之以開道德行為之純亦不已，以洞澈宇宙生化之不息。性體無外，宇宙秩序即是道德秩序，道德秩序即是宇宙秩序。故成德之極必是「與天地合其德，與日月合其明，與四時合其序，與鬼神合其吉凶，先天而天弗違，後天而奉天時」，而以聖者仁心無外之「天地氣象」以證實之。此是絕對圓滿之教，此是宋、明儒之主要課題。〔註21〕

儒家的成德之教，在道德實踐上是以聖人（儒家式的理想人格）為依歸，而在理論上，則需要說明此道德實踐如何可能，亦即本體問題。牟氏指出，內在於人的性體，上通超越本體、下貫道德實踐，此即儒家所言的「天道性命相貫通」，這推動了我們去積極參與天地萬物的化育過程，其至極境界則為「天人合一」，亦即聖人的道德實踐與萬物的生發運行完全一致。這樣的上通下貫，是基於人之自覺地工夫實踐而有的，它們描述了一種理想人格的境界，此境界不只是一種純粹的心理狀態，而是可以為天地萬物的化育做出重要貢獻。就牟氏的理解，聖人境界除了指工夫實踐所達到的心理狀態以外，還和以下三點有著很強的邏輯連結：一是道德性，亦即道德實踐所以可能之超越根據；二是形上本體，亦即萬物所以存在的超越根據；三是實踐指導，尤其是在面對具體情境時做出最符合道德的選擇與反應。〔註22〕

四、宋明儒學三系說

牟氏依義理型態的不同，將宋明儒學判分為三系：五峰蕺山系、伊川朱子系、象山陽明系，這是承牟氏對宋代儒學的一種哲學史觀而有的。他認為，從濂溪、橫渠乃至於明道，是一儒家圓教型態漸漸成熟的過程，濂溪在經典詮釋上多言《中庸》、《易傳》，儘管客觀意味較濃，但未曾忽略實踐與聖證；橫渠已漸漸開始注意《論語》、《孟子》，主客觀已能並重；至於明道從「於穆

〔註21〕 牟宗三《心體與性體》第一冊，《牟宗三先生全集》卷5，頁40。
〔註22〕 同上書，頁121。

不已」、「純亦不已」以言本體，樹立起儒家圓教的「一本」之義，可說是先秦儒家的成熟回歸。至此是尚未有分系可言的。〔註23〕承此觀點，他從義理型態、術語界定、工夫實踐、經典依據等層面來劃分三系之別。

其中，分系自伊川始，朱熹承之，故合稱爲伊川朱子系。其義理型態，可說是「道德底形上學」，或曰橫攝系統。其術語界定，理是「只存有不活動」，以心性兩者是後天與先天、經驗的與超越的截然二分，故仁爲靜理、心爲氣心。其工夫實踐，大體乃是順取之路，重點在於後天涵養及對象化的認知上。其經典依據是以《大學》爲核心，兼及《中庸》、《易傳》。

南渡後的胡五峰，承繼了明道的圓教模型，發展出「以心著性」，明末劉蕺山亦復如是，故合稱五峰蕺山系。其義理型態，爲「道德的形上學」，或曰縱貫系統。其術語界定，理是「即存有即活動」，以心著性而成性，此心性之所以爲一。其工夫實踐，要在「先識仁之體」，強調「逆覺體證」以復本心。其經典依據，談《中庸》、《易傳》是客觀地講性體，談《論語》、《孟子》則是主觀地講心體，兩者並重。

陸象山強調一心之朗現、申展與遍潤，明代王陽明亦復如是，故合稱象山陽明系。其義理型態、術語界定與工夫實踐，皆與五峰蕺山系類似，客觀面稍弱，而特別強調直提本心，從孟子學入手。其經典依據，是以《論語》、《孟子》統攝《中庸》、《易傳》，又以《論語》、《孟子》爲主。〔註24〕

從問題分析的角度看，宋明儒學主要是環繞著本體問題與工夫問題而發，性概念所蘊含的內容，主要用以回應本體問題，而心概念所蘊含的內容，則主要用以回應工夫問題。而如何理解心性之間的邏輯連結，或說主觀、客觀之間的偏重，則決定了最終的義理型態，故可以用心、性意義的不同與工夫活動的不同來區分各系。而經典依據之所以被特地提出，則是由於牟氏已然認定《論語》、《孟子》的內容，多是回應了工夫問題，或說工夫論性質較強；《中庸》、《易傳》的內容，多是回應了本體問題，或說本體論性質較強。至於《大學》，依牟氏的觀點，其義理規模不定，只說當然而未說所以然，故人可自由塡彩以相應於不同說法。〔註25〕

〔註23〕　牟宗三《心體與性體》第一冊，《牟宗三先生全集》卷5，頁45～48。
〔註24〕　此三系的明確劃定，見牟宗三《心體與性體》第一冊，《牟宗三先生全集》卷5，頁52～53。
〔註25〕　牟宗三《心體與性體》第一冊，《牟宗三先生全集》卷5，頁20。

　　三系判分，主要是根據有無形著與有無活動兩個標準來進行的。前者是要強調本心的客觀性，保證心體的正確方向，以避免心學流弊；後者是要保證道德理性的主觀性，保證性體是即存有即活動，以避免缺乏動力。〔註26〕如此看來，兼顧形著與活動的五峰蕺山系，是最理想的、最能回歸孔孟的圓教型態。以下即簡要說明之。

五、以心著性的說明

　　在牟氏看來，五峰蕺山系與象山陽明系，同屬縱貫系統，並無互斥之處，其主要差別在於「以心著性」之有無。就牟氏的觀點，「以心著性」是指心自覺地實現性，自覺地遵行其中的動力與法則而有道德實踐，如此一來，道德實踐就有其檢驗標準，而避免了借道德之名來恣意妄為的情況。不僅如此，由於性因心而得以有具體實現，性就不只是一個形式上的規定，而是當下呈現與真實無妄。從工夫論的角度看來，若無工夫實踐，則性體就只是名義上與理論上的規定，「以心著性」也毫無實義可言。若能有確實的工夫實踐，性體就可當下呈現，可透過工夫體驗來把握其真實無妄，「以心著性」也才達到了其理論功能。據此，「以心著性」儘管表面上看來只是心性兩概念之間的關係，但其內容所回應的則是工夫問題，或說是本體如何支持工夫實踐的問題。

　　透過牟氏的兩個自問自答，我們可以更為把握「以心著性」的要義所在。第一個問題：「其形著也，能澈盡性之全蘊一如其普遍而普遍地形著之耶？」亦即，心之形著，足以把性體的內容與普遍性完全實現出來嗎？或更簡單地說：「以心著性」如何可能？他自己的回答是：

> 心體仁體之為無限地普遍的蓋是儒者之所共許（惟在伊川、朱子則因系統之異而異其說）。而聖人之化境即證實此義。是則自過程上說，雖不能澈盡性體之全蘊，一如其普遍而普遍地形著之，然自心體自己之為絕對地普遍的說，則原則上是能澈盡性體之全蘊，能如其普遍地形著之者；而實現此原則上之可能則在肯定一頓悟，在此圓頓義之立（圓義、頓義，非可隨便濫講）。「反身而誠，樂莫大焉」，即藏一頓悟義。「滿心而發，充塞宇宙無非斯理」，亦涵一頓悟義。「只

〔註26〕　楊澤波《貢獻與終結：牟宗三儒學思想研究》卷2，上海：上海人民出版社，2014，頁70～71。

心便是天」、「指此便是天地之化」，亦是頓悟義也。而聖人之化境即

證實此義，所謂「堯舜性之也」。〔註27〕

人皆有本心，皆有道德實踐的可能。而牟氏認爲，儘管整體來看，不能說心總是能夠盡性之全蘊，但這卻是原則上能夠做到者，因爲聖人化境即代表了「以心著性」的完成。依儒家性善論，每個人原則上都必然能夠修養成爲聖人，又由於儒家已經承認了聖人境界是「以心著性」的完全實現，故本心必然能夠盡性體之全蘊。故牟氏說，聖人境界可證實本心的無限性與普遍性，而所謂頓悟即是悟此聖境，即是透過因本心仁體而有的工夫實踐與體驗，來把握並達到聖人境界。也就是說，牟氏以頓悟下的聖人境界，來回應「以心著性」如何可能完全實現，由於頓悟之聖境一開始就被肯定，「以心著性」也就必然可能。

　　至於第二個問題：「又即使能普遍地形著之矣，能豎立起來復客觀地、本體宇宙論地爲一生化原理，一如性體之客觀地爲萬物之『自性原則』或『客觀性原則』耶？」這是先肯定了聖人境界，再進一步問聖境下的本心能否蘊含一生化萬物之理。牟氏的回答是：

> 就第二問題說，人可說以上所說之心體之普遍性很可只是一種境界，只是一心之無限地申展，吾心之無限地函攝，似乎尚不能豎立起來復客觀地、本體宇宙地爲一生化之理，一如性體之客觀地爲萬物之自性原則或客觀性原則。即，此尚只是道德的無限境界，尚不能即說爲存在界之客觀而說爲存在界之客觀而普遍的自性原則。從主觀頓悟或聖境上說是如此，但主觀頓悟或聖證是境界，而頓悟或聖境中之心體自己則不是一境，而是一實體性的實有，無限的實有。此即頓悟或聖證上一心之普遍的函攝境界，同時即函其能豎立起來而復客觀地、本體宇宙論地爲一生化原理、自性原則也，蓋一心之函攝非是只爲靜態地觀照之函攝，而卻是創生感潤之函攝，故此心體自己即是一客觀的、本體宇宙論的生化原理，同時亦即爲萬物之自性原則也。此種肯認並無過患，蓋爲道德的形上學之所必涵。頓悟或聖證中一心無外之函攝即涵道德秩序與宇宙秩序之同一。此蓋亦爲儒者之所共許。〔註28〕

〔註27〕　牟宗三《心體與性體》第二冊，《牟宗三全集》卷6，頁547～548。

〔註28〕　同上書，頁548～549。

牟氏所謂「只是一種境界」云云，是指：本心之無限地申展，僅是一種主觀的心理狀態，並未眞的涉及萬物之存在。亦即，我們主觀上可以關心天地萬物，可以有「天地位，萬物育」的強烈意圖，但這原則上與萬物之存在可以不相關聯。牟氏自然不承認這類觀點，他認爲頓悟或聖證上的本心境界，必然能夠蘊含萬物之生化原理與自性原則，故道德秩序與宇宙秩序同一。其中，生化原理指萬物之所以存在的根據，或說是生化天地萬物的動力與法則；自性原則，則是指賦予物「在其自己」的本質，或者是說，使物之所以爲物的那一本質給呈現或突顯出來。同樣地，儒家已然肯定了此種聖境之存在，肯定了最高的工夫實踐同時涉及了道德界與存在界，此爲道德的形上學所必然蘊含者。在此意義下，聖人境界與工夫實踐，就涉及了萬物之存在與生化，得以回應萬物之存在與生化如何可能、如何實現的問題。

那麼，言「以心著性」的五峰蕺山系，與強調一心遍潤的象山陽明系，其差別究竟爲何？如前所言，兩者同屬縱貫系統，於義理型態上並無根本衝突，甚至兩者對上述問題也有相同觀點，那爲何還要區分兩者呢？差別在於，象山、陽明是在聖境之中轉出心體做爲存在本體與自性原則，而五峰、蕺山是先客觀地言性體，再回到本心上來談形著〔註29〕。故牟氏喻之以「一圓圈之兩來往」。〔註30〕從工夫論的角度看，象山、陽明是先將工夫實踐做到極致，而後從頓悟之聖境中把握萬物之存在與化育；五峰、蕺山是先考慮萬物之存在與化育如何可能，而後在工夫實踐之過程中實現「以心著性」。用牟氏自己的術語，則兩者只是在本體問題與工夫問題的考量次序上有所不同，但在本體、工夫兩者之間的邏輯連結與理論架構上，則完全一致。

六、縱貫系統與橫攝系統之別

那麼，前兩系所屬的縱貫系統，和伊川朱子系所屬的橫攝系統，兩者有何根本差異？大致而言，縱貫系統所言之本體有活動義，而橫攝系統所言之本體則無；縱貫系統所言之道德實踐，是道德意識的直接發揮與創造，而橫攝系統所言之道德實踐，則立基於主客二分的、對象化的經驗認知。對此，牟氏曾有幾點更詳細的說明：

〔註29〕 牟氏曾把以心著性的實踐過程區分爲五個有先後次序可言的步驟，詳見牟宗三《從陸象山到劉蕺山》，《牟宗三先生全集》卷8，頁290。

〔註30〕 牟宗三《心體與性體》第二冊，《牟宗三先生全集》卷6，頁549～550。

其一，在橫攝系統那裡，性體之道德性被減殺。牟氏指出：

> 但這實體（即性體、道體）之道德性，在朱子之說統中卻被減殺，
> 甚至不能保存。他的存有論的解析是泛就存在之實然以推證所以然
> 之理以爲性。如此說的性，其直接意思是存在之存在性，存在之理
> （雖亦是超越的，不是現象的），而不是道德實踐之性，不是道德創
> 造之性。對道德性的存在之實然（如惻隱之心等）說，其所以然之
> 理是道德的，如仁義禮智等，但對非道德性的「存在之實然」說，
> 其所以然之理便無所謂道德不道德，此如下章所說的「枯槁有性」。
> 在此，性體未能實踐地、自我作主地、道德自覺地挺立起（提挈起）
> 以爲道德實踐之先天根據，道德創造之超越實體。朱子所說之性雖
> 亦是先天的、超越的，但卻是觀解的、存有論的，實踐之動力則在
> 心氣之陰陽動靜上之涵養與察識，此即形成實踐動力中心之轉移，
> 即由性體轉移至對於心氣之涵養以及由心氣而發之察識（格物窮理
> 以致知），而性理自身則是無能無力的，只是擺在那裡以爲心氣所依
> 照之標準，此即爲性體道德性道德力之減殺，而亦是所以爲他律道
> 德之故。〔註31〕

所謂「道德性」，主要是指道德動力，是就工夫問題，亦即人如何自覺地做道
德實踐而言的。縱貫與橫攝系統所言的理，都具有法則義，其功能是在人面
臨具體情境的諸多選擇時，規定我們怎麼做才是道德的，或說指導我們何者
才是正確行動。不僅是道德法則，朱熹也用「理」來代表對於一般事物的客
觀認知。牟氏所謂「泛就存在之實然以推證所以然之理」，是朱熹在論及認知
外物時所用的方法，但牟氏認爲，朱熹把這套用到性體（道德的先天根據）
上，會出現嚴重後果：橫攝系統的歧出。這樣的順取之路，雖然還是可以保
留性體的法則義，但卻會把性體的動力義排除在外，此理因而不具備道德創
造的動力，而動力只能來自「對於心氣之涵養以及由心氣而發之察識（格物
窮理以致知）」。依牟氏的理解，此推證過程由於不涉及道德意識的發動，故
「此即形成實踐動力中心之轉移」，亦即道德動力的解釋，在朱熹那裡是後天
涵養所形成的道德習慣，而完全不訴諸於道德情感，更無道德情感的提升可
言。在牟氏看來，此動力非常弱，它不能說是先天即有的動力，故曰道德性
之減殺。至於道德法則，其指導與規範功能仍可保留，但由於此理是外在於

〔註31〕　牟宗三《心體與性體》第三冊，《牟宗三先生全集》卷7，頁530。

本心，而本心需要遵循此理，於是導致了牟氏所言的他律道德、本質倫理，亦即道德法則之內容由外於本心者所決定。所以，縱貫系統內的理概念，是即存有即活動，兼含規範義與動力性〔註32〕，可說是必然能夠呈現者，且一個道德行為必然是因受此理所推動而有。橫攝系統內的理概念，是只存有不活動，僅含法則而無動力，是原則上不可能呈現者，且一個道德行為必然無法受此理所推動。這其實就是把朱熹言客觀知識的推證方法，套用到道德修養上，為朱熹言道德行為的動力找到外於心、性的解釋。

其二，在橫攝系統那裡，性體作為道德創造的本體，創生義喪失了。這主要是就本體問題而言的，在牟氏的理解中，伊川朱熹所言之理是只存有不活動，創生之道被說成是靜態存有：

> 形式字的那個理與作為實體之內容實義之一的那個理乃是兩個層次上的理，非同一意義者。朱子之存有論解析由存在之然以推證其所以然之理為性，則如此把握之性就只能是理，而且並無兩層之分，「所以然」之形式字之理即是實體字之理。此是由存在之然推證其所以然，而不是先對於實體有理解，就其所創生實現者反觀此實體而謂其為「所以然」。〔註33〕

這裡首先區分了兩種理，大略說來，即是形式的理與內容的理（大約相當於形構真理與內容真理之別）。所謂形式的理，僅是一個具有理論功能的概念，其本身可以沒有任何內容，譬如我們可以藉由「凡事必有因」來推論出天地萬物共享一個「第一因」，並名之以理，但它只是為了解釋因果關係而推演出的概念，而可以沒有任何已知的內容。至於內容的理，則可以訴諸於道德意識的發動，以及工夫實踐與工夫體驗等，而有具體真實的內容可言，也就是在此意義下，以心著性才得以可能。故形式的理是從解析推證而來，內容的理是就逆覺體證而來。

然而，在牟氏的理解中，朱熹對於道德實踐亦是採取解析與推證的方式，

〔註32〕 類似的表述與觀點，已有學者提出過。譬如在李瑞全看來，牟氏所謂的即存有即活動，不僅是道德規範的根源所在，道德動力亦根源於此，因為當知體明覺給於自己道德法則時，它必然就會去認同之，自願自悅地去實現之。在此意義下，道德判斷本身就蘊含有一行動力量，這是一種兼顧價值根源與實踐動力的理論。見李瑞全《儒家道德規範根源論》，新北市：鵝湖出版社，2013，頁290～292。

〔註33〕 牟宗三《心體與性體》第三冊，《牟宗三先生全集》卷7，頁532。

這固然也可以得出道德法則，但對於道德意識與道德情感則毫無涉及。如此一來，在朱熹所屬的橫攝系統裡，理就必然是形式的而非內容的，是只存有而不活動。在此意義下，理無所謂動，更無所謂「發用」，人之行爲才有所謂動，而道德行爲即是依循道德法則而動，但此動力並非基於法則而有，法則與動力分離。據此，道德實踐的規範性是外在的，而非來自主體的自律自發。所以牟氏說此乃創生義的喪失，因爲這是從存在之然來推論存在之理（橫攝系統），而非實現之理創造出了存在之然（縱貫系統）。

其三，順取與逆覺之別。牟氏強調，孔子、孟子、曾子等人，皆是在道德自覺與道德實踐中逆覺自證，具有超越的道德意識與形而上的洞見。而伊川與朱熹，則屬「順取而橫攝之」。所謂順取是指：

> 涵養上之敬亦唯是在使心氣常常凝聚而清明能完全凝聚于理上而順理。此一系統亦使一切行爲活動只要是順理（順形構之理之實然與順存在之理之當然與定然）即是道德的，此是唯智論與實在論之泛道德，而道德義亦減殺。〔註34〕

由於理是只存有而不活動，道德動力遂不能訴諸於理，逆覺體證也就不可能。因此，橫攝系統走的是涵養順理之路，更詳細地說，這是一種後天養成的道德習慣，使人之行爲習慣於去遵循理，或說使理對人之行爲產生一種心理制約，以此來理解所謂道德行爲。據此，道德動力與道德法則被截然區分開來，是先透過認知與推演以得出法則，而後使行爲順此法則，此即「順取而橫攝之」。而所謂順存在之理，是指順應特定義務，譬如必須實現孝行（使孝行存在）；所謂順形構之理，是指遵循特定情境下所應有的具體規範，譬如如何實現孝行。牟氏認爲，這是第二義上的磨練、勉強、熏習與擇善固執，屬於預備工夫、助緣工夫與積習工夫，使心漸漸與理順適合拍。〔註35〕這是完全的後天漸教，實無頓悟之可能。

第二節　逆覺體證與工夫體驗

本節將從兩層存有論與逆覺體證的說明出發，並透過工夫實踐與體驗內容的強調，來突顯出牟氏「道德的形上學」之理論特色所在。其中一個最爲

〔註34〕　牟宗三《心體與性體》第一冊，《牟宗三先生全集》卷5，頁116。
〔註35〕　牟宗三《從陸象山到劉蕺山》，《牟宗三先生全集》卷8，頁74。

重要的觀點是，「人何以具有智的直覺」或「智的直覺如何可能」的問題，終將要訴諸於工夫實踐與體驗內容，才能夠得到恰當解釋。

一、兩層存有論與兩種直覺

智的直覺一詞，乃牟氏自康德那裡取用而來的概念，並對其有了更進一步的論述。康德認爲智的直覺只有上帝才具備，故人無法直接把握本體，而只能透過概念範疇的設定與經驗現象的認知。而牟氏則以成聖之境就是對本體的直接契入，故必須承認人有智的直覺。也就是說，智的直覺是成聖得以可能的必要條件、超越根據，其充分發揮呈現了理想人格的境界，他說：

> 道德實踐底目標是成聖，道德實踐底可能性之超越根據是良知、本心，因有此超越的根據，故成聖才可能。依儒家，只當道德實踐有必然性時，成聖才一定有必然性。佛家修行成佛亦然，道家成眞人亦然。故三家所說的心都是無限心。心是無限心時，則中國儒、釋、道三教當然都承認有康德所說的智的直覺。中國哲學中自無這個名詞。儘管沒有這個名詞，然而並非無與這名詞同等的理境。〔註36〕

智的直覺，或曰德性之知，它做爲一種能動力有發揮或呈現可言。這是因爲，有此能動力，不代表此能動力必然得到實現，它原則上可以維持一種潛在狀態，而沒有對我們的心態或行爲造成實際影響。那麼，智的直覺要如何充分發揮或呈現呢？牟氏明確指出：「中國人的傳統承認人有智的直覺，人之所以能發出智的直覺是通過道德的實踐、修行的解脫，而使本有的無限心呈現。」〔註37〕據此我們也可以說，工夫實踐的過程即是智的直覺之呈現過程。智的直覺之理論功能，是保證了成聖之境的可能；而工夫實踐之理論功能，則導向了成聖之境的具體實現。在此意義下，具有智的直覺，是成聖的必要條件。

爲了突顯這一點，牟氏借用了康德哲學的架構，或說繼承了《大乘起信論》的「一心開二門」，明確區分出兩層存有論：西方哲學著重於所謂「執的存有論」，又曰靜態的、內在的存有論，是實然的、知識的，是指知性對種種經驗現象之分解，亦即就見現象之存在而言其可能性之條件，亦即就內在於一物之存在而分析其存有性，譬如有何特徵或性質等。而中國哲學的興趣則在於「無執的存有論」，又曰動態的、超越的存有論，是應然的、道德的，是

〔註36〕　牟宗三《中西哲學之會通十四講》，《牟宗三先生全集》卷30，頁91～92。
〔註37〕　同上書，頁93。

就超越經驗的本體而言的，強調了事物的存在如何可能，亦即關注一切事物所以存在的本源。〔註 38〕他更運用了一個「平地與土堆」的譬喻：以平地喻「物之在其自己」，此乃本體界意義下的自起自現，用以說明「無執的存有論」。以土堆喻物之經驗現象，此乃由認知功能所挑起者，用以說明「執的存有論」。〔註 39〕所謂起土堆，即是人透過認知能力來觀察事物所得出的經驗現象，它是額外覆蓋在平地上的，不能直接代表平地本身。經驗現象因感官知覺而有，故牟氏所謂的平地自起自現，就必然不能屬於經驗現象。所以本體之自起自現，必然屬於無執的存有，而對此自起自現的論述，必然屬於無執的存有論。如此一來，就區分出了經驗界與本體界：經驗界說明了經驗現象的存在與變化，本體界則說明了工夫實踐所對應到之本體。牟氏亦以事親為例，來說明兩者之別。我們可以單單注意「親」本身做為一存在物，此為客觀的認知，有一執的存有論。但就「如何實現事親這一孝行」而言，實現的一體而化中有一「無執的存有論」，因為事親之行與親做為存在物皆是「在其自己」，本體界據此而全部朗現。牟氏又借用亞里斯多德的四因說來解釋之：就事親而言，良知是其「形式因」與「動力因」，以良知提供道德判斷的法則與道德實踐的動力故；而經驗知識（譬如親之身心狀況）則是其「材質因」，以經驗知識提供了現象界的認知故。〔註 40〕

而相應於兩層存有論，牟氏區分出了兩種直覺，一種對應到經驗界，另一種對應到本體界：

> 感觸的直覺是一「呈現原則」（principle of presentation），它是將一現實而具體的存在物呈現給吾人者，但它不能創生這存在物，因此，它是認知地呈現之，而不是存有論地創生之。明覺感應中之智的直覺是存有論地創生一存在物，但此存在物是當作「物之在其自己」而觀之者，它是內生的自在相，而不是對象相。明覺感應創生地實現此存在物亦即呈現此存在物，此是存有論地呈現之即實現之，而不是只認知地呈現之而不實現之。明覺感應之所實現者經過感性之攝取即轉為對象，因此，感觸的直覺所認知地呈現給吾人的存在物便轉為現象義亦即對象義的存在物。「現象」者一存在物對一定樣式

〔註 38〕　牟宗三《圓善論》，《牟宗三先生全集》卷 22，頁 327～330。

〔註 39〕　牟宗三《現象與物自身》，《牟宗三先生全集》卷 21，頁 132。

〔註 40〕　同上書，頁 456～457。

的感性主體而現爲如此者之謂也。「對象」者，一存在物爲感觸直覺
所面對而取著之之謂也。〔註41〕

所謂感觸直覺，即是透過認知功能的發揮，以存在物爲認知對象，將對應到
存在物的經驗現象呈現於人，也可說是爲存在物的概念範疇增添了經驗現象
的內容。此經驗現象與存在物並非同一回事，兩者並非同一關係，主體所接
收到的僅是現象而非存在物本身。所謂「呈現原則」，即是基於主客二分的結
構，把存在物透過現象而呈現於主體。而所謂智的直覺，按牟氏自己的說法，
則是創生而非呈現了存在物，這不立基於主客二分的結構，也不包括任何概
念範疇與經驗現象，而是直接把握「物之在其自己」，創造與實現之。〔註42〕

二、何謂逆覺體證

　　逆覺體證是牟氏哲學體系的一個關鍵，它能否成立，在什麼意義下成立，
決定了「道德的形上學」與儒家圓教型態的基礎，能否真正穩固。在《心體
與性體》中，逆覺體證主要是對應於工夫問題而提出的，代表了儒家的工夫
實踐。但在《智的直覺與中國哲學》中，證成問題佔了更大份量，逆覺體證
的理論功能也隨之擴展。以下即就「逆」、「覺」、「體」、「證」四字來略作解
析，以明逆覺體證之實義，這不僅涉及了工夫活動，也涉及了工夫做爲一種
證成方式。

　　首先是「逆」。道德實踐的進行，伴隨著一連串身心狀態與事件的發生，
而所謂的逆，是指有意識、有覺察地沿著此發生順序而逐漸撤收、回歸到道
德實踐的起點，並直接把握之。按傳統上的說法，此源頭即是本心，或曰良
知。若用譬喻，道德實踐的過程有如江河般流淌而下，而我們可以逆流而上，
尋找江河最初的源頭。據此，逆覺體證蘊含了一道德實踐的過程，牟氏對此
曾有生動描述：

　　　　是以當一個人迫切地期望有真道德行爲出現，真能感到滾下去之不
　　　　安，則此不安之感即是道德本心之呈露。在此有一覺醒，當下抓出
　　　　此不安之感，不要順著物欲再滾下去。此時是要停一停。停一停即
　　　　是逆回來，此時正是要安靜，而不要急迫。停一停逆回來，此不安

〔註41〕　牟宗三《現象與物自身》，《牟宗三先生全集》卷21，頁133～134。
〔註42〕　類似說法，亦見牟宗三《中西哲學之會通十四講》，《牟宗三先生全集》卷30，
　　　　頁225。

之感即自持其自己而凸現，不順著物欲流混雜在裡面滾下去而成為流逝而不見。自持其自己而凸現，吾人即順其凸現而體證肯認之，認為此即吾人之純淨之本心使真正道德行為為可能者。此種體證即「逆覺的體證」，亦曰「內在的逆覺體證」，即不必離開那滾流，而即在滾流中當不安之感呈現時，當下即握住之體證之，此即曰「內在的逆覺體證」。但是既曰「逆覺」，不安之感停住其自己而凸現，此即是一種隔離，即不順滾流滾下去，而捨離那滾流，自持其自己，便是隔離。此曰本心之提出。此隔離之作用即是發見本心自體之作用。有隔離，雖內在而亦超越。〔註43〕

在此我們一方面看到一種哲學論述：道德本心的發動，具體實現為人的一種不安之感，當我們把握這種不安之感，認為這是使道德行為為可能者，認為這是促成道德行為的動力者，當下即可逆此實現順序而覺此道德本心，此即透過工夫體驗而有的證成，即逆覺體證。另一種論述則更接近於心理學：安靜、不要急迫、停一停逆回來，它們其實皆是描述了對物欲的隔離。由於物欲導致了人的為惡，所以才需要隔離物欲，中斷惡行的形成。在此我們看到了兩種影響人行為決定的因素，一是物欲，一是不安之感。而人可自覺地把握不安之感並與物欲有所隔離，不再受物欲所驅使，進而實踐真正的道德行為。據此，所謂「逆覺」，是基於工夫實踐來回溯其自身得以可能的超越根據；而所謂「體證」，是透過主體所獲致的工夫體驗來證成超越根據的存在。此超越根據既明，就可以據此來更完整地、更全面地進行道德實踐，或者是說，更加把握其所蘊含的道德動力，更加擺脫物欲的干擾。故牟氏又說：「本心一有震動即示有一種內在不容已之力量突出來而違反那汩沒陷溺之流而想將之挽回來，故警覺即曰逆覺。」〔註44〕

所謂「覺」，則可以說是智的直覺及其發動，如牟氏自己所言：「此種逆覺即是智的直覺」〔註45〕。牟氏在《智的直覺與中國哲學》和《現象與物自身》兩書的序言中，都提到若不承認人有智的直覺，則整個中國哲學都無法成立，因為理想人格的成就將變得不可能。他更明確指出，智的直覺必得要透過工夫實踐，方得以徹底呈現出來，甚至智的直覺和工夫實踐根本就是同一能動力：

〔註43〕　牟宗三《心體與性體》第三冊，《牟宗三先生全集》卷7，頁372～373。
〔註44〕　牟宗三《從陸象山到劉蕺山》，《牟宗三先生全集》卷8，頁138～139。
〔註45〕　牟宗三《智的直覺與中國哲學》，《牟宗三先生全集》卷20，頁252。

> 中國人的傳統承認人有智的直覺，人之所以能發出智的直覺是通過
> 道德的實踐，修行的解脫，而使本有的無限心呈現。中國人承認有
> 無限心，但不把無限心人格化而爲上帝。每一個人的生命都有無限
> 心，而通過道德的實踐以及佛教道家的修行而使它呈現。〔註46〕

姑且不論「把無限心人格化而爲上帝」這一對基督宗教的理解是否正確，牟
氏顯然認定：儒家所謂良知、誠明之知或德性之知，以及在通而一之中所表
示的道體、性體、心體、仁體、誠體等，皆有智的直覺之義。〔註47〕在某些
地方更說，承認人有智的直覺，是儒學較康德哲學高明之處。良知、道體等
所代表的、回應本體問題的這些概念，其理論功能與智的直覺相同，皆是解
釋工夫實踐何以可能者，只是道體等詞更爲側重先天根據義，而良知更爲側
重能力實現義。據此，所謂智的直覺，可說是一種直接把握事物的、道德實
踐必備的能動力。〔註48〕與因感官而有的感觸直覺相比，智的直覺在發動時
所獲致的，並非是基於主客二分的、純粹對象化的認知，而是一種直接契合
於事物本身的、直透事物之本質的把握。而在逆覺體證的脈絡中，智的直覺
所把握者，主要是就本體，也就是儒家所謂天道而言的，其發動與工夫實踐
是緊密相關、合一不分。

　　至於「體」，是指體驗。在道德實踐的過程中，主體往往會獲致相應的體
驗，而這些體驗有其特殊內容，它們是純粹思辨所無法提供的。此體驗可說
是來自於道德意識與道德情感，而體驗內容即是道德意識、道德情感純然發
動時所呈現出來的內容。在儒家，工夫體驗的獲致與積累，是達致聖境的必
經歷程，而在牟氏，此工夫體驗又是直接把握本體的關鍵所在：

> 原此學本是内聖之學，而内聖之學之本質唯是在自覺地相應道德本
> 性而作道德實踐，故其中心問題之所以落在心性，即是因要肯認並
> 明澈一超越的實體（心體、性體）以爲道德實踐（道德行爲之純亦

〔註46〕　牟宗三《中西哲學會通十四講》，《牟宗三先生全集》卷30，頁93。
〔註47〕　牟宗三《從陸象山到劉蕺山》，《牟宗三先生全集》卷8，頁244～245。
〔註48〕　鄭家棟認爲，牟氏所論智的直覺，和儒家的實踐體證並不能直接等同起來。這
　　　　　是因爲，在康德那裡，智的直覺所面對的問題是「人能知道什麼」，牟氏雖然
　　　　　強調道德實踐在這之中的作用，但他要回答的其實是「認識上如何可能」。此
　　　　　說雖有助於我們理解牟氏的理論如何形成，但與牟氏意旨並不相應，認識問題
　　　　　和實踐問題在問題表述上的確有所差異，但牟氏卻是要把兩者的問題域看做是
　　　　　重疊的，所以他才明確地說逆覺即是智的直覺，強調了兩者的共通性。相關論
　　　　　述，見鄭家棟《牟宗三》，臺北：東大，2000，頁242。

不已）所以可能之超越根據。故此學之本質的關鍵不能不落在對於此實體之體悟與明澈。而內聖之學之道德實踐是以成聖爲終極，而聖之內容與境界則是「大而化之之謂聖」，是「與天地合其德，與日月合其明，與四時合其序，與鬼神合其吉凶，先天而天弗違，後天而奉天時」，是於吾人有限之個體生命中直下能取得一永恆而無限之意義，故其所體悟之超越實體、道體、仁體、心體、性體、於穆不已之體，不能不「體物而不可遺」，「妙萬物而爲言」，蓋聖心無外故也。〔註49〕

心體、性體即是所謂的超越本體，又曰道德本性。工夫實踐之所以可能，必須要有此本體來做爲超越根據，於是此實體不能不受到肯認。然而牟氏指出，這樣的肯認是出於對本體——或曰道體、仁體、心體、性體——的體悟，此體悟導致了工夫體驗，使我們可以肯認本體。這不光是用本體來解釋工夫實踐何以可能，因爲主體能夠透過工夫實踐而體驗到無限之意義，體驗到萬物之生生不息，同時也直接體驗到本體。據此，聖人之內容與境界，必然包含了特定的工夫體驗。或者是說，在如何進行工夫以達致聖人境界此一問題上，工夫體驗在其問題域裡佔有極爲重要的地位。

而「證」則可以有兩層意思：一是證成，亦即把對於本體的眞信念轉換成爲知識，乃是對於本體論述的檢驗。二是證悟，亦即聖境的具體達成，或至少是在工夫修養上達到一定程度，乃是對於工夫論述的檢驗。在牟氏看來，這兩層意思完全可以是同一回事，證成和證悟可以在道德實踐的過程中，透過特定的工夫體驗來同時達成。

綜上所述，逆覺體證一說，是環繞著道德實踐而有的說法。「逆」代表了對於道德實踐的充分意識，「覺」代表了道德實踐需要智的直覺之發動，「體」代表了道德實踐所伴隨的體驗內容，「證」代表了道德實踐可以達到證成與證悟這兩種理論功能。若要繼續探討下去，以下問題實不可避免：什麼是道德實踐？對於道德實踐的論述，正對應到牟氏所言的工夫問題，也就是說，這裡所言的道德實踐，就是指工夫實踐。〔註50〕

〔註49〕　牟宗三《心體與性體》第二冊，《牟宗三先生全集》卷6，頁266～267。

〔註50〕　林安梧即指出，牟宗三是透過工夫論來認定人有智的直覺，以實踐的工夫論來證成道體。見林安梧〈新儒學理論系統的建構：牟宗三兩層存有論及相關問題檢討〉，《杭州師範大學學報》（社會科學版），2013年第2期，頁61。

三、工夫實踐與相應的體驗內容

所謂工夫，在牟氏那裡是指主體自覺地做道德實踐，或者換種說法：「工夫者，主觀地透過心之自覺明用而呈顯天道誠體之謂。」〔註 51〕這裡所言的道德實踐，並非表面地使外在行爲符合於道德規範，它更代表內在心態的純粹化與堅定化，可視爲是以理想人格爲取向的工夫操作。牟氏有時以「教」稱之，他說：以實踐與學問合一不離的教，是指能開啓人之理性、使人運用其理性，通過各種型態的實踐以純潔化其生命，而達至最高的理想之境者。〔註 52〕這裡所言的理性，主要是指道德理性或實踐理性（Practical Reason），而非工具理性。工具理性提供的僅僅是客觀認知，而道德理性則更提供了道德的實踐動力與具體指導，並以人格的理想境界爲最終依歸。所以牟氏才指出，道德實踐的目標是成聖，道德實踐之超越根據則是良知、本心，它們保證了成聖的必然可能。而聖人境界的展現，即是通過道德實踐而使本有的良知、本心充份發揮。〔註 53〕

從問題分析的角度看，工夫論的問題域，包括了實踐過程與相應的體驗內容。其中，工夫體驗在牟氏的儒學重構中居關鍵地位，牟氏提及的許多詞彙，包括「悲情」、「（眞）實感」、「道德感」、「道德意識」等，都可說是一種推動道德實踐的強烈情感，對此情感發揮而有的自覺與省察，即是工夫體驗，且此體驗具有特定內容。譬如，在論及古聖先賢如何創立思想文化時，牟氏特別強調了「實感」：

> 他們都是在蒼茫中有「實感」的。他們沒有理論，沒有系統，沒有工巧的思辨。他們所有的只是一個實感，只是從生命深處發出的一個熱愛，一個悲憫：所以孔子講仁，耶穌講愛，釋迦講悲。……它開出了學問，它本身不是學問，它開出了思辨，它本身不是思辨。它是創造的根源，文化的動力。一切學問思辨都是第二義的。〔註 54〕

理智思辨固然重要，並且是中國傳統上所缺乏的部分，但眞正決定思想文化如何開出的，是對於人類生命的一種熱愛。牟氏認爲，「實感」才是思想文化得以創立的根源與動力，並以一切學問思辨都是因應「實感」而發

〔註 51〕　牟宗三《心體與性體》第一冊，《牟宗三先生全集》卷 5，頁 356。
〔註 52〕　牟宗三《中國哲學的特質》，《牟宗三先生全集》卷 28，頁 261。
〔註 53〕　牟宗三《中西哲學之會通十四講》，《牟宗三先生全集》卷 30，頁 91～92。
〔註 54〕　牟宗三《五十自述》，《牟宗三先生全集》卷 32，頁 73～74。

的，是對「實感」的描述、解釋或延伸。若要真正理解儒學的精髓所在，
則必得要透過對此「實感」的自覺與省察來遙契孔孟。事實上，牟氏認為
自己正是由於一種「客觀的悲情」才得以窺儒學之門道。〔註55〕據此我們
也可以說，牟氏所提到的這些立教聖賢，包括他自己，都具備一定的工夫
體驗。

更詳細地說，牟氏以佛教根源於苦業意識，以基督宗教根源於罪業意識，
而儒家則根源於憂患意識，三大文化傳統因從不同意識開出而各具特色。他
指出，憂患意識可以凝聚成悲憫，而悲憫本身就具有道德價值，在儒家即是
「天地位，萬物育」的企盼。〔註56〕這類意識即是道德情感的一種，而工夫
實踐可說是由道德情感所推動：

> 所謂道德感（moral sense）是最重要的，我們講這許多理論：目的
> 都是在增加人的道德感。這道德感究竟是什麼呢？按平常講道德有
> 兩種意義：（一）拘束的意義，這是視道德為外在的條文。是拘束自
> 己的東西，故一聽道德二字即討厭。（二）開放的意義，這是視道德
> 為內在的真實生命。是成全自己的東西。故道德不可厭，反是可悅
> 的。……儒家之大宗旨，即在以自己之道德感（仁），感通一切，這
> 即是做工夫的目的與下手處。〔註57〕

牟氏指出，所謂道德情感，在人是可悅的，而非僅是一種外在規範。不僅如
此，工夫實踐正是要極力發揮這種道德情感，人愛好這種情感，「如好好色，
如惡惡臭」，在此意義下，道德才是自己真的想去實踐的，其動力才是自內而
來。而對於道德情感發揮的自覺與省察，即可導致工夫體驗。也就是說，光
是因憂患意識而推動道德實踐，還不足以說是有工夫體驗，要對道德實踐的
發生與過程，有著充分的自覺與省察，方可有體驗內容的獲致與積累，且此
積累有助於我們更好地掌握道德情感之發揮。

〔註55〕「在時代的不斷的刺激中，我不斷的感受，不斷的默識。在不斷的默識中，我
　　　　漸漸體會到時代的風氣、學術的風氣、知識分子的劣性、家國天下的多難、歷
　　　　史文化的絕續。這一切引發了我的『客觀的悲情』。由這客觀的悲情引我進入
　　　　『架構的思辨』以外的義理。」見牟宗三《五十自述》，《牟宗三先生全集》卷
　　　　32，頁75。
〔註56〕牟宗三《中國哲學的特質》，《牟宗三先生全集》卷28，頁12～13。
〔註57〕牟宗三《人文講習錄》，《牟宗三先生全集》卷28，頁117～118。

四、智的直覺：理論上必肯定、實際上必呈現

上面已然說明，逆覺體證的成立必須依靠智的直覺之發動，而此發動又與工夫實踐息息相關。那麼，我們有什麼理由來肯定智的直覺？或按牟氏的問法：智的直覺如何可能？智的直覺在邏輯上當然是可能的，因爲此概念並無導致任何邏輯矛盾。另外一種問題表述或許更適切：人類做爲有限存在如何能夠具備這種直覺？這種探問更接近於實現上的可能：亦即人類眞的能夠發動智的直覺嗎？眞的能夠實現逆覺體證嗎？而牟氏想要論證的是，我們在理論上必然要肯定智的直覺，且它實際上也必然呈現。

對於理論上必肯定，牟氏所給出的論證，首先從道德的定義出發：道德者，即依無條件的定然命令而行之謂。發此命令者，在康德曰自由意志，在儒家曰本心、良知、道體。這樣的「無條件」，被牟氏理解地非常強，乃至於需要一個絕對而無限的本心，才能夠滿足它：其不受限於人類，不被任何人之氣質所決定，故必然要創造人之道德行爲；其不受限於存在物，不被任何概念範疇或經驗現象所決定，故必然要與天地萬物爲一體。他更指出，所謂絕對而無限，代表只能爲因而不能爲果，只能制約別的而不能被制約，自由意志與做爲第一因的形上本體，都具有此性質，而絕對且無限者有著不能有二，故自由意志與形上本體必然完全同一。〔註58〕據此而有的結論是：本心仁體既是絕對且無限，則由本心所發之直覺，必然是智的直覺。〔註59〕如牟氏自己所言，這完全是一個基於分析的論證。智的直覺既是一種道德實踐的能力，此能力的發動，推動了工夫實踐的過程，上可證成天道，下可創生萬物。此論證是基於道德和本體所共有的「無條件」性質，來說智的直覺與形上本體必然不能有二，故本心與本體必然爲一。

至於實踐上必呈現，牟氏首先肯定了儒家所謂的本心（四端之心），是隨時在躍動在呈現的，故本心仁體具有活動義。在此意義下，道德感就是本心

〔註58〕 彭文本指出，牟氏這是弄混了兩種「無條件」：一是自然因果上的，指實體之所以存在不需要依靠其他任何事物爲前提；二是道德行動上的，指人在道德實踐時，道德法則的決定與發出，不需要依靠其他任何事物爲前提。對於後者，人的存在依然可能是有條件的，道德實踐的完成也可能是有條件的，但理性完全自己給自己道德法則的內容，此意義下的「無條件」，是用以說明法則內容的決定過程不需要依靠任何前提，因而不被任何理性以外的事物所決定。見彭文本〈良知的辯證——康德、費希特、牟宗三的理論比較研究〉，《臺大文史哲學報》第 69 期，2008 年 11 月，頁 304。

〔註59〕 牟宗三《智的直覺與中國哲學》，《牟宗三先生全集》卷 20，頁 245～248。

仁體之具體表現，自由意志之活動就是道德感之呈現，所以牟氏說：「是以當
本心仁體（自由意志是其良能）隨時在躍動，有其具體呈現時，智的直覺即
同時呈現而已可能矣。」〔註 60〕牟氏訴諸於人們或多或少會有的道德感之發
動，來說智的直覺必然呈現，因而也就必然可能。這是把道德感與智的直覺
掛勾，以兩者互爲充分必要條件，故有道德感之發動，就必然有智的直覺之
呈現。當然，此道德感是指能夠上提至本心仁體者，足以解釋意志之心能、
本心之明覺活動。只要道德感能夠不爲氣質所限，並非僅是形而下的、感性
的、主觀的，它就可以做爲道德的基礎。所以，逆覺體證的實現，就是依道
德感而有，而道德感並非僅是一思辨後所得的概念，而是蘊含了特定的體驗
內容。

　　這也就是說，智的直覺做爲一個純形式的概念，還不足以眞正證成天道
與創生萬物，必得要有體驗內容以實之，智的直覺才眞的能夠徹上徹下，成
爲儒家圓教的關鍵。牟氏在解讀《繫辭》時即說：

> 它本身雖然是無思、無爲的龜殼、著草，但你藉著它做工夫，你一
> 問，你有問的感應的時候，它一通就通天下之故。……所以，感而
> 遂通天下之故，這個等於一通全通，感通全宇宙。感通全宇宙這種
> 觀念先秦儒家最有實感，這個就是康德所說的 intellectual intuition。
> 〔註 61〕

由此可見，所謂感通宇宙，是在工夫實踐的脈絡中而有的發言，它必須基於
「實感」來呈現出眞實意義，甚至它就是對於體驗內容的一種描述。而實感
及其內容，是根源於智的直覺之發動。這樣的感通宇宙，即是聖境下的工夫
實踐，在牟氏的論述裡，從來沒有懷疑過古人的工夫境界，只要獲致相應的
體驗內容，就必然承認了智的直覺，必然能夠直透本體。這樣的必然，看似
不需要其他前提支持就可肯定，完全是基於古人曾有的工夫實踐，來推得人
人皆具備智的直覺。〔註 62〕下列引文，即強調了證悟感受的面向：

〔註 60〕　牟宗三《智的直覺與中國哲學》，《牟宗三先生全集》卷 20，頁 250。
〔註 61〕　牟宗三《周易哲學演講錄》，《牟宗三先生全集》卷 31，頁 137。
〔註 62〕　王興國曾就這一點提出了質疑，他認爲：肯定儒、釋、道三教的道德實踐，就
　　　　　是把智的直覺之存在當成既定事實，但人人是否都必然具有此智的直覺？甚至
　　　　　如何培養人去運用智的直覺？牟宗三都未有進一步說明。對於第一個問題，牟
　　　　　宗三的確預設了這樣的觀點：人人都必然可能成聖成佛，故人人都可以透過工
　　　　　夫實踐來達到聖境。對於第二個問題，則涉及了牟宗三是否以宗教家或教育家
　　　　　自許，至少在現代的學術體系裡，我們似乎不會要求學院裡的研究者有培養道

它直下是人生的，同時也是宇宙的，所以本源是一，而且同是德性意義價值意義的。因此，從宇宙方面說，這本源不是無根的、隨意猜測的，這是直接由我的德性實踐作見證的。同時從人生方面說，這德性意義價值意義的本源，也不是局限而通不出去的，故性與天道一時同證。一透全透，眞實而妄，無論從宇宙說下來，如《中庸》與《易傳》，或是從人生說上去，如孟子，皆是兩面不隔的，亦不是不接頭的。故不可像西方哲學那樣，視作對立的兩個途徑。對於熊師的學問亦當如此觀。這只是有「原始生命」、「原始靈感」的人，才能如此。這不是知解摸索的事，而是直下證悟感受的事。〔註63〕

本體之所以能夠具有道德價值，之所以能夠參與萬物化育，這兩個意義之所以能夠合併在同一本體概念裡，是透過工夫實踐與相應的體驗內容而得到肯定。因此，無論從道德層面入手，或是從宇宙層面入手，只要有工夫於其中，最後都能貫通歸一，對於道德價值何以可能、萬物存在何以可能的問題，都能有眞實的回應。最後所言的非知解摸索之事，而爲直下證悟感受，充分突顯了工夫論的特殊性質，也代表了牟氏在回應上述問題時，是把工夫實踐與體驗給納入了其問題域。這也就代表，只靠知解思辨，並不足以檢驗這套說法是否能夠成立，甚至不足以理解工夫論內容。儘管牟氏認爲，強調知解思辨的哲學有助於呈現儒學特質，但工夫實踐與相應的體驗內容，卻無法被完全被化約爲理性思辨。所以我們必須考慮，工夫論內容如何透過哲學命題而完整地表述出來。

　　據此，在牟宗三的術語界定裡，智的直覺此一概念的功能，是訴諸於工夫實踐與體驗內容，而此內容被用以回應關於證成、保證等問題。換句話說，工夫實踐與體驗內容，被劃入了這些問題的問題域。這是一種傳統與現代的磨合：傳統儒學工夫論，在回應現代問題表述的過程中，被重構爲嚴密理論體系的一部分。有了這樣的認識，我們就可以進一步來看證成天道與創生萬物兩義如何成立，但在這之前，說明牟氏如何看待道德情感，有助於解決一些可能的疑難。

　　德人格的責任。相關論述，見王興國《牟宗三哲學思想研究——從邏輯思辨到哲學架構》，北京：人民出版社，2007，頁739。

〔註63〕　牟宗三《五十自述》，《牟宗三先生全集》卷32，頁93。

五、道德情感具有眞理的性質

　　牟氏訴諸於道德感的發揮，來說明智的直覺必然呈現，並據此來肯定逆覺體證的理論功能，「道德的形上學」也因而得以成立。這樣的道德感，或說道德情感，看似是推動工夫實踐的主要動力。然而，以情感爲道德實踐的來源，不可避免地產生了一個問題：一般而言，情感和理性是看似衝突的兩個概念，而道德實踐應當有一定的理性成份在內，但牟氏積極肯定了道德情感具有眞理的性質，是由道德理性所發的，或至少是和道德理性一致的。〔註64〕這應該要如何解釋？說明這一點，有助於我們更加了解牟氏的思路。

　　牟氏首先區分了兩種眞理：所謂外延眞理，是指科學知識或數學知識，乃是不繫屬於主體的、脫離主觀態度而客觀肯斷的。〔註65〕邏輯實證論者認爲，唯有外延命題才具有認知意義，而有認知意義者方可以眞理名之；無法外延化的語言（包括形上學），只是爲了滿足我們主觀的情感而發，不具有認知意義。但牟氏指出，許多文學作品，如李、杜的詩，《紅樓夢》的愛情故事，都可以觸發一種「眞實感」，這種「眞實感」必須要能夠在眞理的層次上來得到解釋，而不能僅規定它沒有認知意義就忽略之。由於注意到了此種「眞實感」，牟氏轉而指出所謂的內容眞理：

> 我們就這些話說內容眞理，一說到內容眞理，它就不只是主觀態度。是故一開始你也可以說它不能脫離主觀的態度，進一步當該說，它不能脫離主體性（subjectivity）。文學家的主體性是他的情感；而宗教家，乃至孔子、孟子所講的，你就不能把它看成是文學家的情感，它也是理性。比如說孔子講仁，這個仁顯然不是一首詩所表示的情感。〔註66〕

所謂主觀態度，可以只是個人的一種感受或傾向，並不要求他人必然能夠共享。而內容眞理之所以不只是主觀態度，乃是因爲它具有某種普遍性，如文

〔註64〕　有些學者如陳清春，並不認可這樣的做法，認爲這會導致內在衝突，並混淆了本體認識問題與本體創生問題。詳見陳清春〈牟宗三「智的直覺」理論的內在矛盾與出路〉，《國立臺灣大學哲學論評》第40期，2010年10月，頁1～26。這類批評涉及了一個重要問題：工夫體驗只是單純的主觀體驗，亦或體驗內容可以被視爲某種眞理，因而具有證成天道甚至是創生萬物的理論功能？後文對此將有處理，此處僅先大致釐清牟氏的思路。

〔註65〕　牟宗三《中國哲學十九講》，《牟宗三先生全集》卷29，頁21。

〔註66〕　同上書，頁25～26。

學作品能夠喚起大家的類似情感，宗教說法可以引起大家的強烈共鳴，這代表眾人主體性裡的一些共通內容或意義。不僅如此，牟氏更認爲宗教說法如孔孟所強調者，雖非外延眞理，但蘊含有理性的作用在內，並不能簡單化約爲情感。據此，牟氏的論證，是從打破邏輯實證論者的眞理、情感二分法出發，主張他們所定義的「眞理」範圍太狹，只考慮到純認知功能的理性，而忽略掉對人生而言極爲重要的眞實感。據此，道德情感原則上屬於某種眞理，具有眞理的地位。馮耀明曾指出，牟氏對於「外延眞理」與「內容眞理」的區分，嚴格說來不能成立，因爲「眞理」這一概念並不宜被分爲兩種。不過他也說，「內容眞理」仍然有其重要功能：與其說它是以語言表現了眞理，不如說是以語言喚醒或引領內在於我們的眞理，使這樣的眞理能夠自行呈現。〔註67〕無論我們是否認同馮耀明的觀點，牟氏此舉顯然是把實感或實踐的具體內容，納入眞理一詞的指涉範圍之內，於是有了兩類眞理的區分。因此，所謂「內容眞理」，強調的是實現、呈現或表現出來的體驗。

牟氏在另一處也說，所謂外延眞理是脫離主體而客觀化量化的眞理，無經驗內容可言，自然科學屬之；所謂內容眞理則是繫於主體而常保其質之強度的眞理，有經驗內容，道德宗教、家國天下、歷史文化屬之。內容眞理是人間之大本，欲盡而契之，端賴人之眞性情與眞志氣。用科學方法和語言來描述內容眞理，將失去其中的眞實精神與意識。〔註68〕據此，孔孟所言的仁，並不能被單純化約爲文學上的情感，僅管它確實提供了某種「眞實感」，但更有理性作用的成分在內，可說兼具理性與情感兩者的特質，所以必須要跳脫外延眞理與情感的兩分框架，在術語界定上另闢空間，從眞理的層次上去理解與解釋之，故有內容眞理此一提法。〔註69〕值得注意的是，此意義下的理性，所代表的就不僅是純認知功能的理性了。

這一觀點，在和西方哲學比較時格外明顯。譬如牟氏認爲，西方哲學主要是一個知識的態度，著重在定義成立與概念分析；而中國哲學則主要是德

〔註67〕 馮耀明《「超越內在」的迷思：從分析哲學觀點看當代新儒學》，香港：中文大學，2003，頁21～27。

〔註68〕 牟宗三〈《家國時代與歷史文化》序〉，收入《時代與感受續編》，《牟宗三先生全集》卷24，頁157～158。

〔註69〕 牟氏之師熊十力亦有類似說法：「而眞理必須躬行實踐而始顯，非可以眞理爲心外之物，而恃吾人之知解以知之也。質言之，吾人必須有內心的修養，直至明覺澄然，即是眞理呈顯。如此，方見得明覺與眞理非二。」見熊十力《十力語要》卷二，臺北：廣文書局，1971，頁24。

性的態度，關心的是生命本身及主體實踐。這一說法，容易讓人產生「西方哲學不考慮實踐」之類的誤解，但這並非牟氏本意。對照牟氏評論孔子如何回答宰我對三年之喪的疑問，我們更能掌握他所想表達的重點：

> 從安的地方說你是不仁，那麼反過來說，你如果不安，仁不就顯現
> 出來了嗎？可見仁不是個知識的概念，不是科學上的觀念。這不是
> 很深刻嗎？這樣一指點，你要了解仁這個觀念，照孔子的方法，就
> 要培養如何使我們的心不麻木，不要沒有感覺。這和現代人不同，
> 現在的學問多是使人對自己的生命沒有感覺。〔註70〕

孔子認為，宰我認為守喪一年就已足夠，是沒有考慮到父母的養育之恩，是不仁的一種表現。如牟氏所言，相較於守喪一年，守喪三年的主張其實沒什麼絕對客觀的根據，也無法用科學來證明，而是良心有沒有感覺的問題，而「感覺」代表了一種緊扣著良心而言的工夫體驗。所以要真正理解仁，就不能僅是客觀認知，而更要把握住一種主觀的、親切的、從生命內部自發的道德感或道德意識。故牟氏所謂「實踐」，並非單指一個行為選擇，而更對應到了主體在行動過程中所觸發的、有特定類型可言的工夫體驗。在此意義下，西方哲學並非忽略道德行為的執行，而是不強調執行道德行為時所應獲致、積累的工夫體驗。若套用概念型定義和操作型定義的區分，則孔子在《論語》中的做法顯然更符合操作型定義，他主要論及的是仁在不同具體情境下的操作，以及主體在此操作下所產生的工夫體驗，故對不同學生往往有不同指點，這就和脫離情境的、客觀普遍的分析大異其趣了。故牟氏並非主張西方哲學不考慮實踐，而是要突顯出中西兩大哲學傳統在類型上的根本差異，或說是核心關懷上的差異。

此外，牟氏注意到，以道德實踐立基於道德情感，會面臨一種可能矛盾：我們一般認為情感是自有形體的實然官能而發，但先前又說道德情感的根據是無形體可言的超越本體，這兩者是否衝突呢？牟氏的解釋是，道德情感具有實然與超越兩個層次：

> 但道德感、道德情感可以上下其講。下講，則落於實然層面，自不
> 能由之建立道德法則，但亦可以上提而至超越的層面，使之成為道
> 德法則、道德理性之表現上最為本質的一環。然則在什麼關節上，

〔註70〕　牟宗三《中國哲學十九講》，《牟宗三先生全集》卷29，頁48～49。

> 它始可以提至超越的層面，而爲最本質的一環呢？依正宗儒家說，即在作實踐的工夫以體現性體這關節上，依康德的辭語說，即在作實踐的工夫以體現、表現道德法則、無上命令這關節上；但這一層是康德的道德哲學所未曾注意的，而卻爲正宗儒家講說義理的主要課題。〔註71〕

實然層面的道德情感，是在具體經驗中顯露的，儘管每個人多少皆有，但不能據此以做爲道德的本質，因爲它終究受到經驗界的限制。至於超越層面的道德感，則是道德法則、道德理性的實現，它不受具體經驗所限制。道德情感可以透過工夫以提升至超越層面，或者是說，當我們工夫實踐以呈現本體，此道德情感也就必然屬於超越界。這一點非常重要，因爲牟氏強調道德是不受任何其他條件所限制的，亦非因要達成任何其他目的而有的手段，道德法則即是其自身之目的，他在這方面與康德是一致的。但牟氏以道德實踐即是工夫實踐，即是儒家天道的直接體現，又強調工夫體驗，這就是康德未曾論及之處了。以下引文說得很明確：

> 照儒家說，則聖人的生命全體是理，全體是心，亦全體是情，故爲圓而神。無情不能應物，情焉可缺哉？此情之原初開始的意義當然就是道德感、道德情感，不過至此已提至超越圓熟之境而已。〔註72〕

由此可見，道德情感從實然層面提升至超越層面的過程，其實也就是主體工夫實踐以提升至圓熟之境的過程。一般我們認爲，用情感來做爲道德的基礎，雖然可以很好地解釋道德實踐的動力來源，但由於每個人的情感不見得一致，不同人的情感可能會驅使他們做出大不相同的行爲選擇。而牟氏基於儒家的工夫傳統，透過工夫實踐來保證道德實踐所應遵守的法則、所應具備的一致性，故工夫實踐上的道德情感，可以跳脫經驗界的限制，取消氣質物欲的影響，而保留一種純粹的道德動力。或者也可以說，從理論功能的角度來看，道德情感解釋了道德實踐的動力義，而工夫實踐則解釋了其規範義，如此一來，有著工夫實踐的不同人們，在道德實踐的行爲選擇上，也就會趨於一致。

〔註71〕　牟宗三《心體與性體》第一冊，《牟宗三先生全集》卷5，頁131。
〔註72〕　同上書，頁133。

第三節　工夫體驗下的證成天道與創生萬物

康德認爲人不可能具備智的直覺，但就牟氏的說法，以人具有智的直覺，在宋明儒乃共許之義。這是由於牟氏強調了工夫實踐，依儒家性善論，既然人人皆可透過工夫實踐而成聖，則智的直覺也就必然爲人所具備。這是把工夫論的內容，看做是對智的直覺如何可能之回應，於是人人可行的工夫實踐代表了智的直覺之必然可能，人人可達的聖人境界代表了智的直覺之充分實現。〔註73〕據此，牟氏指出本心既可證成天道、亦可創生萬物。其中關鍵，在於聖境的肯定，亦即工夫實踐與體驗內容的肯定。也就是說，證成問題與創生問題的最終解答，是來自於工夫實踐及其相應的體驗內容。所以我們可以肯定兩個命題：「工夫體驗與證成天道互爲充要條件」、「工夫體驗與創生萬物互爲充要條件」。

一、本心如何證成天道？

牟氏認爲，智的直覺即是本心仁體之明覺活動，此明覺活動能夠自知自證其自己，此證即是逆覺體證。他說：

> 本心仁體之明覺活動反而自知自證其自己，如其爲一「在其自己」者而知之證之，此在中國以前即名曰逆覺體證。此種逆覺即是智的直覺，因爲這純是本心仁體自身之明覺活動故……我這裡所說的逆覺只是本心仁體（這主體）之明覺活動之自知自證，故只是判斷它自己，即其自體之具體呈現。此種逆覺是根據本心仁體隨時在躍動在呈現而說，縱然其躍動或呈現是在駁雜中。〔註74〕

由此可見，逆覺體證中所謂的「覺」，是指智的直覺。此「覺」並不能以主客二分的、有對象可言的，或能覺所覺的模式來理解，而皆是就本心仁體之具體呈現而言的，只能有一而不能有二，故曰「在其自己」。所謂的「逆」或「反」，較爲形象地說，是沿著已有發用來撤回原始出發點；理論地說，則是基於本心仁體的明覺活動，指出覺其自己、判斷其自己、消融於其自己，據此來肯定其自知自證。如此一來，所謂逆覺、判斷、消融與自知自證等說，最終都

〔註73〕　如林安梧就指出，牟宗三是經由三教的修養工夫論來確立「智的直覺」。見林安梧《牟宗三前後：當代新儒家哲學思想史論》，臺北：臺灣學生書局，2011，頁 143～144。

〔註74〕　牟宗三《智的直覺與中國哲學》，《牟宗三先生全集》卷 20，頁 252～253。

代表了本心仁體的同一明覺活動，只是側重面各有不同。故牟氏在解釋明道「天理二字卻是自家體貼出來」時，強調了體貼天理是實感之事，並不只是詞語發明。〔註75〕也就是說，天理二字之所以被強調，並非因為它能更好地說明理論功能，也非因為它是自理性思辨而來，而是因為它代表了人的工夫實踐與體驗，呈現了人對於本體的直接契入。

由此可見，儒家天道之所以可得到證成，其關鍵因素在於工夫體驗，或者更精確地說，是體驗內容的特殊性質。那麼，工夫體驗如何可能用在證成儒家天道之上呢？對此，倪培民曾基於當代美國基督教哲學家普蘭亭格（Alvin Plantinga）對於信仰真理之保證（Warrant）的理論，試著論述儒家天道觀如何獲得保證。〔註76〕以此為參照來看待牟氏的觀點，頗具概念澄清之效。值得注意的是，本書在此僅僅是要分析牟氏所謂「證成」的實義，或者說其有效性的範圍，而非全盤接受倪培民的相關論點。

普蘭亭格所謂的保證，指的是一種能夠使真信念變成知識的性質。一個關於信仰真理的信念儘管為真，但它可能只是某種偶然的、因幸運而為真的猜測，所以我們需要有其他機制，來保證真信念成為知識。其做法強調了信仰本身的性質，就倪培民的歸納，這類協助證成的性質主要有三：一是原初性，即不依賴於任何推論、論證或證明而產生，而是來自於某種本有的認知官能。二是不可抗拒性，即其說服力讓人感到無法抗拒，或是說引發一種無法抗拒的經驗。三是否定命題的荒謬性，即任何與此信念相衝突的觀點，都會被認為是錯誤或荒謬的。〔註77〕單從這些性質來看，基督教對於上帝的信念，以及儒家對於天道的信念，確實頗有相似之處。但我們也不應忽略兩者之間的差異：首先，基督教的認知方向是外在上帝，而儒家的認知方向是內在人性。其次，上帝的感召直接印刻於人心，而感悟天道則往往需要透過主體的修養工夫。故倪培民指出，儒家天道觀主要並非純事實的描述，而是主體的價值決斷與功法推薦，所以其是否具有保證，必須考慮到它對於我們給定的目標是否有效、什麼程度上有效。〔註78〕我們可以看到，這是一種相當

〔註75〕　牟宗三《心體與性體》第一冊，《牟宗三先生全集》卷5，頁69。
〔註76〕　Alvin Plantinga, *Warrant and Proper Function*, Oxford University Press, 1993.
〔註77〕　倪培民〈于女安乎——對普蘭亭格－銳德有關終極存在知識理論的儒家回應〉，收入哈佛燕京學社編《儒家傳統與啟蒙心態》，南京：江蘇教育出版社，2005，頁200～201。
〔註78〕　同上書，頁214～215。

契合於儒家工夫論的觀點，其證成並不立基於理性思辨，而是立基於體驗內容。

對於我們理解逆覺體證，此一做法所帶來的最大啓示是，證成可以透過信仰的體驗內容而獲致，或者是說，基於體驗內容來達到證成原則上是可能的，如上述的不可抗拒性與否定命題的荒謬性，都是對於體驗內容在性質上的一種描述。以逆覺體證來肯定道體存在，並訴諸於聖境下的體驗內容，是一條類似進路，是考慮到工夫論活動的性質而有的。若要更深入地探討，我們就應詳細列舉體驗內容的性質，以及這些性質和所證成者的性質之間，有著什麼樣的邏輯連結。

儘管在儒家文獻中，有許多表述可以支持這種進路，其內容也相當豐富，但光是整理出它們，似乎還不足以回應以下兩類質疑：其一，我們如何確定主體眞的獲致了特定的體驗內容？或者是說，如何檢驗主體所達到的人格境界？〔註79〕其二，就算承認了主體有其道德實踐，獲致了體驗內容，此內容的證成效力在哪些層面下有效？或說此內容究竟證成了什麼？以下的討論，將環繞著第二類質疑而發。

讓我們把第二類質疑說得更爲詳細：牟氏所言的儒家天道，是一具有多重性質的形上本體，蘊含有豐富的意義。而所謂的證成天道，可以僅是證成有一本體存在，可以僅是證成它的某一性質，也可以是證成它的全部性質。當我們說工夫實踐與體驗內容足以證成道體，它是證成了道體的全部性質嗎？顯然，證成一個性質，並不代表證成所有性質，因此我們必須檢驗有哪些性質可以被證成。這可以進一步細分爲下列三個問題：體驗內容具有哪些性質、道體具有哪些性質、與體驗內容的哪些性質可以證成道體的哪些性質。譬如，體驗內容具有 A、B、C、D、E 等五個性質，而道體具有 M、N、O、P、Q 等五個性質，理想情況下，體驗內容的五個性質可以完全對應到道體的五個性質並一一證成之。但若體驗內容僅足以證成 M 性質，而不涉及 O、P、Q、R 等，那麼「逆覺體證」就是一個需要修正或更多解釋的哲學命題，它的理論功能或許不如牟氏所想得那麼強。

〔註79〕 余英時即曾指出，新儒家藉以立論的核心概念是道體，但道體的實有是來自於超越理性的證悟體驗，而非哲學論證。這就延伸出一個困難：我們難以判斷誰曾見道，誰不見道。見余英時《現代儒學論》，臺北：八方文化企業公司，1996，頁 135～138。而對於此問題的處理，可參見杜保瑞〈從天人合一談實踐哲學的檢證邏輯〉，《宗教哲學》74 期，2015 年 12 月，頁 99～117。

　　當然，牟氏所謂的逆覺體證，應當要能夠證成全部性質，亦即那些使「道德的形上學」得以成立的一切意義，才能眞正算是發揮了其理論功能。在先前的章節中，我們已然看到了牟氏如何說明逆覺體證，也看到了他如何說明智的直覺。那麼，工夫實踐及相應的體驗，如何使這些論述不只是單純的理性思辨，而有特定的體驗內容來支持之呢？在理想狀況下，工夫實踐若要能夠充分證成天道，其體驗內容，至少要和心體、天道有著如下對應：

　　其一，體驗內容必須包括道德創造性。天道是萬物之價值與本質所以存在的超越根據，而心體的能力之一，是能夠實現道德創造，創生萬物，賦予萬物那在其自己、規定其自己的本質。與此相應，工夫體驗必須具有「對萬物之價值與本質的把握」此一內容，或者是說，在工夫實踐後，會獲得一種「對萬物之價值與本質的把握」的體驗。在儒家，這表現爲「萬物皆備於我」。

　　其二，體驗內容必須包括道德法則性。天道是道德判斷所以可能的超越根據，亦即道德的判斷標準，或曰道德法則。而心體的能力之一，即是自己給予自己法則，自己給出正確的道德判斷，亦即在有多種選擇考量的情況下，指出應該選擇哪一種，或說哪一種選擇才是道德的。與此相應，工夫體驗必須具有「對道德法則的把握」此一內容，或者是說，工夫實踐後會獲得一種「對道德法則的把握」的體驗。在儒家，這表現爲對於良知良能做爲一道德判準的意識。〔註80〕

　　其三，體驗內容必須包括道德動力性。天道是道德動力所以可能的超越根據。而心體的能力之一，即是提供這種原初的、本有的道德動力，使之不受到物欲遮蔽，以推動我們的道德行爲。與此相應，工夫體驗必須具有「對道德動力的把握」此一內容，或者是說，工夫實踐後會獲得一種「對道德動力的把握」的體驗。在儒家，這表現爲「如好好色，如惡惡臭」。

　　其四，體驗內容必須包括道德義務性。天道是道德義務的超越根據。而心體的能力之一，即是意識到道德義務，並推動我們來遵從道德義務。與此相應，工夫體驗必須具有「對道德義務的把握」此一內容，或者是說，工夫實踐後會獲得一種「對道德義務的把握」的體驗。在儒家，這表現爲一種使命感，一種慨然以天下爲己任的擔當。

〔註80〕　牟宗三在論及陽明學的心、意、知、物時，曾給出這樣的論證：意有善惡相，有善意、惡意可言，但心體之所以無善無惡，乃是因爲一個超越的道德判準必然不能有善惡相，否則就不成其爲超越、不成其爲判準。見牟宗三《圓善論》，《牟宗三先生全集》卷22，頁311。

　　據此，逆覺體證要能夠成立，必須依靠體驗內容與天道性質的直接對應。
〔註81〕這裡所言的直接，是指兩者之間毫無任何空隙，前者可以直接導出後者，不需要也不可能有任何事物或事件做爲中介。譬如，若體驗內容 A 和天道性質 M 有著直接對應，則邏輯上 A 可以直接推論出 M，不需要其他任何前提，不透過任何間接的概念或理由，是不證自明的。以上所言，涉及了天道的幾個重要理論功能，它當然還可能有其他意義，此處難免掛一漏萬。〔註82〕但可以肯定的是，如果天道要得到完整的證成，無論它還具有哪些性質，都應當要在工夫實踐的過程中得到體驗內容的相應，或至少是能夠基於此體驗內容而得到解釋。牟氏曾指出，在中國傳統裡，對於自由意志所提供的道德法則，並不透過分析辨解來把握其先驗性與普遍性，而是透過精誠的道德意

〔註81〕這樣的論述誠然極爲抽象，但在牟氏看來，類似的體驗內容，卻是人人或多或少都經歷過的。我們可以把這種體驗的可能性，訴諸於道德情感的發動，道德情感原則上人人皆備，只是隨各人之個性、際遇等條件而有發動的長短強弱可言。我們理智上知道人人皆有道德情感，但要在道德情感眞的發動、自己眞的感受到情感波動時，才能獲致道德情感的體驗內容。這類體驗，比較常見的特徵是原初的、本有的、難以抗拒或高度愉悅的。

〔註82〕牟氏對於實體的性質曾有詳細敘述，涉及了相當多的層面：「此實體亦得總名曰天理或理（categorical reason）。此理是既超越而又內在的動態的生化之理、存在之理，或實現之理。自其爲創造之根源說是一（monistic），自其散著于萬事萬物而貞定之說則是多（pluralistic）。自其爲一言，是動態的理（活理 active reason）；自其爲多言，是靜態的理。自其爲動態的理言，它既是本體論的存有（ontological being），又是宇宙論的活動（cosmological activity）。總之，是「即存有即活動」的這「本體宇宙論的實體」（onto-cosmological reality）。自其爲靜態的理言，它是只偏於「本體論的存有」義，而且亦有顯現有「普遍理則」之義，但這是那動態之理、根源之理所放射出來、自發出來的一種貞定狀態，亦可說是顯的狀態。寂顯通而爲一，統曰理或天理，它是本體宇宙論實體，同時亦即是道德創造（道德行爲之純亦不已）之創造實體（creative reality）。此寂顯（寂感）通而爲一統曰理的天理亦得曰天道，此則就其自然之動序說；亦得曰天命，此則就其淵然有定向而常賦予（於穆不已地起作用）說；亦得曰太極，此則就其爲極至而無以加之者說（無稱之言，窮極之辭）；亦得曰太虛，此則就其無聲無臭清通而不可限定說；亦得曰誠體，此則就其爲眞實先妄純一不二說；亦得曰神體，此則就其生物不測妙用無方說；亦得曰仁體，此則就其道德的創生與感潤說；亦得曰中體，此則就其亭亭當當而爲天下之大本說；亦得曰性體，此則就其對應個體而爲其所以能起道德創造之超越根據說，或總對天地萬物而可以使之有自性（making thing as thing-in-itself）說，亦得曰心體，此則就其爲明覺而自主自律自定方向以具體而眞實地成就道德行爲之純亦不已或形成一存在的道德決斷說。」見牟宗三《心體與性體》第二冊，《牟宗三先生全集》卷6，頁 21～22。

識，故重點是落在「盡性」的「盡」字上。〔註83〕先驗性與普遍性是可以透過工夫體驗而予以把握的，而就本書的觀點，這樣的肯定必須訴諸於體驗內容本身，必得要承認體驗內容的理論功能，才能說是完成了證成，逆覺體證也才能夠被完全肯定。

當然，此處僅能就理想狀況而言之，其他進一步的問題，諸如人真的能獲致這些體驗內容嗎？體驗內容真的能夠具有這些性質嗎？它們真的足以直接對應天道的種種性質嗎？凡此皆非純文字、純思辨的探討所能完整回答，我們在原則上能夠肯定其必然可能，但具體上如何實現，就必須經由工夫實踐的具體過程，進一步去檢驗實踐後所獲得的體驗內容。〔註84〕本書所做的，僅是一種分析的工作。

值得注意的是，僅管工夫體驗具有很強的實踐性質，又涉及了主體境界，但這並不代表我們不能對它進行分析。馮耀明即認為，僅管主體境界難以在事實觀察上得到檢證或否證，也難以由客觀可接受的前提來推出或否定，僅能透過反求諸己或內外實踐來體證。但區分事實和實踐，正是一種分析方法的應用，體證的性質並不妨礙我們對其做後設分析與解釋。〔註85〕這就代表，工夫體驗與主體境界或許真的無法被理性語言所完全分析，但基於言說而有的工夫論，則必然可以被分析。

承此思路，若要對工夫體驗或主體境界有深入研究，就不能僅是停留在分析的層次，而必須專門另立一套處理體驗內容的方法。譬如劉述先曾言，要探討變化氣質的實義，就應當建立一套相應的心理學，以釐清此過程中的心理狀態。〔註86〕變化氣質正是儒家工夫論的一種重要表述，而心理狀態可說就是指體驗內容的呈現。這是一個可行的研究進路，但並非本書在此所能夠處理了。

二、本心如何創生萬物？

基於牟氏所提出的兩層存有論，事物做爲存有可以被區分爲兩種意義：本體界的與現象界的。相應於此，牟氏所謂的創造（創生），也具有兩

〔註83〕 牟宗三《心體與性體》第一冊，《牟宗三先生全集》卷5，頁123。

〔註84〕 牟宗三《圓善論》，《牟宗三先生全集》卷22，頁299。

〔註85〕 馮耀明《中國哲學的方法論問題》，臺北：允晨，1989，頁322～324。

〔註86〕 劉述先《儒家思想與現代化：劉述先新儒學論著輯要》，北京：中國廣播電視出版社，1992，頁287。

種可能意義：一是就萬物做爲現象界的存有而言的；二是就萬物做爲超越界的存有而言的。兩種意義並不互斥，只是一者要回應的是宇宙論問題：物之現象如何可能，另一者要回應的則是形上學問題：物之所以爲物的這一性質如何可能。以下所言即是針對第二義，而牟氏是以工夫實踐來回應此一形上學問題。

對於如何論述智的直覺與存在物之間的關係，特別是如何透過智的直覺來理解存在物，牟氏曾提出創造的實現原則（principle of creative actualization）一說，他極力想要將其和認識論式的認知區分開來。承繼康德，牟氏認爲人做爲認知主體，是先天設定了一套解釋存在物的概念範疇，而後以所獲取的經驗現象來爲不同類的範疇增添內容，所以此認知是被許多條件所共同決定的。這種認知對一般人而言很容易接受，因爲視覺、聽覺、嗅覺、味覺與觸覺等感官知覺，在日常生活中無時無刻爲我們提供這種理解。但智的直覺則和此有著根本上的區別，其實現是知之即存在之，它自身就能夠實現存在，它自身就能把存在物之存在給與我們，賦予了一物其之所以爲物的性質，而非先預設了存在物而後取經驗現象來對應之，此謂之創造性。〔註87〕在論及周易時，牟氏亦申此義：

> 創造就是它原來不存在，使它存在。「天命不已」、「大哉乾元」擔負的責任就是使天地萬物存在。我根據亞里士多德名之曰「實現之理」（principle of actualization），實現之理就是使它實現出來，使之成爲現實。沒有實現之前，它只是個可能，實現之後，成爲現實的。
> 〔註88〕

此原則使每一物具有本質，具有存在性，也就是物之所以爲物者，物之所以被認定爲存在的那個本質。在此意義下，此原則是每一存在物的充分條件，或曰充分理由。當然，從邏輯關係上看來，即使以甲爲乙的充分條件，甲乙之間的可能關係仍然有許多種，可以是科學的、可以是神學的、可以是形上學的。而牟氏在此將此關係規定爲「道德的形上學」之創造。也就在此意義上，智的直覺與感觸直覺之別，與宋儒「德性之知」與「聞見之知」之別有著直接對應。承此理解，牟氏把傳統上所謂的「合內外」、「萬物皆備於我」、

〔註87〕 這一區別，亦見於牟宗三《現象與物自身》，《牟宗三先生全集》卷21，頁461〜462。

〔註88〕 牟宗三《周易哲學演講錄》，《牟宗三先生全集》卷31，頁36〜37。

「遍體天下之物而不遺」，都理解爲智的直覺之知，或者是說，它們都是用以表述智的直覺之充分實現。

這裡所謂的「存在」，或說物之存在性，並非是就經驗界而言的，而是就超越界而言的。在超越界中，萬事萬物之所以有「物自身」可言，或說物之所以有「在其自己」可言，或說物之所以有其所以爲物的性質可言，都是從本心的創生而來的。一物之所以爲一物，必有和他物不同之處，才得以獨立成其爲一物。這樣一個使物得以和其他物區別開來的、使物能夠獨立被視爲一物的性質，即是物之所以爲物的性質，有了此性質，物的存在才可以眞正得到肯定，若無此性質，則物之存在就不能得到肯定。而在牟氏看來，物之所以爲物的這一性質，是由本心來加以彰顯的，是由本心來賦予萬物的，故曰本心改善或創生萬物。在相同思路下，他說物之「在其自己」具有道德價值的意味：

> 這個有道德價值意味的「在其自己」不是由條件底否定（如時空與
> 範疇之混寂）所可直接分析出的。時空與範疇當然不能應用於其上，
> 即是說，它當然不能以識而被知。然而當吾人混除了時空與範疇，
> 即是說，混除了識之執知，並不能直接達至這有道德意味的「在其
> 自己」。這必須由混除識之執知這一種遮顯，再進至道德實體之挺立
> 這一種表詮，始能顯出道德意味的在其自己。〔註89〕

牟氏此說，代表了使物之所以爲物的那一性質，其本身就帶有道德價值。因此在賦予事物以物之所以物的性質時，同時也就賦予了事物以道德價值。不僅如此，牟氏更指出，此種賦予並不來自於理性思辨或對象化認知，而是來自於道德本體之挺立。這就代表，道德價值必須要在本體的實現當中呈現，要透過人的工夫實踐才得以彰顯。據此，事物之道德價值是由本心所賦予〔註90〕，或說是基於本心而有的工夫實踐賦予了事物以道德價值。

下列引文亦承此義：

> 事與物既都是在其自己，不在時空中，亦不在概念決定中……儒者
> 在此說是「實事」，這是繫於知體明覺而有道德意義的實事，事因著
> 知體明覺之感應，良知之天理，而爲實而非幻。〔註91〕

〔註89〕 牟宗三《現象與物自身》，《牟宗三先生全集》卷21，頁451～452。

〔註90〕 袁保新即指出：道德本心之創造性，在於賦予事物以存在價值或道德價值。參見袁保新《從海德格、老子、孟子到當代新儒學》，臺北：學生書局，2008，頁223。

〔註91〕 牟宗三《現象與物自身》，《牟宗三先生全集》卷21，頁462。

所謂實與虛，是就工夫實踐而有的區別。知體明覺若有發揮，若有工夫實踐，其事則爲實，則有道德價值與意義可言；知體明覺若無發揮，若無工夫實踐，其事則爲虛，則無道德價值與意義可言。所以，這是一種以工夫實踐爲最終依歸的思路，在此意義下，物之所以爲物的性質，也被說成是由工夫實踐所賦予的。對此，吳啓超曾有扼要的概括，他說：

> 因此，「道德的形上學」並非主張：只要吾人發出一意向，不論是道德的還是非道德的，便即有承接此意向的物被創造出來。而是說：唯有吾人發出道德意向，才有物（例如眞正作爲父母的父母）被創造出來；同時，只要吾人發出道德意向，便有承接此意象之物被創造出來。兩句話合看，意思就是：「吾人發出道德意向」是「有物被創造出來」的充分且必要條件，有前者即有後者，無前者必無後者。
> 是故在「道德的形上學」中，「創造」從來都是「道德創造」。〔註92〕

本心要透過工夫實踐的過程來改善自身與萬事萬物，就必然要承認萬事萬物的存在。反之，工夫實踐所欲改善的對象如果不存在，則工夫實踐本身也就失去其意義。故牟氏必然要強調本心發揮與事物存在之間的關係，並指出本心能夠創生萬物。此創生就是工夫論意義下的創生，或者是說，對「事物之存在如何可能」此一問題表述，牟氏塡入了工夫論內容以做爲其問題域。

此思路是把一個延伸自兩層存有論的知識問題，以工夫論內容來回應之。在康德哲學的脈絡裡，之所以要討論物之所以爲物的性質，是爲了要說明如何證成：唯有肯定了物具有那樣的性質，才能夠證成事物的存在，否則類似「一事物存在」的命題，就只能停留在信念層次，而達不到知識層次，因爲信念必須經由證成才能成爲知識。而當牟氏以實踐來回應知識問題時，就是以工夫實踐具有證成事物存在的功能，甚至我們可以說，事物的存在之所以被證成，事物之所以獲得了物之所以爲物的性質，是因爲我們在工夫實踐的過程中，獲致了「事物眞實存在」的體驗內容。

那麼，這樣的創造如何可能？牟氏特別強調本心仁體的活動義，覺即是把握此動力的實現，而此實現也就隨覺而越見彰顯。他說：

> 「自然知孝」即其本心仁體之明覺自然地知道當孝，即自然地發布一「當孝」之命令（此即所謂理，法則）。知孝即孝，當孝即能孝，

〔註92〕　吳啓超〈儒家爲何要對存在問題有所交代？再論牟宗三的「道德的形上學」〉，《國立政治大學哲學學報》第 20 期，2016 年 7 月，頁 57。

> 此即性體之不容已。性體不容已地發布命令，亦不容已地見諸行事，
> 不是空懸的一個命令。此即孟子所謂良知良能，亦即本心仁體之創
> 造性。〔註93〕

這除了說明道德的法則義與動力義，更以兩者皆由本心仁體所給所發，故在發揮實現上同爲一事。之所以強調這一點，是因爲法則和動力兩義，在理論上是可以分離的，處理好前者不代表處理好後者。譬如，設想某種道德規範，它或許在法則規定上很清楚，但人可以完全沒有意圖、情感或動力去實行它，此即有法則義而無動力義可言。而牟氏基於儒家的傳統立場，要在道德法則自內而來的基礎上，進一步強調道德動力也是內在於人，覺即是彰顯、把握與實現此動力，一覺則自然發揮，故曰德行之不容已，故曰沛然莫之能禦。並非是人原無此動力，透過覺而獲得之。更詳細地說，本心仁體自有剛健不息的道德動力，但人爲理氣合構，所以此動力在人身上實現時，難免受到氣質的某種遮蔽或阻礙。而逆覺則是要覺此動力、覺此實現，乃至於完全跨越過氣質層面的影響，使本心完全發揮、仁體充分流行，亦即使此動力全盤實現出來。下列引文說得更爲詳細：

> 此雜多是德行，如果剌出去說，這些德行亦好像是對象，即以德行
> 爲對象，如王陽明之以「行爲」（如事親、讀書等）爲「物」，這是
> 本心仁體所要實現之目標（對象 object），亦即良知所要正之，成之，
> 而實現之者。如其如此，亦可以說「此直覺自身就能給出它的對象
> 之存在」，此對象是德行，行爲。此是順直覺而說直覺之創造性，亦
> 即就直覺而反說本心仁體之創造性，即從直覺反回去，返到本心仁
> 體自身之創造性。智的直覺之創造即是本心仁體之創造。順說本心
> 仁體之創造是縱貫地說，承體起用地說；就直覺而反說是橫說，是
> 就智的直覺之認知說。所以要有此橫說，爲的是要表明此本心仁體
> 之創造不只是理論的，形式的意義，乃是可以直覺而認知之的，亦
> 即是可以具體呈現的具體而眞實的創造。〔註94〕

本心仁體爲一，道德實踐爲多，同樣的本心仁體，創造了多個不同的、落實在具體情境中的道德實踐。所謂本心仁體之創造性，即是「其命令不容已地要見諸行事」，乃道德法則與道德動力的共同實現。而智的直覺既覺此

〔註93〕 牟宗三《智的直覺與中國哲學》，《牟宗三先生全集》卷20，頁254。
〔註94〕 同上書。

本心仁體，則創造性也就可以落在智的直覺上講，本心仁體能夠創造道德實踐，而智的直覺則是要落實道德實踐，直覺之即是創造之。所以，智的直覺之發動，就能夠創造道德實踐的眞實存在。在此牟氏區分了縱貫與橫說：縱貫是承體起用的順序，形式上說明了道德實踐的可能性；橫說是逆向後撤的認知，用以保證道德實踐的眞實存在。儘管本心仁體與智的直覺皆可言創造，但本心仁體之創造，主要是在形式上說明了每一主體皆可有道德實踐，或說主體皆內在地具有道德實踐的動力；而智的直覺之創造，則是要確認個別主體眞的有道德實踐。更詳細地說，儘管牟氏強調了創造性，但主體是否實現此創造，則由意志所決定，故人有實踐道德者，有不實踐道德者。人終究是自發地進行道德實踐，並可對此實踐有充分自覺。本心仁體既然有所創造，則道德實踐當然可能，但主體如何眞的能夠有道德實踐，則需要透過智的直覺。

　　智的直覺可以覺知、把握本心仁體之創造，也唯有這樣的覺，才可以使創造爲眞實不虛，而並非僅是理論上的空談。因爲主體若覺此創造性，就必然會去實現此創造性；若無此覺，則創造性就無法落實，就無法眞正創造道德實踐。故牟氏說，這是就直覺來返回到本心仁體的創造性，此創造性必然要有智的直覺之發動，才能保證其具體且眞實地實現。創造性的實現過程，等於工夫實踐的過程，如牟氏論及周易哲學時，指出乾卦強調的是創造性本身，此創造性即是工夫實踐的本體；而坤卦強調的則是實現此創造性，亦即工夫實踐的過程。〔註95〕論創造性本身，只是說明了創造性確實存在，有實現的可能，此層次尚可不涉及實踐。但若要具體實現之，則必須有工夫實踐，工夫實踐即是體現了創造性。下列引文說得更爲明確：

> 依理性之所命（定然命令）而行動即曰道德的實踐。行動使人之存在狀態合於理性。因此，道德實踐必涉及存在。此涉及存在或是改善存在，或是創生一新存在。……一切存在都可涵泳在理性底潤澤中。此即《中庸》所謂「參天地贊化育」，或「致中和，天地位焉，萬物育焉。」因此，此所謂理性即是無限的理性，無限的智心。其爲無限是因其潤澤一切存在而然。此無限的智心必須首先被確立，但它卻不可對象化而爲人格神。依此無限智心之潤澤一切，調適一切，通過道德的實踐而體現之，這體現之之極必

〔註95〕　牟宗三《周易哲學演講錄》，《牟宗三先生全集》卷31，頁53。

> 是以天地萬物為一體，為一體即是無一物能外此無限智心之潤
> 澤。以天地萬物為一體之生命，即是神聖之生命，此在儒家，名
> 曰聖人或大人或仁者。〔註96〕

人類的理性推動了道德實踐，而道德實踐必然涉及改善存在或創生存在。而無限理性（無限智心）之所以為無限，乃是因為它可以潤澤一切存在而不受限制，不會因為任何因素而只能潤澤某些存在，甚至無法潤澤任何存在。當然，這只是邏輯上的可能，要使遍潤一切存在得以具體實現，就必須透過道德實踐，亦即工夫實踐的過程。也就因為聖人在工夫實踐上，能夠達到以天地萬物為一體的境界，在體驗內容上真的感受到了萬物的一體性，於是使得遍潤一切存在成為現實，使得本心改善或創生了存在。

而唯有當本心體驗到了萬物，或說本心獲得了「創生萬物」、「萬物為一」的體驗內容，這樣的改善或創生才得以真正實現，而有此體驗、此實現者，莫過於聖人。牟氏即說：

> 分別言之，心知之本創始萬物，此曰天覆。在聖人之實踐中，萬物
> 攝於聖人之迹而即在聖人之迹中呈現（聖人之心順物正物最後遍潤
> 一切存在而使之生生不息即是聖人功化之迹），迹本圓融，此曰地載
> （地德博厚持載一切）。〔註97〕

這段文字，其實是在描述工夫實踐及相應的體驗內容。以本心能夠創生萬物，只是肯定了邏輯上的可能。必得要有聖人之實踐，使得萬物在聖境當中呈現，或說在聖境中獲致了「遍潤一切存在而使之生生不息」的體驗內容，才算是真正實現。這是把工夫實踐的最高境界，說成是獲致了改善事物、創生事物的體驗內容，說成是賦予萬物以物之所以為物的性質，亦說成是賦予萬物以道德價值。

三、工夫體驗的理論功能與特殊性質

根據上述說明可知，無論是證成天道或創生萬物，都必須有工夫實踐來具體實現之，否則它們就只是停留在邏輯上可能的層次，而根本不會有實際上的完成。所謂實際上的完成，要求的不僅是符合道德規範的行為，關鍵在於工夫實踐所獲致的體驗內容。體驗到極致即是聖境：

〔註96〕 牟宗三《圓善論》，《牟宗三先生全集》卷22，頁297～298。
〔註97〕 同上書，頁314。

　　天道、誠體、寂感之為實體是道德的實體。道德的實體只有通過
　　道德意識與道德踐履而呈現而印證。聖人是道德意識道德踐履之
　　最純然者，故其體現此實體（誠體）亦最充其極而圓滿。所謂充
　　其極而圓滿，一在肯定並證成此實體之普遍性，即此實體是遍萬
　　物而為實體，無一物之能外；二是聖心德量之無外，實體之絕對
　　普遍性即在此無外之聖心德量中而為具體的呈現。不只是一外在
　　的潛存的肯定。此圓滿之模型即是理想之聖人，現實上為孔子所
　　代表。〔註98〕

聖人即是證成天道最圓滿者，即是體現天道最圓滿者，即是遍潤萬物最圓滿
者。則我們可以說，在證成與創生兩個問題上，牟氏自覺地把工夫實踐與體
驗內容加入了其問題域中，並以其為問題的真正解答。而聖人即是工夫實踐
之最為究極者，所以也是這些問題的最圓滿解答者。當牟氏極力肯定了儒家
聖境能夠證成天道與創生萬物，他其實是把儒家聖境及相應的工夫體驗視為
一個既定前提，據此來論證證成義與創生義的存在，並使「道德的形上學」
之建構得以完成。

　　據此，在「道德的形上學」中，體驗內容具有「證成天道」與「創生萬
物」兩種理論功能。牟氏的思路是，對於證成與創生兩問題，一切思辨活動，
頂多是說明了問題在邏輯上如何可能有解答，說明了解答在邏輯上是必然可
能的。但要給出真正的回應，則必須要透過工夫實踐。在此，牟氏把兩個看
似純屬理性思辨的問題，透過工夫實踐來回應之，如果從問題分析的角度看，
牟氏是把實踐問題的內容，納入了知識問題的問題域中，如此一來，我們看
似有證成問題與創生問題的問題表述，但真正得以回應問題的，是工夫實踐
與相應的體驗內容。

　　值得注意的是，體驗內容可說是一種「實感」，若沒有真正相應的經歷，
一般人恐怕難以把握這些內容。同樣的語言表述，在作者那裡代表著豐富的
體驗內容，然而，若讀者並未有過特定經歷所引發的類似體驗，就難以把握
到該表述所要傳達的真正意義。相反地，若讀者有過類似體驗，就可以很自
然地予以認可。牟氏就曾指出，孔子之言皆是指點語，此意義下的「仁」原
本僅是一個形式概念。然而、只要我們跟隨此指點而有工夫實踐，「仁」當然

〔註98〕 牟宗三《心體與性體》第一冊，《牟宗三先生全集》卷5，頁350。

就可以有具體且豐富的意義。〔註 99〕由此可見，若要眞正把握到仁道，是需要眞正付諸於實踐，並使其當下呈現。

　　牟氏在綜論象山之學時，亦突顯出了此一觀點：

> 象山之學並不好講，因爲他無概念的分解，太簡單故；又因爲他的語言大抵是啓發語，指點語，訓誡語，遮撥語、非分解地立義語故。在此種情形之下，若講象山學，很可能幾句話即完，覺其空洞無物，然亦總覺此似若不能盡其實者。吾今即相應其風格逐步眞切地疏解出其學之實義，以期讀者逐漸悟入其學之實，自眞實生命上與其語言相呼應，直達至其所呈現之理境而首肯之，以爲眞實不謬也，而後止。〔註 100〕

所謂概念分解，是指說明概念本身的定義，以及概念與概念之間的邏輯關係，象山在此方面的文字極少，故分析或思辨式的思考，難以有用武之處。象山學的重點，在於啓發本心與指點操作，強調的是工夫實踐及相應的體驗內容，這是再多概念分解也無法眞正獲得的東西。故對於同樣的語言表述，牟氏區分出「空洞無物」與「眞實生命」兩種不同描述，前者即指於體驗內容上無所相應，後者即指於體驗內容上頗可相應。換句話說，若不能獲致類似的體驗內容，就會感到象山所言空洞無物，若已然獲致類似的體驗內容，就必定認可其言爲眞實不謬。所以象山的啓發語和指點語，實際上就是要人在工夫實踐的過程中，自覺地觸發相應的體驗，如此一來，其語言表述的實義才能被眞正把握。楊簡與象山關於本心的對話，即是一個極佳範例：

> 四明楊敬仲，時主富陽簿，攝事臨安府中。始承教於先生，及反富陽，三月二十一日，先生過之，問如何是本心，先生曰：「惻隱，仁之端也；羞惡，義之端也；辭讓，禮之端也；是非，智之端也。此即是本心。」對曰：「簡兒時已曉得，畢竟如何是本心？」凡數問，先生終不易其說。敬仲亦未省。偶有鬻扇者，訟至於庭，敬仲斷其曲直訖，又問如初，先生曰：聞適來斷扇訟，是者知其爲是，非者知其爲非，此即敬仲本心。敬仲忽大覺，始北面納弟子禮。故敬仲每云：簡發本心之問，先生舉是日扇訟是非答簡，忽省此心之無始末，忽省此心之無所不通。〔註 101〕

〔註 99〕　牟宗三《心體與性體》第三冊，《牟宗三先生全集》卷 7，頁 351。

〔註 100〕　牟宗三《從陸象山到劉蕺山》，《牟宗三先生全集》卷 8，頁 1。

〔註 101〕　宋・陸九淵《象山先生全集》，上海：商務印書館，1935，頁 494。

象山以四端之心答楊簡本心之問，屬於概念分解式的回應，但楊簡對此顯然並不滿意，所以才一再發問。而在扇訟之後，象山指出了楊簡的處理扇訟，正是其本心的直接呈現，楊簡因這樣的隨機指點而有了一種當下覺悟的體驗，甚至毅然拜象山爲師。由此可見，同樣是說明「本心」一詞，以四端之心來解釋本心，基本上是同義反覆，若有工夫實踐以實之，「本心」就可代表極爲豐富的體驗內容。〔註102〕

這就代表，因工夫實踐而有的體驗內容，往往攜帶有非常強烈的認同感，甚至此認同感就是體驗內容當中的一部份。這促使我們去肯定體驗內容所直接對應到的本體、本心，並以此爲不可否定的眞理，甚至任何看似與此相衝突者，都會被看作是荒謬的。如此一來，基於體驗內容所做出的推論，往往也就會被極力肯認，所以牟氏對於本心的證成天道與創生萬物，才一直絲毫不疑。但這對無相應體驗的人而言，則不會如此理所當然，甚至會認爲牟氏的某些話語空洞無物、難以理解。〔註103〕據上所述，牟氏儒學重構的合理性，極大程度上是基於工夫實踐及其相應的體驗內容。當然，我們很可以承認儒者在工夫實踐上的高明境界，但這樣的境界，或說這樣的體驗內容，眞的能夠用以解決形上學問題嗎？這是牟氏在儒學重構上最有創見之處，也是最受爭議之處。後文對這一點將有詳細處理。

〔註102〕 值得注意的是，楊簡之所以能夠有此一悟，是因長久以來的、工夫實踐與相應體驗的積累，其前因後果，限於篇幅，此處恕難以進一步說明。詳細內容，可參見拙作〈論楊簡的覺悟經驗及其修養論〉，《揭諦》第 32 期，2017 年 1 月，頁 135～183。

〔註103〕 余英時就曾指出，新儒家（包括牟氏）所言的天道眞實存在與流行不已，其理據主要是來自於超理性思辨的直覺體驗：「新儒家強調的證悟在西方人看來毋寧是宗教體驗的一種。……如果我們細察新儒家重建道統的根據，便不難發現他們在最關鍵的地方是假途於超理性的證悟，而不是哲學論證，康德一黑格爾的語言在他們那裡最多只有緣助的作用，而且還經過了徹底的改造。只有在承認了『心證』、『道體』的眞實存在和流行不已這一前提之後，哲學論證才能展開。但這一前提本身則決不是任何哲學論證（或歷史經驗）所能建立的。」儘管在牟氏的理論當中，直覺體驗與哲學論證之間的關係，並不宜被理解爲邏輯上的先後次序，而應該理解爲前者填補了後者的侷限與不足，但余英時無疑指出了直覺體驗在牟氏理論當中的關鍵地位，以及其非常接近於西方所謂的宗教體驗。另外必須注意的是，他對於牟氏理論的此種性格，更多地是抱著質疑而非肯定的態度。見余英時《猶記風吹水上鱗》，臺北：三民書局，1991，頁 71～72。

第四節　縱貫、橫攝的工夫論比較與反省

　　牟氏的三系說，是立基於縱貫、橫攝兩大系統之別。其中，五峰蕺山系與象山陽明系屬於縱貫系統，而伊川朱子系則屬於橫攝系統。在牟氏看來，縱貫與橫攝截然對立，在本體問題與工夫問題上各有不同回應。然而，透過這種二分來判定學說屬於橫攝系統，再把學說的內容理解並呈現爲橫攝系統所具有的理論結構，會出現一些詮釋上的疑難，對朱熹學說而言尤其如此。以下我們就來看看這些疑難如何出現。

一、以朱熹學說必無第一義工夫

　　在牟氏看來，縱貫、橫攝對於道德法則皆有解釋，他區分了「道德法則的內容從何而來」的兩種觀點：一是法則內容由逆覺體證所把握之本體來提供，此爲縱貫系統所持者；二是法則內容由格物窮理所認知之本體來提供，此爲橫攝系統所持者。所以，縱貫、橫攝兩系統都能解釋，人如何遵循道德法則並實踐道德行爲，它們都能說明道德法則的內容從何而來，說明了人在面臨具體情境而有多種行爲選擇時，爲何某個特定選擇才符合道德。但牟氏認爲，在道德動力的解釋上，橫攝系統明顯不足。所謂縱貫系統，是把形上學與工夫論兩個問題給重疊起來，透過逆覺體證來同時回應兩個問題。在此意義下，道德法則與道德動力合一不分，同樣來自於即存有即活動的本體，只要本心充分發揮，法則和動力就會一併實現於工夫實踐。至於橫攝系統，則是把兩個問題分開處理，此意義下的本體，雖然也具有道德法則義，但卻缺少道德動力，故爲只存有不活動。在牟氏看來，縱貫系統的工夫乃是逆覺體證，這點先前已有詳細論述，以下則要來看牟氏如何定位橫攝系統的工夫論，並反省其觀點。

　　首先，牟氏認爲逆覺體證爲第一義工夫，此爲縱貫所強調，而爲橫攝之所無。至於朱熹所言的涵養察識，乃是平日之常行，縱貫、橫攝皆可有，爲第二義工夫。〔註 104〕這樣的評價，顯然是以逆覺體證爲最高層次的工夫，且它可以和第二義工夫相容。至於朱熹學說，則是以第二義工夫爲主。在此意義下，以逆覺爲核心的縱貫系統，可以有涵養察識義；以順取爲核心的橫攝系統，卻不能有逆覺義。甚至我們可以說，只要有逆覺義，就必然是縱貫系統。

〔註104〕　牟宗三《從陸象山到劉蕺山》，《牟宗三先生全集》卷 8，頁 74。

這就代表，一個學說，原則上是可以第一義、第二義工夫兼具的，兩義工夫並不互斥，可以在同一學說中並存，只是這種並存必須以縱貫系統爲基礎，而非橫攝。牟氏曾說：「最高綜和形態是在以縱攝橫，融橫于縱。」〔註105〕據此，若一個學說無逆覺義可言，則必然要屬於橫攝系統，故牟氏強調了朱熹學說並無第一義工夫：

> 中和新說成立後，力主先涵養後察識，而察識亦非逆覺體證義。
> 故此後見言逆覺體證者皆起反感，用種種不如理之強辨以駁斥
> 之。〔註106〕

我們完全可以承認，涵養察識與逆覺體證之間有其差異。然而，由於學說可以兼有逆覺、涵養、察識等工夫，就算強調涵養察識之非逆覺體證，也不能證明朱熹學說必然不能有逆覺義。牟氏在此，更多地是要強調朱熹不肯言逆覺，他指出：朱熹若能跳脫出此種心態，「則雖取重漸教，亦不礙其體上理解之正確。」可是，牟氏顯然不認爲朱熹學說眞的有任何逆覺的成份在。〔註107〕而這一判斷，必須以朱熹學說屬於橫攝系統爲前提。

爲何橫攝系統不能兼具逆覺義？這是因爲，在橫攝系統的框架下，原則上不可能存有直接來自於超越本體的道德動力。牟氏認爲，橫攝系統在把握本體上所採取的方式，是就「然」來推證出「所以然」。此法所得出之理，一方面解釋了事物之所以存在的根據，二方面解釋了事物何以是這樣而非那樣，牟氏以「觀解的、外在的形上學」來定位之，反映出此思路是透過純粹認知與概念分解來回應形上學問題。而純粹認知與概念分解的進路，並不能把握到道德動力，故其形上學缺乏對於動力的解釋。在牟氏看來，唯有訴諸於超越本心的逆覺體證，才能眞正把握到道德動力。

也就因爲如此，在「覺」的解讀上，牟氏必然要說，朱熹所言與超越本心之覺毫無關聯：

> 因此，只把知覺限于智，認爲此「只是智之發用」。如是，只知有覺
> 照的知覺、認識論的知覺，而不知尚有本體論的覺情、覺情的知覺。
> 因此，遂反對「以覺訓仁」，認爲覺「非仁之所以得名之實」。實則
> 此不是明道、上蔡、延平等人誤智爲仁，乃是朱子誤仁心之覺情爲

〔註105〕牟宗三《心體與性體》第三冊，《牟宗三先生全集》卷7，頁388。
〔註106〕同上書，頁343。
〔註107〕同上書，頁406。

> 智心之覺照也。由於此誤認，遂將「覺」專限於智，如是，仁與智
> 同受局限，各自成體用，各自分性情，既無以識仁體，又無以明仁
> 之爲全德而有其足以內在地統攝一切德於其自身者。〔註108〕

牟氏在此區分了兩種對於「覺」的解釋：一是主客二分的、認識論式的「覺」，
這對應到感觸直覺；二是主客合一的、本體論式的「覺」，這對應到智的直覺。
所謂「以覺訓仁」，依牟氏之解，乃是由「不安不忍之悱惻之感」來理解「仁」
之名義，故此「仁」帶有工夫體驗的意義在內。而所謂「朱子誤仁心之覺情
爲智心之覺照」，一是以仁心覺情爲本心逆覺，爲第一義工夫；二是以朱熹忽
略逆覺之義，故反對「以覺訓仁」；三是指出了此誤認導致了朱熹分「仁」、「智」
爲兩事，此意義下的「仁」無法統攝諸德。此中的第三點值得進一步解釋：
牟氏認爲，縱貫系統是「仁內在地統攝一切德」，這是指「仁」做爲即存有即
活動的本體，提供了一切道德動力與法則內容，本心亦因此而是自律自發的。
本心因應於不同具體情境，實現爲義、禮、智等不同德行，故「仁」是諸德
的根源所在，各德行皆從此出。而朱熹言「仁無不包」，是「氣與情之相引生
之外在地相關聯」，此「仁」是一只存有不活動之本體，它雖然能夠對應到諸
德及其實現，但此對應不是直接推動，而是我們在理智上可以設定：一切道
德實踐皆有一本體來做爲根據。在此意義上，心所遵循之法則可以上推到本
體，而本體也亦透過法則來約束心，故德行和「仁」仍然有所關聯。但由於
動力非「仁」所提供，故德行之實現僅是符合「仁」之規定，而不能被「仁」
所推動。

　　然而，考慮到工夫實踐如何可能的問題，如果此超越之理不即活動，那
它如何眞正實現於現象世界之中呢？牟氏的說明是：「心知之明本有認知（知
覺）事物之理之作用，認知之而依理發爲存在之然，此即是性理之顯現。」〔註
109〕這承認了心能夠認知此理、實現此理，此實現的動力可以自經驗界而來。
據此，牟氏把橫攝系統的工夫論，定位爲道德習慣的養成，於是他如此解讀
朱熹所言的「涵養」：

> 此種涵養於未發，並不能判開感性界與超感性界而直指一超越的道
> 德之本心以爲吾人道德行爲之準則。此種涵養只在養成一種不自覺
> 的從容莊敬的好習慣。……但在朱子，涵養正是只施於未發，既未

〔註108〕　牟宗三《心體與性體》第三冊，《牟宗三先生全集》卷7，頁310～311。
〔註109〕　同上書，頁413。

發矣，正是無可察者，焉有所謂逆覺而察之？故「寂然不動之體」
乃成掛空者。如是，或是「寂然不動之體」只成掛空，涵養只是茫
昧不自覺之習慣，或是涵養即是自覺地意識到是涵養此「寂然不動
之體」，涵養必預定一逆覺之察，此察與施於已發之察不同：此兩者
必居其一。復次，即使承認「涵養即是自覺地意識到是涵養此寂然
不動之體」，並不只是茫昧不自覺之習慣，但此「寂然不動之體」亦
並不即是孟子之沛然不禦之本心，並無創生真正道德行為之足夠力
量，所謂「溥博淵泉而時出之」，而只是心之清明知覺，其落實著力
而見效果處卻在已發後之察識，察識擴大而為格物窮理。〔註110〕

縱貫系統所言之本體，是即存有即活動，這同時解釋了法則義與動力義，從
工夫實踐的角度看，把握法則的同時也把握了動力，此動力直接來自於超越
本體。而在橫攝系統的理論框架下，不允許存在有這類動力。對於此情況，
牟氏曾用「以知之源來決定行動者」一語來描述之，他所謂「認知主義」或
「認識論式的橫攝」，是在主客二分的結構下，主體透過經驗的種種處理來得
到對於客體的認知，在牟氏看來，基於此方式所獲致的認知，不可能有任何
的動力成份在內。也就是說，據此所把握到的理，僅有法則義而無動力義。
如果理的內容僅有道德法則而無道德動力，則我們頂多知道哪些行為選擇符
合道德，卻不見得會有任何執行此選擇的動力在。所以在工夫實踐上，就只
能訴諸於後天習慣的養成，訴諸於人對道德法則的漸漸熟悉，甚至訴諸於道
德法則對人所形成的某種心理制約。承此思路，工夫論的重點會落在心的認
知過程上，而其動力義則以習慣來解釋。

　　然而，朱熹的工夫實踐，似乎也有強調直接體驗的部份，而非僅有認知
橫攝、養成習慣而已。譬如牟氏引朱熹〈答陳師德〉書中，論及讀書法的一
段文字：

　　抑讀書之法，要在循序而有常，致一而不懈，從容乎句讀文義之間，
　　而體驗於操存踐履之實，然後心靜理明，漸有意味。不然，則雖廣
　　求博取，日誦五車，亦奚益於學哉？

牟氏直接了當地指出，此段文字完全反映出朱熹學說的靜攝型態。〔註111〕在
此，他強調的是「心靜理明」一語，並將「靜」看作是不直接活動、不提供

〔註110〕　牟宗三《從陸象山到劉蕺山》，《牟宗三先生全集》卷8，頁104～105。
〔註111〕　同上書，頁109。

動力的意思。牟氏在其他地方，有時也用「心靜理明」來代表朱熹學說的橫攝性質。然而，細看此文的脈絡，朱熹所言的「心靜理明」，其實是以「體驗於操存踐履之實」為先決條件。他的主張是，讀書和工夫實踐是一體兩面、同時並進，在工夫實踐中，要使心維持不受私欲干擾的狀態。儘管引文並未對體驗內容多做說明，但從朱熹強調「致一」且反對僅是「廣求博取」來看，這多少反映出，朱熹工夫論並不限於認識論式的橫攝，其中亦有本心體驗的面向在。

不僅如此，牟氏還引用了《朱子語類》卷十五的一段文字：

> 格物二字最好。物，謂事物也。須窮極事物之理到盡處，便有一個是，一個非。是底便行，非底便不行。凡自家身心上皆須體驗一個是非。若講論文字、應接事物，各各體驗，漸漸推廣，地步自然寬闊。如曾子三省，只管如此體驗去。〔註112〕

牟氏在解讀關於「格物」的幾條語錄時，重點放在格物窮理的認知過程上，以其為一經驗層次的、主客二分的、有能知所知可言的認知。但若仔細觀察，則我們可以發現，朱熹其實提到了三次「體驗」，包括是非判斷的體驗、道德行為的體驗與自我反省的體驗。牟氏的解讀，刻意忽略掉了「體驗」當做何解，而把重點放在與認知直接相關的概念上，並強調這是以存在之然來推證出所以然之理。如果我們承認「體驗」二字涉及了超越本心，則朱熹學說似乎也有逆覺可言，或至少是說，某些朱熹學說的文本材料，頗有被說成是縱貫系統的詮釋空間。

事實上，牟氏自己就注意到了這一可能性，但其注意不是為了考慮可能性的多寡，而是為了極力否定可能性的存在。譬如牟氏在指出朱熹以「虛靈不昧」來解釋《大學》「明德」時說：「順此注語想下去，若不知其系統之詳，一直可以講成是陸、王之講法。」〔註113〕由此可見，在面對朱熹那些與逆覺類似的話語時，牟氏的主要策略是，把心概念、理概念以及心理關係做出另外一套解釋，譬如以心為經驗層次，以理為只存有不活動，以心能夠從存在之然來推證出所以然之理。因為他要指出朱熹學說內無法找到逆覺義，甚至是不可能具有逆覺義。

〔註112〕 轉引自牟宗三《心體與性體》第三冊，《牟宗三先生全集》卷7，頁427。
〔註113〕 同上書，頁415。

此外，牟氏也將朱熹工夫論的言概念分析或工夫機制的偏重，如理氣二分、心性情三分等，放大成為一種形上學系統，而後嚴厲批評之。他真正批評的，並非概念分析本身，而是有概念分析卻無工夫實踐，以及純從概念分析而建立的形上學。在牟氏看來，縱貫系統亦有概念分析，只是它並不停留在概念分析的層次，而更有盡性踐形的工夫實踐及其體驗，所以牟氏才說：「須知理氣之分，形上形下之分，並無過患。問題只在如此分解後，形而上之理道是否『只是理』心神是否一條鞭地屬於氣。」〔註114〕「只是理」或「屬於氣」，乃橫攝系統之義。若在概念分析之上另有逆覺體證，則心、理、道就都可提昇到超越層次，即縱貫系統之義。

這樣的態度，在判定朱熹學說屬於縱貫、橫攝哪一系統上，導致了至少兩種疑難：其一，本體的「暫且潛存而不呈現」一義被忽視。其二，頓、漸二教的區分被強化，並衍生出「權說的漸教」。為了說明方便，我們不先行認定朱熹學說屬於哪一系統，並以其可能兼具逆覺體證、涵養察識等工夫，然後來看牟氏如何判定其為橫攝。

二、本體的「暫且潛存而不呈現」一義被忽視

牟氏認為橫攝系統所言之理，是只存有而不活動，道德動力因此而減殺。然而，對於伊川朱熹所言之仁，我們完全可以有另一種更加同情的理解。譬如，牟氏在談到仁體時，以其有呈現或不呈現可言，但他強調的主要是呈現義：

> 仁體不呈現，其為體是潛存的體，而「一體」之實亦不能有。仁體本身之有（存有之有）是自有，本有，固不待體現不體現，亦不待「一體」不「一體」。自此而言，「一體」與「仁體自身」有距離。但就具體而真實的、呈現的仁體言，仁心覺情是真實的、存在的仁之覺情，不是潛存不顯，擺在那裡，覺是真實的、存在的惻然之覺，不是潛存不顯，只為覺之理（覺心可能）擺在那裡不動。就此而言，則依其感潤無方之本性，即分析地必然地函著「一體」之義，此時一體即與仁體自身無距離。……古人說仁體（仁心覺情）都是就具體而真實的仁體之義說，並不就其潛存之義說。〔註115〕

〔註114〕　牟宗三《心體與性體》第二冊，《牟宗三先生全集》卷6，頁29。
〔註115〕　同上書，頁318～319。

簡而言之，仁體若潛存而不呈現，則無「一體」義；若具體且眞實地呈現，則必然有「一體」義。牟氏認爲明道言仁體是就呈現說，但朱熹則並非就潛存說，而是根本不了解「一體」之義，所以他言仁並不蘊含「一體」。必須注意的是，在這種劃分下，應該允許一種情況：存在有暫且潛存但當下尙未完全呈現的仁體，或說仁體可能是暫且潛存但能夠完全呈現的。據此，對於朱熹以仁爲心之德、愛之理，一種更爲同情的解釋是：他講的是潛存的仁，可以透過呈現而有「一體」，所以性情之分就是潛存與呈現之分。而牟氏採取的解釋是：朱熹言仁完全是外在的理，此種理原則上無呈現可言，所以再怎麼樣都不可能有「一體」。這是因爲，在牟氏的劃分之中，似乎沒有考慮「暫且只言潛存而不言呈現」的可能性，或至少是此說法沒有被明確突顯出來，因爲縱貫系統必言呈現才得以成立，但暫且潛存之說並不符合逆覺體證的理論需要。

如此一來，強調呈現、一體者，被牟氏納入縱貫系統；無呈現、一體可言者，被牟氏納入橫攝系統。而「原則上可以呈現但暫且只言潛存」者，或者被他忽略，或者被強迫納入形上學的判分來理解，也就是一定要在縱貫、橫攝之間選邊站。當類似說法被歸屬於縱貫系統，則牟氏會轉而強調其呈現、一體義；當類似說法被歸屬於橫攝系統，則牟氏會將之理解成根本不可能有呈現，甚至指出這是因爲持橫攝系統者的個人體悟不足〔註116〕。這裡所言的呈現，其實就是工夫實踐下的呈現，是指工夫上的具體實現。然而，潛存卻是一個可以暫且沒有工夫實踐的狀態，所以牟氏才說古人言呈現而不言潛存，其實就是強調儒學不能沒有工夫實踐。在強調逆覺體證、強調工夫實踐的理論體系下，我們應當可以討論潛存狀態，只是它與工夫論並沒有直接關係。然而，在牟氏的判分裡，朱熹所言的並非此意義下的潛存（否則其學說很可能不屬於橫攝系統），而是根本不可能有呈現，所以朱熹學說也不可能言逆覺體證或當下覺悟的工夫。但如果單從概念規定的角度看，朱熹言性情二分，並無法導出他在工夫上必不能主張本心呈現，朱熹可以只是解釋：人何以可能有一種缺乏工夫實踐的狀態，我們並不能因此推論出：朱熹論仁沒有呈現可言。

〔註116〕 譬如牟氏就如此評論朱熹：「朱子當時自亦想從明道《識仁篇》所說悟入，然彼明言『終未見道體親切處』。對于『仁者渾然與物同體』一語亦終『未有實見處』。不但當時『未有』，即後來亦終于未有。此足見朱子心態根本與明道有距離。」同上書，頁257。

其實，牟氏早期在區分道的主觀性與客觀性時，就承認了可以在只潛存而不活動的情況下來討論道體，他曾說：

> 《論語》記載孔子說：「人能弘道，非道弘人。」這話同時表現了道的主觀性與客觀性：首先，它指出道是「客觀的」（objective），現成地擺於天壤之間，即道是處於「自存狀態」（state of self-existence）的。道只自存，故不能弘人。然而它好像一件物事，客觀地存在於天地之間，這就是道的客觀性。正因道只自存，所以它倚待人的充弘，即是說：道需要人的踐仁工夫去充顯與恢弘。否則它只停滯於「潛存」（potential or latent）的狀態。依賴人的弘，這就是道的主觀性。〔註117〕

那麼，伊川朱熹一系，是否也可以被看作是重視客觀性的一脈？是否真的有什麼嚴格標準，來協助我們判斷伊川朱熹是否屬於橫攝系統呢？或者僅是因理論劃分的需要，在文本詮釋上刻意選擇那些看來更傾向於橫攝系統的內容？

以下再舉牟氏對孟子的詮釋，並據此來強調朱熹論情、才概念與孟子的差異，來突顯出概念理解的差異如何被放大：

> 它既指性說，它當然不是材料之材質（material stuff），乃是本心即理之形式的質地（formal stuff, formal ground）。孟子說此「才」字猶不只是靜態的質地義，且有動態的「能」義（活動義）。但此「能」又不是一般意義的「才能」之能。它即是「性之能」。故此才字，其實義是動靜合一的。它首先呈現於吾人眼前的是質地義，猶言底子，人是有這底子的，即指性說，即以性為質地，為底子。「能」是緊指性體之實自身之自然而不容已地向善為善之能言，即惻隱等心之具體呈現、沛然莫之能禦也。蓋孟子所言之性乃是本心即理、即活動即存有之實體，非是只存有而不活動之只是理也。心理是一之性方可說「能」，光只是理便不能說動態的能。朱子注云：「才猶材質，人之能也。」說材質尚不難，說「人之能」則歧出，泛而不諦。蓋人之能與直指性而說性之能並不同一。人之能可以很廣泛，可指一般意義之才能，而不必即是性之能。故孟子所說之才若有動態的「能」義，此能即是其所說之「良能」。良能單是指性之能言。故在孟子，

〔註117〕　牟宗三《中國哲學的特質》，《牟宗三先生全集》卷28，頁46。

> 心性情才是一事。心性是實字，情與才是虛位字。性是形式地說的
> 實位字，心是具體地說的實位字。性之實即心。性是指道德的創生
> 的實體言，心是指道德的具體的本心言。心性是一。情是實情之情，
> 是虛位字，其所指之實即是心性。實情即是心性之實情。〔註118〕

使「才」得以活動的動力來自於「性」，因此說「才」是「性之能」，此說基本無誤。而所謂「心性情才是一事」，是指它們都代表了道德創造過程中的一部分，性指創造的本體，心指創造的執行主體，才、情皆是此創造過程的動態描述，故心、性爲實位字，才、情爲虛位字。依牟氏的觀點，說明心、性、情、才之間的關係，實際上就是呈現了人之道德創造在動態過程上的機制，故曰本心即理、即存有即活動，都是強調了人在實踐上的與道合一。

然而，爲何牟氏認爲「朱子視情字與才字俱爲有獨立意義的獨立概念，非是」呢？牟氏強調情、才是以心、性爲根據，這一點並沒有錯，但是否情、才必然不可脫離心、性來理解呢？從道德創造的動態過程來看，固然是如此，因爲若無心、性的發動，情、才也就不可能實現。但若心、性暫且潛存而不呈現（活動），情、才是否就必定毫無實義可言呢？答案則是否定的，因爲孟子的原文是說：「若夫爲不善，非才之罪也。」可見在人爲惡的過程中，情、才仍然有其位置，只是它們並非惡之根源。在此，除非我們如此規定：情、才僅用於描述純善無惡的道德創造，爲惡過程則不可能有情、才可言；否則，我們可以從爲惡過程來探討情、才的定位，而不用預設心、性的完全呈現。

牟氏在此對朱熹的批評，是其縱貫、橫攝二分的又一案例：主張性情是一者，動力是自性來，故性是即存有即活動；主張性情二分者，動力是自情來，故性是只存有不活動。在心、性完全呈現（活動）的前提下，對情、才的討論被劃歸縱貫系統；在心、性原則上不可能呈現（活動）的前提下，對情、才的討論被劃歸爲橫攝系統；在心、性可能呈現（活動）卻暫且潛存的前提下，對情、才的討論，理當被劃歸縱貫系統才對，但朱熹的性、情二分則被牟氏判定爲橫攝。據此，所謂「朱子視情字與才字俱爲有獨立意義的獨立概念」，其實是在說情、才在具體行爲上的所有呈現，都不需要以心、性爲先決條件。然而，朱熹此說一樣可以合於縱貫系統：在解釋善行上，情、才確實受心、性所推動而呈現，以此可說心性情才一貫；在解釋惡行上，情、才的呈現則主要不是受心、性推動而發（但不代表它們沒有動力義）。牟氏此

〔註118〕 牟宗三《心體與性體》第三冊，《牟宗三先生全集》卷7，頁462～463。

說，實際上是把朱熹解釋惡的概念使用套用到解釋善上去了，既然對善惡的動力解釋都不訴諸於心、性，所以牟氏才強調朱熹之說對道德動力的減殺。

　　由於忽略掉了本體可能潛存而沒有當下呈現一義，許多概念差異會被放大，進而上昇到形上學系統的差異，以下是另一個相當類似的情況。儘管五峰與朱熹同樣言察識工夫，他們在察識上所言之心性，其內容必須要有所不同，才能符合牟氏的思路。牟氏論及朱熹「中和新說」所強調的先涵養後察識時說：

> 此是言由涵養而至察識，此種先後亦不成爭論。故無論先察識（重立本）後涵養，或先涵養後察識，皆無不可，此只是一體工夫之循環無間，不能有爭論之發生也。惟于本心、中體、性體，乃至天命流行之體無相應之了解，因而影響己敵雙方對于心性之實有不同之了解，朱子始覺先察識後涵養爲非是，而必爭先涵養後察識以爲本領工夫。是則爭論之關鍵不在涵養察識之本身，而在于涵養察識所施之心性之實有不同之理解也。〔註119〕

我們可以這樣來理解涵養與察識：前者是謹守積累到一定程度的工夫修養，使之不散落，後者則更接近於待人接物時，面對天理人欲之辨的堅定意志。顯然，牟氏認爲促成「中和新說」的關鍵並不在工夫論上，而是對心性理解的轉向，甚至就是一種形上學的轉向。這是因爲，牟氏以察識爲第一序的、立根本的工夫，但朱熹執意以涵養爲先，連帶察識的意義也滑失了。在此，朱熹和牟氏對「先」的理解有很大差異：朱熹所言的「先」是指實踐次序，尚未待人接物以前需涵養，待人接物時需察識。而牟氏所言的「先」，更接近於邏輯次序，這是以涵養爲察識的必要條件，有了涵養才能夠談察識。牟氏分五峰和朱熹爲不同形上學系統，他既然肯定了五峰的察識之說，在面對朱熹亦言察識時，就必須宣稱朱熹言察識工夫沒有把握到心性的眞正意義，連帶涵養工夫也是如此。

　　由於設定了形上學系統的差異，同樣是言仁，在牟氏的觀點下，明道與伊川所把握到的意義，就必然有所不同。譬如明道言「識仁」，是逆覺體證、直接呈現。而伊川云：「不可將公便喚做仁。公而以仁體之，故爲仁。」牟氏的解讀是，仁是實體字，公則是屬性字，這是由邏輯分解之形式特性（公）而接近仁。而由於雙方的體會方式不同，故伊川之理只存有不活動，明道之

〔註119〕　牟宗三《心體與性體》第三冊，《牟宗三先生全集》卷7，頁151～152。

理即存有即活動。〔註120〕顯然，牟氏有意解釋明道與伊川對仁體的不同說法，而他訴諸的是對理的體會不同，並進一步推導出理能否活動的不同。然而，我們大可以提出另外一種解釋：明道與伊川對本體的觀點並無差異，只是明道採取的是操作型定義，或說是體驗內容的描述；而伊川則偏向概念型定義，是在性情二分、心性情三分的架構下來發言的。據此，「仁者渾然與物同體」和「公而以仁體之」，完全可以是在說同一件事，只不過前者強調了「與物同體」這一體驗內容，後者強調了先公後仁的實踐次序。當然，在此解讀之下，「公」與其說是邏輯分解的結果，不如說是道德實踐的一種態度。

三、頓、漸二教的區分被強化，並衍生出「權說的漸教」

讓我們從意志軟弱（weakness of will）開始說起。意志軟弱是指：我們可以承認人的行善意志爲天生所本有，此意志推動了我們的道德實踐，讓我們在面對許多具體情境時，感到有道德實踐的動力，進而去執行道德上正確的選擇。僅管儒家性善論承認了行善意志的重要性，但這並不代表人必然會去道德實踐，因爲有些因素會干擾行善意志的具體實現，使得此意志所提供的動力不能眞正落實，無法眞正推動人的道德實踐，此謂之意志軟弱，或曰意志無力。在儒學工夫論中，對於意志軟弱的情況有著充分意識，宋明儒的解釋是，本心原本就自明自靈，是因爲受到私欲干擾、氣質蒙蔽，所以才無法完全發揮出來。人往往爲了滿足私欲而不肯實踐道德，或因先天氣稟、後天環境而不容易感受到行善意志，所以工夫上就必須談對治私欲與變化氣質。

「道德的形上學」僅管在工夫上強調了逆覺體證，卻容易忽略對治私欲與變化氣質等做法。從工夫論的角度來看，逆覺體證所強調的是發明本心、當下覺悟，是要使行善意志的動力直接且完全地呈現出來。然而，意志軟弱本就是指行善意志之動力的軟弱或不足，以發明本心來回應意志軟弱的問題，似乎是動搖了問題得以成立的前提。當然，這並非是要主張：那些強調發明本心的儒者們，根本無法應對意志軟弱，他們很可能擅長透過一些具體指引來觸發人們的當下覺悟。但至少在意志軟弱這一問題表述下，對治私欲與變化氣質，看來更能直接針對問題來做回應。氣質是影響行善意志的一項因素，它同時也是私欲所以可能的根據，故工夫實踐上所說的對治私欲、變化氣質，是要使氣質的狀態完全順應於行善意志。這是以私欲爲克制對象，

〔註120〕 牟宗三《心體與性體》第二冊，《牟宗三先生全集》卷6，頁315～317。

與逆覺體證做爲對天道本體的直接把握，有其不同之處。當然，在儒家工夫論之中，把握本體與對治私欲並不互斥，反而應該要是互補關係，在個人修養的不同階段與狀況下，應該要恰當地交替運用這兩種工夫。〔註121〕然而，牟氏把工夫實踐看作是證成形上學的進路，工夫差異自然也就會被看成是形上學差異，在兩套形上學不可相容的情況下，兩套工夫也就會被看成是互不相容了。

　　我們可以從牟氏對於頓教（對應到逆覺體證、當下覺悟）、漸教（對應到對治私欲、變化氣質）的討論，來指明此一情況。依牟氏之說，伊川言窮理是指窮超越之理，與盡性沒有必然連結，乃是本質上的漸教；橫渠、明道言窮理則指生化之理，窮理、盡性、至命可說是同一工夫「一時並了」（以命爲命限），甚至根本是同一件事（以命爲命令），故爲權說之漸教。〔註122〕他更以朱熹爲徹底的漸教：

> 朱子之歧出則是違反孔孟無限智心縱貫系統原有之規模，轉而爲「泛存有論的性理」之通過格物窮理而成爲一橫攝系統。兩者皆是徹底的漸教，一使成佛不可能，一使成聖不可能，蓋皆以無限智心不立故也。〔註123〕

由此可見，牟氏以縱貫系統爲頓教，以橫攝系統則爲漸教，強調了雙方在工夫實踐的教法上截然不同。他更直接指出，在橫攝系統裡不允許聖境的可能，也不允許智的直覺之可能，可見縱貫與橫攝，無論是在本體問題或工夫問題上，都有互不相容的意見。

　　然而，不可忽略的是，儘管縱貫系統在工夫上是強調當下覺悟，牟氏卻無法否認縱貫系統也注意到要如何變化氣質。既然縱貫與橫攝互不相容，卻都有論及漸教，牟氏就不得不把漸教區分爲兩種來避免矛盾：本質的（徹底的）漸教，與權說的（不徹底的）漸教。如此一來，縱貫系統對應到本質的頓教，卻仍可有權說的漸教，而橫攝系統則對應到本質的漸教。牟氏在論及

〔註121〕　唐君毅的〈原德性工夫〉長文，梳理了宋初直到朱陸在工夫論上的發展脈絡，最後會通朱陸。他關心的問題即是：象山言心與理一，要人直提本心；朱熹言心與理二，要人先克氣稟之私。那麼，「心與理一」、「心理合一」是否指同一工夫（命題）？若否，各自又有何功能？對於兩種工夫得以會通的肯定，見唐君毅《中國哲學原論：原性》，北京：中國社會科學出版社，2005，頁417～419。

〔註122〕　牟宗三《心體與性體》第二冊，《牟宗三先生全集》卷6，頁422～426。

〔註123〕　牟宗三《圓善論》，《牟宗三先生全集》卷22，頁307。

陽明解說緒山「四有」與龍溪「四無」如何會通時的觀點〔註124〕，是一極佳例證：

> 因此，四有句便不是徹底的漸教，亦不是徹底的後天之學。著眼於動意是後天，然其對治底根據是良知，則又是先天。其爲漸是只因有所對治而爲漸。這種漸是有超越的根據的，因而亦含有頓之可能之根據。……而同時四句教亦可以說是徹上徹下的教法，是實踐之常則，因縱使是上根人亦不能無對治，亦不能無世情嗜欲之雜，不過少而易化而已。因此，四無乃是實踐對治所至之化境，似不可作一客觀之教法。四句教既含有頓之根據，則頓時即化境，不頓即漸境。（徹底的漸教與純粹的後天之學永不能有頓）。〔註125〕

「四有」完全承認了頓教的可能，但它主要是在談對治私欲、變化氣質。而「四無」是對治私欲、變化氣質等工夫所達致的化境，它強調的是頓教。所以，「四有」和「四無」同是基於縱貫系統而有的發言，同是以活潑潑的良知爲根據，前者代表了權說的漸教，後者代表了本質的頓教。這也反映出，橫攝系統雖然也談對治私欲、變化氣質，但並沒有頓教的可能，並非以良知明覺爲根據，甚至不可能達到如「四無」那樣的化境。

以頓教可同時言權說漸教，就代表兩者之間可以相容，但本質的漸教與頓教並不相容。對於此情況，我們有何理由來主張：存在有一種外於權說漸教的本質漸教？對於此問題，牟氏是訴諸了縱貫與橫攝之別，也就是以形上學的差異來區分兩者。不過，按牟氏的三系說，縱貫言工夫是逆覺體證，此爲頓教，橫攝言工夫是順取之路，此爲漸教。在這樣的劃分之下，爲何縱貫系統還要論及權說漸教呢？此權說漸教，是否代表一種非逆覺體證式的工夫？如果是的話，縱貫系統所言的逆覺體證就足以證成自身，爲何還要談權說漸教呢？

這裡我們可以看到一種邏輯結構與文本內容的落差。如前所言，儒學重構是基於一定的問題設定與方法架構，當我們據此建構出一套系統性的邏輯

〔註124〕 值得注意的是，牟氏對「四有」與「四無」的解讀，曾有過幾種不太一樣的觀點，而此處僅是藉「四有」來解釋本質漸教與權說漸教之說何以出現，並非要說牟氏的哪種觀點最符合陽明原意。牟氏的幾種不同觀點，參見李瑞全〈龍溪四無句與儒家之圓教義之證成——兼論牟宗三先生對龍溪評價之發展〉，《當代儒學研究》第 6 期，2009 年 7 月，頁 131〜147。

〔註125〕 牟宗三《從陸象山到劉蕺山》，《牟宗三先生全集》卷 8，頁 230〜231。

結構，再把文本內容納入此結構當中來理解時，就能夠呈現出儒學學說的系統性。牟氏透過所謂的縱貫系統或「道德的形上學」來解讀文本，正是這樣的一種努力。而在縱貫系統中，本體問題與工夫問題有緊密掛勾：本體推動工夫，工夫體現本體，天理即存有即活動，使得頓悟工夫得以實踐，而頓悟工夫的實踐又可反過來證成天理的存有。但在此邏輯結構中，變化氣質一說沒有必要性，「道德的形上學」要得以成立，是要直接強調當下體悟，至於變化氣質的工夫論則可有可無，這使得它不太需要去解釋意志軟弱何以出現，因為意志軟弱者本就沒有做到逆覺體證。因此，牟氏儘管可以承認陽明學論及對治私欲，卻將其視為「權說」，是在討論「四有」這樣不可忽略的重要文本時，為了處理其內容與縱貫系統之間的關係，方有「權說漸教」一語的出現。換個方式說，「道德的形上學」在理論證成上並不需要談變化氣質，但又不能完全排除掉變化氣質在工夫問題上的意義，於是有了本質漸教與權說漸教這種看似頗為勉強的區別。

如果暫且撇開縱貫、橫攝的形上系統之別，單單從工夫論的角度來看，本心發揮與變化氣質兩型，根本就不應該是互斥關係，反而頗有能夠相輔相成之處。甚至我們可以說，朱熹所言之對治私欲，與陽明所言之對治私欲，完全可以是同一回事，根本就沒有衝突之處。當然，我們還是可以討論頓教與漸教之間的關係，但不需要有權說漸教與本質漸教之別，更不用討論某學說的漸教究竟是徹底還是不徹底。這就代表，權說與本質云云，徹底不徹底云云，是預先設定縱貫、橫攝兩大系統之別的結果。這些用語，確實強調了縱貫與橫攝的差異，但與此同時，卻往往讓我們忽略兩個學說在工夫論內容上的相容甚至相同之處。

四、宇宙論內容的刻意取捨：「道德秩序即宇宙秩序」解

本節所關心的重點原在於工夫論，這裡之所以提及宇宙論，乃是因為在縱貫系統中，牟氏以工夫論、宇宙論兩者的問題域合一不分。故牟氏所謂的宇宙論，為了配合工夫論的問題域而經過刻意修改，與一般所言的宇宙論已大異其趣了，這一做法導致他肯定了「道德秩序即宇宙秩序」。相較之下，橫攝系統並無此種宇宙論，亦無「道德秩序即宇宙秩序」一義。

「道德秩序即宇宙秩序」是牟氏所常有的一種表述，用以說明「道德的形上學」之理論意義。這乍看之下有些不太合理，因為就一般認知而言，道

德秩序是指應然規範，乃人之應該遵循但可能不遵循者，而宇宙秩序則是指實然規律，乃人與萬物所必然遵循者，沒有不遵循的可能。牟氏逕自把這兩者等同起來，首先就有混淆應然規範與實然規律之嫌。當然，我們可以有更爲同情的理解，以下即要指出，「道德秩序即宇宙秩序」的成立，需要以天道已然證成、萬物已然創生爲前提，其中所謂的「宇宙秩序」，並非就經驗界而言的，而是就超越界而言的。

「宇宙論」一詞，原是用以處理自然世界中，經驗現象的發展變化或萬事萬物的性質分類，但在牟氏的使用裡，強調的卻並非此義。他曾區分出行爲宇宙和知識宇宙兩個概念，所謂參贊天地化育是就前者言，所謂製造器物是就後者言。〔註126〕更指出：每一具體行爲的完成都是兩個宇宙之融一，但良知爲超越之整體，知識則爲其中一部分。這樣的觀點，應是來自於他自己所提出的兩層存有論：「無執的存有論」是就超越本體而言的，是道德的、行爲的；「執的存有論」則是就經驗現象而言的，是實然的、知識的。它們分別對應到了超越界（或曰價值界）與現象界，對應到了行爲宇宙與知識宇宙。不僅如此，牟氏認爲超越界居於統攝現象界的高位，當本心要在現象界求知識時，是暫時脫離了超越界的關懷，此情況即是所謂的「良知坎陷」，此乃立基於縱貫系統而有的觀點。

這裡姑且不論牟氏「良知坎陷」〔註127〕一說是否恰當，重點在於，牟氏之所以區分兩類宇宙，並突顯出「行爲宇宙」，是爲了說明縱貫系統能夠處理宇宙論內容。在牟氏看來，橫攝系統的立論基礎，在於對經驗現象的認知、歸納與推演，亦即宇宙論的理論問題所關切者。由於認定縱貫系統高於橫攝系統，故牟氏想要指出，關切超越界的縱貫系統，也必定能夠對宇宙論做出某種回應，對現象界必然能夠有所說明。透過「良知坎陷」一說，牟氏說明了強調逆覺體證的縱貫系統，如何暫且拋開逆覺而去現象界求知識，他另立「行爲宇宙」這一概念，實際上就是把「參贊天地化育」的工夫論內容，和原本的宇宙論內容做出一種結合。從工夫論的角度看，這是指工夫實踐必然要改善天地萬物的存在；從宇宙論的角度看，天地萬物得以運作發展的關鍵因素，是人的工夫實踐。

〔註126〕 牟宗三《從陸象山到劉蕺山》，《牟宗三先生全集》卷8，頁205。

〔註127〕 關於良知坎陷以轉變成爲認知主體的說明，參見牟宗三《現象與物自身》，《牟宗三先生全集》卷21，頁127～135。

有了這一認識，接著可以解釋何謂「道德秩序即宇宙秩序」。首先我們來看下列引文：

> 為什麼存心養性是事天底唯一道路呢？蓋因存心養性始能顯出心性
> 之道德創造性，而此即體證天之所以為天：天之創生過程亦是一道
> 德秩序也。此即函著說宇宙秩序即是道德秩序，道德秩序即是宇宙
> 秩序也。天之所以值得尊奉即因它是心性之道德創造性所體證之天
> 命不已之道德秩序也。最後，心性之道德創造性即是天道之創造性。
> 〔註128〕

牟氏曾多次提及「道德秩序即宇宙秩序」，此處僅引較具代表性的一個段落。「道德秩序」來自於心體的道德創造性，「宇宙秩序」來自於天道的創造性，而在逆覺體證成立的前提下，人之工夫實踐證成了天道之創造性，也說明了心體之創造性，所以這兩種創造性在內容上完全同一，因為此內容同樣是由工夫實踐所決定的。也就因為如此，心體創造性所蘊含的「道德秩序」，以及天道創造性所蘊含的「宇宙秩序」，兩者也是完全同一，因為其內容是因同樣的工夫實踐而有，代表了同樣的工夫實踐過程。從問題分析的角度看，這是把工夫論和宇宙論的問題域給重疊起來，以同一秩序同時回應了工夫論與宇宙論兩問題。所以「道德秩序即宇宙秩序」的成立，是以逆覺體證的成立為前提，而「宇宙秩序」更多的是指萬事萬物之所以能夠運作發展的動力，而非歸納經驗現象後所得的實然規律。

　　根據此一理解，我們也可以來分析牟氏所謂「本體宇宙論」做為理論問題，究竟具有什麼樣的意義。他曾說：

> 中國人從什麼地方表現存在呢？就是從「生」字表示，「生」也是個
> 動詞，生就是個體存在。這樣了解存在是動態的了解，所以儒家講
> 「生生不息」，「生生不息」不是動態嗎？因為是動態的講，所以講
> 本體論就涵著宇宙論，中國人本體論宇宙論是連在一起講，沒有分
> 開來成兩種學問。但西方人講形而上學分本體論（ontology）和宇宙
> 論（cosmology）。〔註129〕

牟氏顯然認為，在西方哲學那裡，本體論和宇宙論是兩種可以分開看待的理論問題，各自有各自的問題表述與問題域。但對中國哲學而言，本體論和宇

〔註128〕　牟宗三《圓善論》，《牟宗三先生全集》卷22，頁134～135。
〔註129〕　牟宗三《四因說演講錄》，《牟宗三先生全集》卷31，頁98。

宙論無法區分，故日本體宇宙論。單從字面上來看，所謂「本體宇宙論」，是指一種蘊含於本體論的、或說本體論化的宇宙論。若從問題分析的角度看，本體論和宇宙論兩者，在問題表述上或許可以分開，但在問題域上則是同一的，或至少是有極大重疊。在牟氏那裡，本體宇宙論是立基於逆覺體證而有的說法，他強調了「生生不息」與動態性質，正是要指出：由於本體即存有即活動，本體時時推動了天地萬物的運作變化，故討論本體之活動就必然涉及改善萬物的存在狀態，此即從「生」來了解存在。

在此意義下，本體宇宙論確實涉及了萬物之存在狀態，但在兩層存有論的理論框架下，既然事物做爲存有可分爲超越界和現象界兩面，故所謂存在狀態，可以是言超越界，也可以是言現象界。當然，牟氏合本體論與宇宙論而言之，就是希望本體之活動既能夠涉及超越界，也能夠涉及現象界。但我們不得不考慮：當人達致聖境而逆覺體證成立，天道得以證成且萬物得以創生，天地萬物就必然達到理想狀態了嗎？至少就一般認知而言，儘管我們承認了聖人的存在及其事功，但世界是否真的因此而不混濁污穢了呢？恐怕我們在歷史上可以找到很多案例，來說明聖人境界的有無，與現象世界的好壞，兩者之間並無必然關係。或者是說，儘管我們很可以承認聖境在超越界的層次上賦予了萬物以道德價值，但在現象界中卻不一定實現到理想程度。

王陽明的「成色分兩」之說，就隱隱暗示了此一觀點：

> 聖人之所以爲聖，只是其心純乎天理而無人欲之雜；猶精金之所以爲精，但以其成色足而無銅鉛之雜也。人到純乎天理方是聖，金到足色方是精。然聖人之才力，亦有大小不同；猶金之分兩有輕重。堯、舜猶萬鎰，文王、孔子猶九千鎰，禹、湯、武王猶七八千鎰，伯夷、伊尹猶四五千鎰。才力不同，而純乎天理則同，皆可謂之聖人；猶分兩雖不同，而足色則同，皆可謂之精金。〔註130〕

陽明以金的純度喻聖人境界，以金的重量喻聖人才力，金之純度與重量之間沒有必然關係，聖人之境界與才力之間也沒有必然關係。判斷是否爲聖人境界，採用的是純度標準，亦即人的本心是否已經完全與天道同一，而沒有絲毫私欲或氣質的干擾，這可以靠個人在工夫修養上的努力來達成。但人之才力則受許多先天或後天的因素所決定，是無法完全改變過來的。那麼，這和以上所言的問題有何相關？區分境界與才力，其實就是承認了境界和事功之

〔註130〕 明・王守仁《王陽明全集》卷1，上海：國學整理社，1936，頁18〜19。

間沒有必然關係，同樣是聖人，有的才力足以澄清天下，有的才力僅能顧及
一家。這代表境界高低與現象世界的好壞之間，並不能總是有所對應。

　　這樣的說法，代表「道德的形上學」在運用宇宙論一詞時，其內容主要
是本體之活動如何賦予萬物以道德價值，主要是就超越界的層次而言的，這
可以涉及現象界中的事物狀態，但不能保證一定對此狀態有多少改善。至於
萬物在現象世界中所遵循的實然規律，牟氏實際上對此著墨不多，因為「道
德的形上學」之成立，並不需要這部份的內容來支持。牟氏合本體論和宇宙
論而言之，主要是為了反映「道德的形上學」之特質，因此他在「宇宙論」
或「宇宙秩序」上的論述內容，儘管在問題表述上或與西方哲學近似，但在
問題域的設定上，則明顯強調了本體活動義與改善萬物義。故牟氏所謂的本
體宇宙論，頗有道德實踐與宇宙變化合一不分的傾向，他在解釋指出「一陰
一陽之謂道，繼之者善也，成之者性也」時指出：

> 所以，儒家講生生不息。能夠繼續下去，這個就是善，這個善的意
> 義不是 moral definition，是 cosmological definition。這個善不是道德
> 的規定，不是從孟子的道德的立場規定的善的意義。當然，凡說善
> 都有道德的意義呀，但這個是從「一陰一陽之謂道」講，這是宇宙
> 論意義，不是 moral approach。〔註131〕

牟氏在此把「善」視為一種宇宙論式的規定，但又不能完全否認「善」的道
德意義。這是因為，在儒家看來，天地萬物生生不息的運作過程，本身即含
有善的價值在內，而人應該自覺地去推動此過程，自覺地「參天地之化育」，
以達到「與天地參」的聖人境界。道德價值和生生不息掛勾，這即是他所謂
的本體宇宙論。很明顯地，這不是一般意義下的宇宙論，從問題分析的角度
來看，為了對應於「道德的形上學」之理論需要，它的問題域經過了刻意揀
選與設定。而此義為橫攝系統之所無。

第五節　結語

　　牟氏於儒學重構時所採取的問題設定，如他自己所言，就是本體問題與
工夫問題，或說形上學與工夫論。所謂縱貫系統與橫攝系統，即分別對這兩
問題提出了回應。大致說來，縱貫系統言本體為即存有即活動，且道德法則

〔註131〕　牟宗三《周易哲學演講錄》，《牟宗三先生全集》卷31，頁194。

與道德動力合一〔註132〕，言工夫則爲逆覺體證，只要智的直覺充分發揮，在工夫實踐中得到證悟體驗，則上可證成本體，下可創生萬物，此爲儒家的圓教型態所在。至於橫攝系統，言本體爲只存有不活動，僅是規定萬物流行，道德法則與道德動力分離，言工夫乃涵養順取，是先得出道德法則，而後漸漸養成順從法則的道德習慣，故爲後天漸教，且不需要訴諸道德情感，當然更無證悟體驗可言，此乃孔孟之教的歧出。就本體與工夫的關係言，縱貫系統以本體推動工夫、工夫證成本體，兩者在內容上完全同一，且不被任何經驗條件所決定；橫攝系統則以本體規範工夫、工夫遵循本體，本體爲形式上的規定，工夫爲經驗界的操作，兩者在內容上顯然並非同一。

　　透過「道德的形上學」來詮釋儒家圓教，是牟氏最有創發性的論點，其最大特色，就是自覺地用工夫論內容來回應形上學問題。用林安梧的話說，這是論主體時將其道體化，而論道體時將其主體化。〔註133〕在此意義下，道體和主體合一不分，言道體有工夫論成分，而言主體有形上學成分。若從問題分析的角度來看，牟氏把工夫論與形上學的問題域重疊了起來，再以工夫實踐的過程，特別是聖人境界下的體驗內容，來同時回應工夫論與形上學兩問題。杜保瑞即有如下總結：

> 是以牟先生的形上學，便是以言說普遍原理的道德義之「道體」「性體」、併合談主體實踐作用的「心體」、進及談主體達最高境界的「聖人」，而共構其「道德的形上學」。也可以說，是把談主體實踐的「工夫論」與「境界論」議題，塞入形上學問題中，以強化此形上學型態之爲一動態的及實踐的及可證成的之意旨。〔註134〕

牟氏注意到，純粹思辨下的形上學，不僅忽略了人的道德意識，所建構出來的理論還常常只是分析地爲眞。而儒家所言的「天道性命相貫通」，絕非透過概念規定來使其爲眞，絕非僅是一套概念遊戲，而是確確實實地有證悟體驗來支持之，故必得要強調其即存有即活動。

　　以工夫實踐來回應形上學問題，乍看之下令人感到不可思議，尤其是本

〔註132〕　牟氏一方面以良知爲善惡的判斷標準，一方面以良知爲道德實踐的根源動力，當良知明覺呈現了天理，就是法則義與動力義的共同實現。見牟宗三《現象與物自身》，《牟宗三先生全集》卷21，頁452～454。

〔註133〕　林安梧《牟宗三前後：當代新儒家哲學思想史論》，臺北：學生書局，2011，頁143～144。

〔註134〕　杜保瑞《牟宗三儒學平議》，新北：臺灣商務，2017，頁197。

心證成天道、本心創生萬物兩義，並不太符合於我們的一般認知。但只要能把牟氏的思路說清楚，也就不難理解了。在牟氏看來，天道存在、萬物存在兩個命題，原本都只是爲眞的信念，若要使它們變成確定的知識，就要透過一套可信的程序，來讓爲眞的信念成爲知識，或說讓它們得到足以成爲知識的性質。而牟氏所提供的可信程序，就是儒家的工夫實踐。就證成天道而言，工夫修養做到極致，即會有對於天道的直接體驗，又由於儒家工夫全在心上做，故牟氏可基於本心發揮，來使「天道存在」成爲確定的知識。至於創生萬物，表面意思是說萬物如何從無變成有，但牟氏對此的理解，僅僅集中在事物如何得到「物之所以爲物」的性質上。據此，工夫修養到極致，即會有對於萬物的直接體驗，在此意義下，使「萬物存在」從眞信念轉變成爲知識的那個性質，就會從無變成有，故牟氏可基於本心發揮，來使「萬物存在」成爲眞正的知識。由此可見，無論是「天道存在」或「萬物存在」，它們要成爲眞正的知識，都是以工夫實踐爲一套可信的程序，並以工夫體驗的獲致爲知識的確定。所謂「證成」與「創生」，都必須在此過程中來得到理解，如果不能掌握「透過可信程序來使眞信念成爲知識」這一思路，自然無法掌握牟氏說法的合理性。也就是在此意義下，牟氏必然要把形上學和工夫論的問題域重疊起來，一併以工夫實踐來回應之。〔註135〕

　　牟氏基於對形上學、本體論、宇宙論等理論問題的理解，在它們的問題域內加入了儒家工夫論內容，以完成儒家學說的系統化。他曾明確指出：

> 近人習於西方概念式的局限之思考，必謂道德自道德，宇宙自宇宙，「心即理」只限於道德之應然，不涉及存在域，此種局限非儒教之本質。心外有物，物交待給何處？古人無道德界，存在界，本體論（存有論），宇宙論等名言，然而豈不可相應孔孟之教之本質而有以疏通之，而立一儒教式的（亦即中國式的）道德界、存在界、本體論、宇宙論通而爲一之圓教乎？此則繫於「心即理」之絕對普遍性之洞悟，何必依西方式的概念之局限單把此「心即理」局限於道德而不准涉及存在乎？〔註136〕

〔註135〕　有人可能會說，這樣的直接體驗（或曰神秘體驗），不代表對天道或萬物的直接把握，而頂多代表了人有一種體驗感。這是一個可能的質疑，後文對此將有詳細說明。

〔註136〕　牟宗三《從陸象山到劉蕺山》，《牟宗三先生全集》卷8，頁16。

由此可見，對於這些西方哲學中既有的理論問題與相應術語，牟氏是刻意地要重新塑造其問題表述與問題域之間的對應關係，以突顯出儒學的理論體系與特質。或者我們也可以說，由於必須基於哲學問題來進行古代學說的系統化，又必須顧及儒學特質，那些相應於哲學問題而有的術語，或多或少都必須經過改造。也就爲了突顯出中國性，縱貫與橫攝的諸多差異，其實隱隱有中西對比的雛型在內，因爲縱貫系統是中國哲學的代表，而橫攝系統則相當接近於牟氏對西方哲學的主要觀點。在此意義下，縱貫系統勝過橫攝系統之處，也就是中國哲學勝過西方哲學之處。而從問題分析的角度看，在牟氏的儒學重構之下，中國哲學真正的特色，在於有工夫論的理論問題，所謂「『心即理』之絕對普遍性之洞悟」，正是對應到了一種工夫體驗。

如前所言，牟氏之所以強調「本心證成天道」、「本心創生萬物」與「道德秩序即是宇宙秩序」，是因爲牟氏一開始就把形上問題與道德實踐合在一起講，把道德實踐劃歸爲形上學的問題域，預設了道德實踐可用以回應形上學問題。但必須注意的是，牟氏一再強調工夫實踐與體驗內容的重要性，正是要把工夫論內容給納入這些哲學命題的涵義之內。他對於自己某些分析地爲真的說法，其實有充分自覺，並指明它們需要有工夫實踐的支持才可真正成立。譬如他於論述智的直覺時，肯定了「理論上必肯定」與「實際上必呈現」，前者的成立的確是基於分析式的論證，但後者的成立則完全訴諸於人所必然能夠有的工夫實踐與體驗內容。故牟氏所言的「道德的形上學」，並不只是分析地爲真，它應該要有、也必須要有豐富的體驗內容來支持，所以牟氏不僅訴諸了過往儒者所達致的聖境，也強調了今人在道德情感與道德意識上的時時顯露。這是我們在看待牟氏的儒學重構時，所必不可忽略的一點。

我們很可以承認形上學與工夫論是極爲關鍵的兩個問題設定，也不吝承認牟氏此一思路的嚴密性與創新性，它把工夫體驗的理論功能提到很高的地位，充分突顯了儒學特質。然而，這一做法並不能支持縱貫、橫攝二分的合理性，從完整呈現學說原意的要求來看，伊川和朱熹的學說是否該被判分到橫攝系統，恐怕是相當令人存疑的。〔註137〕在牟氏理論中，所有涉及經驗界

〔註137〕 杜保瑞即認爲，程朱學說並不能被視爲是橫攝系統，橫攝系是牟氏自己設想出來的、爲了解釋朱陸之爭而有的。實則程朱學亦有逆覺體證可言，且朱陸之爭並非同一問題上的兩種對立立場，其中並無真正的理論衝突可言。見杜保瑞《牟宗三儒學平議》，頁458～462。

的論述內容都有被忽略的嚴重傾向，因為它們在「道德的形上學」裡，無助於證成天道，更無助於創生萬物。當然，這並不是說主張「道德的形上學」者，都不能對經驗界有所思考與認知，牟氏提出「良知坎陷」一說，正是要說明我們能夠且應該去獲取經驗知識。然而，經驗知識和知體明覺儘管不互斥，但再多的經驗知識，對於「道德的形上學」的成立也不會有任何幫助。根據類似思路，伊川、朱熹學說當中的許多討論，譬如概念定義、工夫機制、涵養與格物致知，其有無並不影響縱貫系統的系統性，這導致牟氏將其判分到橫攝系統，並傾向忽略那些可被解讀為逆覺體證的文本。事實上，牟氏自己有時也承認朱熹之說可以理解為逆覺體證，但他為了維持縱貫、橫攝的嚴格區分，將那些說法都理解為橫攝系統的論述。〔註138〕因為縱貫系統的成立，需要的是聖人境界、工夫體驗的相應內容。

　　此情況之所以發生，並非由於牟氏在問題設定上採取形上學與工夫論，而是由於牟氏已然指定了回應這兩個問題的理論結構，而此結構完全立基於逆覺體證的成立。所以，與逆覺體證相關的內容會被強調，而看似與逆覺體證不符的學說，則被判分到橫攝系統那裡去。然而，有沒有可能，一個儒學學說既包含了聖境的工夫體驗，又對工夫機制多有說明，譬如解釋本體何以暫且潛存而不呈現、人何以會意志軟弱，人何以被私欲影響而不願工夫實踐？原則上當然是可能的，但牟氏在判分此學說屬於何種系統時，似乎就會面臨某種困難。因為聖境的工夫體驗，看似是縱貫系統的應有之義，而工夫機制的說明，似乎是橫攝系統的興趣所在。如此一來，若將其判分為縱貫系統，則工夫機制的部份容易被忽略，若將其判分為橫攝系統，則工夫體驗的部份就要被刻意隱藏了。

〔註138〕「此處所錄之兩條（案：《朱子語類》中解《通書・動靜章》的其中兩條），若孤離看之，一條鞭順著講下去，而不顧其他，必可講成縱貫系統，而與象山學會而為一，不見其有異。但若如此講，則又與朱子其他思想不一致。此朱子思想之所以難整理也。」見牟宗三《心體與性體》第三冊，《牟宗三先生全集》卷7，頁512～513。

第三章 勞思光的儒學重構

　　勞氏《新編中國哲學史》的處理範圍，是從先秦到清末的、遍及儒釋道三教的諸多學說。這使得他在方法架構上，是先提出了基源問題研究法，肯定各家學說的系統性皆是以基源問題爲核心後，再透過理論設準來指出宋明儒學的基源問題究竟爲何，以及對此問題出現了哪幾種不同回應。也就因爲如此，若我們要比較全面地來反省勞氏的方法架構，就不能單看基源問題研究法，而必須把理論設準也考慮在內。

第一節　基源問題研究法與宋明儒學一系三階段說

一、基源問題研究法與理論設準

　　勞氏對於方法問題有著高度自覺，其主要論述見於《新編中國哲學史》的序言。此外，勞氏的基本觀點，於 1956、1957 年間完成的《哲學問題源流論》中已見雛型，其中許多部分值得用來做爲一種補充說明。

　　在展開自己的研究以前，勞氏首先反省了前人的成果。他指出，胡適《中國哲學史大綱》重視考證，但僅是用常識來呈現學說，極爲缺乏哲學性；馮友蘭《中國哲學史》雖然具有足夠的哲學性，但沒有把握到中國哲學的特質。此情況之所以發生，是由於方法問題沒有被仔細考慮過，所以他反省了三種可能方法後，才提出了自己的基源問題研究法。

　　那麼，什麼是方法呢？勞氏認爲，方法是一種活動程序或思考歷程，而非具有特定內容的觀點，所以方法不能討論眞假，只有效力高低可言。〔註1〕

〔註 1〕 吳有能《百家出入心無礙——勞思光教授》，臺北：文史哲，1999，頁 32～33。

也就是說，勞氏是在目的與手段的對應關係上來考慮方法問題，這是先設定了目的，而後看方法如何提供了具體的操作步驟來達成此目的，所以勞氏又說：「方法是指作某種目的性活動者，在其活動過程中應依循的一些條目。」〔註2〕故我們對於方法並不能做眞假判斷，而只能做程度高低或效力高低的判斷。據此，勞氏分別檢討了三種可能方法：一是系統研究法，也就是先行設定好一套理論結構，而後把學說內容納入此結構當中來理解。勞氏認爲，此法雖然顧及了學說的系統性，但由於理論結構與學說內容往往有所落差，研究者爲了使學說能夠完全對應到此結構，就會對學說內容進行刪減或增補，因而造成失眞。二是發生研究法，也就是著眼於哲人的思想變化，盡可能地蒐集資料來敘述之。勞氏認爲，此法儘管呈現了事實，但沒有說明學說如何回應哲學問題，因而難以顧及學說的內在價值與理論意義。三是解析研究法，亦即解析學說所用之詞語與論證，考慮它們彼此之間的邏輯關係。勞氏認爲，此法固然適用於研究一家學說，但哲學史研究需要顧及不同學說之間的發展脈絡，而解析研究法無法提供綜合判斷。

在這些反省之後，勞氏提出了自己的方法。他首先指出，哲學史的任務必須滿足三項條件：一是事實記述的眞實性，二是理論闡述的系統性，三是全面判斷的統一性，以這三項條件的滿足爲前提，勞氏認爲，他所謂的基源問題研究法，應是較好的一種。他說：「一切個人或學派的思想理論，根本上必是對某一問題的答覆或解答。」亦即，學說的一切內容都是以此問題爲根源，可以呈現爲一步步解答此問題的過程。所以，掌握了基源問題，並以其所延伸出的次級問題爲主要脈絡，就可看出學說內容如何了組成回應基源問題的邏輯結構。〔註3〕如此一來，只要方法的操作得當，以及文本材料的解讀

值得注意的是，在另外一個地方，勞氏區分了方法的三種意義：一是原始意義，指建立知識的程序與所涉的規則，而獲得知識的操作歷程涉及了某種目的。二是引申意義，指離開建立知識的活動，但仍落在操作歷程與目的達成上講。三是借用意義，是把一個觀點或解釋原則稱作方法。參見勞思光〈哲學方法與哲學功能——序馮著《中國哲學的方法論問題》〉，馮耀明《中國哲學的方法論問題》，臺北：允晨，1989，頁1～4。

〔註2〕 勞思光《思想方法五講新編》，香港：中文大學，1998，頁2。

〔註3〕 對此，鄭宗義曾有一頗有見地的區分：「即基源問題是那能『超越於理論系統外的哲學問題』（philosophical problem），所引出的許多次級問題則是『內在於理論系統中的哲學問題』（philosophical question）。這區分的意義在於提醒以下一點：由於很多中國哲學研究都屬於理論系統內的哲學問題，例如詮釋孟子的『知言養氣』，或宋明理學的『理氣』，研究者因而很容易忽略了背後那理論系

大致不失，就能夠滿足眞實性與系統性兩個條件。值得注意的是，此方法可說是基於勞氏的這一觀點而有：人之思考研究的成果，全都可透過問題與命題的形式表述出來。他說：

> 正如思考後的成果（無論對於對象的決定，或者是認知心之反省，即思想對思想本身的決定），皆可以用一組命題表示之，思考所預認的或在其背後作推動的心靈方向，皆可以用一個或一組問題表示之。一組組的命題構成一個個哲學體系或理論，一組組的問題則決定一個個的文化精神。……一組問題表心靈方向，而有一種問題必隨之有一種解答；此解答即可表爲一組命題。由此而構成哲學。〔註4〕

在此，勞氏分別對於問題與命題給出了解釋：問題代表了心靈方向與文化精神，因此不同的理論問題，即反映出了心靈的不同思考方向。至於命題，則代表了問題的描述、解釋與回應內容，一組組命題即共同構成了特定的理論體系，展現了其邏輯結構。當然，勞氏在此並非主張任何問題皆屬於哲學〔註5〕，其主要用意，在於對哲學理論的形成給出一後設觀點，而此觀點顯然是以問題設定爲核心。

　　系統性與眞實性的達成，是由基源問題研究法來滿足〔註6〕，至於全面判斷的統一性，則必須由理論設準來滿足之。在勞氏看來，每個時代都有一個大致的思想趨勢，影響與限定了學說的形成與發展。所謂理論設準，可說是

統外的基源問題，因而使研究的問題意識不彰，並流爲純粹的文本分析。」鄭宗義〈如何充分繼承勞思光先生對中國哲學研究的成果〉，《中國文哲研究通訊》第 23 卷 4 期，2013 年 12 月，頁 66。

〔註4〕 勞思光《哲學問題源流論》，香港：中文大學，2001，頁 18～19。

〔註5〕 勞氏曾指出，哲學是一「探求最後眞相」的學科。但由於「最後眞相」一說隨著研究範圍的不同而會有不同意義，他又把哲學細分爲九個部門：宇宙論、形上學、道德哲學、神學、方法論、知識論、文化哲學、邏輯解析以及心性論（中國哲學所獨有）。在此意義上，哲學可以看成是這些部門的總稱。見勞思光《哲學淺說新編》，香港：中文大學，1998，頁 11～14。

〔註6〕 勞氏曾指出，基源問題研究法僅適用於哲學史研究，它並非爲了更好地回答某一問題或建立某一理論而設計的：「事實上，若就展現某一學說的理論結構來看，則這個方法的理論效力確是極強的。不過，若牽涉到哲學思維的重重反省的進程，則其所涉的意義領域自身層層擴大，便不是『基源問題』這個概念可能完全籠罩。因此，『基源問題研究法』應視爲哲學史研究的方法。」見勞思光《哲學問題源流論》，自序頁 xiv。

一組經過特別設計的術語界定，它是要對此趨勢做一全面判斷，一方面指出此趨勢對各學說所造成的影響，二方面判別各學說在面對此趨勢時的基本回應。故理論設準並非純形式的，而是預設了某些內容。〔註7〕以上所言或許太過抽象，勞氏在後來的一段訪談中，說得更爲明確：

> 事實上，我們做哲學史中的解釋工作的時候，最基本的工作是要看某人是不是說過這個話，這個話是什麼意思，然後再看他說這麼多話之間是不是有理論關聯，那一個部分有理論關聯，把有理論關聯的組織在一起就是系統性。然後我們合在一起，看他說了這麼多，做了這麼多，在理論的效力上高低是怎樣，研究到什麼問題，遇到什麼困難，那才是我所謂全面判斷的意思。我當初講統一性，本來就是說這個意思。寫哲學不僅僅在說過去的事實，它當然牽涉到一個評斷。這個評斷就是說，要把它擺在什麼地方，把它這擺進一個較高的或較低的位置。這種擺放，就是從他那個人講的話裡面的理論成分，看他對那個問題的處理的結果，到底有多少成功、多少失敗，這樣便固定他的地位，當時我說全面判斷就是這個意思。〔註8〕

系統性的部份，即是基源問題研究法所要處理與滿足者，這是要在確定基源問題後，進一步看學說於面對此問題時，給出了怎樣的回應、呈現爲怎樣的邏輯結構，這是就單一學說的呈現而言的。而勞氏所謂全面判斷的統一性，則是要考慮一時代之中，各個學說之間有何發展變化。據其思路，這首先要看學說內容在什麼意義上解決了問題，於解決問題上達到了怎樣的程度，或說在解決問題的方案上有何優缺點，如此一來，學說之間就有了理論效力的高低可言，而根據效力高低，就可以指出學說在此思想趨勢之中，如何推動了理論的拓展與深化，或爲解決問題給出了什麼樣的貢獻。故理論設準的功能，在於釐清不同學說所面對的特定問題，以及對此問題給出了什麼樣的特定回應，它完全應該是依據學說的特殊性質而有，是爲方便整理理論問題而設立的，原則上不應受研究者的主觀認定與喜好所左右。

〔註7〕 如張燦輝所言：「設準是指爲進行整理工作方便而設立的一些標準。這些標準並非純形式的，而是涉及某些判定。」參見張燦輝〈勞思光早期思想中的自我問題〉，收入劉國英、張燦輝編《無涯理境——勞思光的學問與思想》，香港：中文大學，2003，頁31。

〔註8〕 吳有能《百家出入心無礙——勞思光教授》，頁27。

在中國哲學研究上，勞氏曾明確提出四組理論設準：一是價值根源的歸宿，二是自我境界之劃分，三是價值自覺之兩型：超越內在之主宰與超越外在之主宰，四是世界意義之兩型：肯定或否定「世界之有」為一價值。〔註9〕單就儒學重構本身而言，所用到的理論設準主要是前兩者。以下我們就來看看，勞氏如何據自我境界之劃分，來反映出孔孟學說面對了什麼哲學問題：

> 此設準即對自我境界之劃分方法。一設準不表示某種特殊肯定，只表示一種整理問題之方法。此點學者必須明確瞭解。凡論述前人思想時，固不可依特殊肯定而立說；但另一面又必須有某種設準，作為整理陳述之原則。提出設準，並不表示贊成或反對。設準之意義只在於澄清問題，使陳述物件明晰顯出其特性。自我境界之有種種不同，乃一無可爭辯之事實。茲依一設準，將自我境界作以下劃分：
> （1）形軀我──以生理及心理欲求為內容。（2）認知我──以知覺理解及推理活動為內容。（3）情意我──以生命力及生命感為內容。
> （4）德性我──以價值自覺為內容。孔子所提出之「仁」、「義」觀念，顯然屬於「德性我」。〔註10〕

其中，孔子強調的主要是德性我，所以他以「學」為進德之努力，是就意志純化之升進與價值自覺之拓展而言的。承此思路，孟子提出了性善論做為德性我的理論根據。至於道家的老子、楊朱與莊子，強調的則是情意我，而傾向否定其他三種自我。由此可見，儒、道兩家都意在追求自我境界，至於追求什麼樣的境界？又如何追求？即可說是儒學學說的基源問題。而以追求德性我為核心而有的種種思維內容，即可被理解為一個有系統的學說。

在研究宋明儒學上，勞氏採用的理論設準是價值根源。儒家持肯定世界、肯定文化發展的態度，此肯定是來自於對價值根源的肯定，而此根源必須要有一種理論上的解釋。勞氏以宋明諸學說，皆意在復歸孔孟思想，皆是為了肯定世界、解釋價值根源而有，而這些學說又可進一步分為天道觀、本性論與心性論三種理論型態，亦即對於如何解釋價值根源的三種回應方式。〔註11〕由此可見，宋明的思想趨勢是復歸孔孟，而如何解釋、如何確立價值根源，即是學說的基源問題所在。詳細內容，後文將有論及，此處僅是意在突顯，

〔註 9〕　勞思光《哲學問題源流論》，頁 4～14。
〔註10〕　勞思光《新編中國哲學史》卷一，頁 109。
〔註11〕　勞思光《新編中國哲學史》卷三上，頁 59。

我們必須考慮理論設準，才能看出勞氏於儒學重構上是採取了什麼樣的具體觀點。

由此可見，勞氏在思考方法問題時，是把學說的系統性與學說的特殊性質分開來處理。每個學說都具有系統性，而系統性來自於對某一哲學問題的描述、解釋與回應，基源問題研究法所針對的僅止於此，它並未先行規定任何哲學問題，並未先行設定形上學、宇宙論或倫理學等理論問題，而僅是指出：學說的系統性是以一個基源問題為核心。至於學說所屬的思想趨勢，則是由理論設準來負責說明，每個時代的思想趨勢不盡相同，學說內容的特殊性質也不盡相同，而理論設準正是因應了各個不同的思想趨勢與學說性質而發。也就因為如此，勞氏才說：「一種解析理論的方法，本身即要求普遍性，而不受特殊觀點的約束。」〔註12〕在此意義下，基源問題研究法和理論設準，兩者是相輔相成的，於討論勞氏之研究成果時，我們不宜忽略這一點。

值得注意的是，勞氏曾區分了「發生歷程」與「本質歷程」，可視為是理論設準的一種補充說明。這一區分，原先是勞氏在其《新編中國哲學史》卷一出版後，為了回應「以外觀中」或「以中觀外」的批評而發。不過，類似觀點在近年來仍有學者提出，譬如蕭振聲即說：

> ……「自我問題」本來就是在西方哲學意義上被提出來的。在這個前提下，倘若說中國哲學「也有」自己的自我問題，等於是以中國哲學去迎合西方哲學。中國哲學又如何能在這種情況下與西方哲學平起平坐呢？即使勞思光真能發現中國哲學的自我問題擁有不同於西方哲學的特質，但在這個視野下的中國哲學史，何嘗不是被規限在西方哲學的問題意識之內？〔註13〕

蕭振聲先是簡略梳理了自我問題在西方哲學史中的流變，並指出自我問題是西方傳統下的產物，那麼強行找出中國哲學裡的自我問題，可能只是從不同學說中，找出那些看似可以回應自我問題的部分。他認為，據此而呈現出來的古代學說，是被西方式的理論問題限定後的結果。

面對這類質疑，勞氏先是指出了哲學問題的普遍性，接著強調我們可以檢驗學說如何回應問題，以及其回應是否恰當：

〔註12〕 勞思光《新編中國哲學史》卷一，頁311。
〔註13〕 蕭振聲〈論馮友蘭、張岱年、勞思光三家的哲學史觀〉，《當代儒學研究》第11期，2011年12月，頁178。

其實，一個理論本身是真是偽，自有客觀檢證可憑，與它由誰提出，為何提出，並無一定關係。例如，某人提「景氣迴圈」的理論，這是對經濟生活一定現象的解釋。這個解釋的正誤，必由經濟生活本身來作檢證。如果經濟生活中並沒有這樣的現象，這個理論總是「誤」。反之，如果經濟生活中實在有此現象，則它就是「正」，也與「誰如此說」，以及「懷什麼目的而如此說」等，毫不相干。依此而論，發生在中國的「哲學」的理論，就其內涵意義講，其得失正誤以及理論建構，當然皆可以與發生在其他任何地方的「哲學」的理論，接受類似的處理。雖然在「發生歷程」上，彼此不同。〔註14〕

勞氏認為，許多哲學問題都是跨文化的，不被文化的發生歷程所限定，也就是說，這些問題在全體人類社會、全體文化傳統那裡皆有皆同，我們不能因為文化有不同發生歷程，就說一個文化毫不涉及另一個文化所關心的哲學問題。如此一來，儘管勞氏的問題設定，譬如自我境界，在術語界定上類似於西方哲學，但它當然也可以用來做為中國哲學的問題表述。〔註15〕據此，在勞氏看來，「以外觀中」之類的批評，其實是拿「發生歷程」來攻擊「本質歷程」。在此意義下，蕭振聲的批評，是拿「中國哲學未曾有自我問題的表述」（因為這套表述源於西方傳統）來攻擊「設定自我問題來處理中國哲學」，但若中國哲學內部本就有自我問題的種種內容，則設定自我問題就是理所當然的。〔註16〕所以，在儒學重構的方法上，勞氏有意識地設定了問題並檢驗學說如何回應，而這正是理論設準最為重要的功能。

有了以上認識，我們就可以來看韋政通對基源問題研究法的評論：

〔註14〕 勞思光《新編中國哲學史》卷一，頁311。

〔註15〕 勞氏在其他地方曾提及相同觀點：「例如，一個中國哲學的理論是要回到舊式傳統的語言呢？還是要用新概念去分析（就自覺上而言）？舉例來說，歐洲人發明了顯微鏡，便可以看見細菌。但是否歐洲人發明的顯微鏡只能見歐洲的細菌而看不見亞洲的細菌呢？當然不是。……我們必須了解，在技術層面上，不可誤會每一觀念都和文化傳統不可分割。所以西方的理論在技術層面上是可和中國哲學相融合的。」參見勞思光《虛境與希望——論當代哲學與文化》，頁165～166。

〔註16〕 這樣的爭論，是建立在兩個相互衝突的認知上：一方認為中國哲學裡本來沒有自我問題，一方則認為有。這裡點出此爭論，只是為了反映勞氏所言的理論設準有何功能，並非要判定孰是孰非。至於如何解決之，則是一個非常複雜的問題，非本書在此所能處理。

很顯然，如果用這個方法研究一家的哲學，是可以很有效的。這不是什麼新方法，凡是探討專家哲學的人，在不同的程度上都會用到這個方法，至於效果如何，這已不是方法本身的問題。如果用這個方法去處理幾千年的哲學史，它的限制也是很明顯的，因為哲學史上有許多哲學家和許多不同的學派，哲學家與哲學家之間的思想可能完全對立，學派與學派之間可能有完全不同的假設與前提，在這種情形下，如何了解他們之間經由互相刺激互相論辯，以促進思想史的發展，也是哲學史家的重要工作，這就不是基源問題研究法能完全處理得了的。〔註17〕

韋政通強調的是，基源問題研究法難以處理學說之間的差異性。如果兩個彼此競爭的學說，所關切的基源問題並不相同，那麼我們怎麼解釋兩者之間的相互刺激與相互論辯呢？當然這並不是說，勞氏的研究絲毫沒有顧及到此一層面，而是指出基源問題研究法的設計，似乎沒有考慮到這一點。然而我們不應忽略，在處理學說內容上，或說不同學說之間的關係上，勞氏是有提出理論設準來處理的。當然，理論設準可能相當主觀，是決定於研究者個人對該時代的思想趨勢有何理解，但勞氏在方法論上其實有考慮到此一面向。

不過，韋政通之說還暗示了另一種可能困難。基源問題研究法的前提是，學說內容必是對某一基源問題的答覆。如果單單從這句話來考量，原則上可能會發生此一情況：有幾個學說存在，就有幾個基源問題存在，學說之間的基源問題沒有必然關聯。事實上，勞氏本人後來就承認，同樣是運用基源問題研究法，不同人來做同一學說的理論還原，很可能會有不同結果。〔註18〕當然，我們可以訴諸學術能力或學術背景的差異，來解釋此情況的發生。但相較於已經設定形上學、宇宙論或倫理學等理論問題的方法架構，勞氏的基源問題研究法，在開放性上顯然要高出許多，因為此法對於基源問題並未給出任何預先限定，研究者因而可以提出自己所理解的基源問題，自行決定其問題表述與問題域。如高柏園所質疑的那樣，基源問題是一還是多？其優先性是邏輯的還是意向（價值）的？〔註19〕至少純就基源問題研究法而言，這

〔註17〕 韋政通《中國思想傳統的創造轉化：韋政通自選集》，昆明：雲南人民出版社，2002，頁25～26。

〔註18〕 吳有能《百家出入心無礙——勞思光教授》，頁22～24。

〔註19〕 高柏園〈論勞思光先生之基源問題研究法〉，《鵝湖學誌》第12期，1994年6月，頁67。

是找不到任何答案的，只能依靠研究者自己的學術判斷。也就因爲基源問題研究法的開放性太大，所以我們若要把握勞氏於儒學重構時所使用的問題設定，就必然要從自我境界與價值根源兩組理論設準入手。

二、孔孟所開創的儒學規模：德性我之追求

　　如前所言，勞氏在研究先秦諸子時，主要採用了自我境界的設準：一是形軀我，以生理及心理欲求爲內容；二是認知我，以知覺理解及推理活動爲內容；三是情意我，以生命力及生命感爲內容；四是德性我，以價值自覺爲內容。在勞氏看來，孔孟所最爲關心的是德性我，這在孔子學說體現爲對仁、義的強調，在孟子學說則體現爲性善與義利之辨，當然，他們也都論及了成德工夫。從問題分析的角度看，孔子以仁、義概念所代表的思想內容，孟子以性善與義利之辨所代表的思想內容，來回應何謂德性我、如何追求德性我的問題。以下分別論之。

　　勞氏認爲，孔子學說的綱領在於「攝禮歸義」與「攝禮歸仁」，他首先說：

> 人所以要有生活秩序，所以大則有制度，小則有儀文，皆因人要求實現「正當」。換言之，一切習俗傳統，不是「禮」之眞基礎，而要求正當之意識方是「禮」之眞基礎。至此，一切歷史事實、社會事實、心理及生理方面之事實，本身皆不提供價值標準；自覺之意識爲價值標準之唯一根源。人之自覺之地位，陡然顯出，儒學之初基於此亦開始建立。〔註20〕

在孔子看來，人之所以應該遵循禮，並非因爲任何層面的事實，而是因爲要求正當的意識。這就爲當時禮崩樂壞的社會，注入一股思想活力，因爲我們可以基於自身本有的道德意識，來重新考慮禮的眞正意義，並探討哪些禮應該遵守、哪些禮可以改變。據此，勞氏把義解讀爲道理或正當，並指出禮應該是爲了實現義而有的，他更指出，孔子此說是自覺地脫離了原始信仰的糾纏，是開創儒學義理規模的重要一步。

　　不僅如此，勞氏更以仁爲大公境界，並指出仁是義的基礎，義是仁的顯現，他說：

> 蓋「義」指「正當性」，而人之所以能求「正當」，則在於人能立「公心」。「公心」不立，則必溺於利欲；「公心」既立，自能循乎理分。

〔註20〕　勞思光《新編中國哲學史》卷一，頁86。

> 立公心是「仁」，循理是「義」。日後孟子言「居仁由義」，又以「仁」
> 為「人心」，「義」為「人路」，最能闡發孔子之仁義觀念。蓋「仁」
> 是自覺之境界，「義」則是此自覺之發用。能立公心者，在實踐中必
> 求正當。〔註21〕

在此意義下，勞氏呈現了一個以仁、義、禮三者所組成的結構：仁指的是人
格境界，義指的是正當性，禮指的是行為規範，這是三個相輔相成的面向。
把孔子的思想內容，分別放到這三個面向來理解，再詳細說明它們之間的邏
輯連結，就可呈現出一系統性的學說。而在勞氏看來，仁與義的強調，正是
對價值根源做出了一種訴諸於主體性的解釋，此乃儒學的特色所在。

值得注意的是，儘管對於價值根源給出了解釋，「但人之能否作正當價值
判斷，不是對價值之了解問題，而實是一意志方向問題。」〔註22〕這裡勞氏
區分了兩種問題：首先是學理上的客觀了解，這是就價值根源的推演、就價
值實現的機制而言的。然而，人有了這些客觀了解，並不必然會觸發他的主
觀實踐，所以才另外討論成德工夫，也就是如何使意志確實推動實踐、如何
促成道德意志純化的問題。而在勞氏看來，孔子的工夫論可以用「忠恕」來
概括，他說：

> 自處不為利欲所支配，而念念不苟，是「忠」；處人則視人如己，不
> 侵人以自利，是「恕」。如此鍛煉意志，即是達到「仁」之境界之實
> 踐過程。〔註23〕

勞氏把所有關於意志鍛鍊的《論語》篇章，都納入忠或恕的範圍來解釋。他
特別指出，忠恕不只是對於仁者心境的一種描述，而是有工夫實踐的要求在
內。或者我們也可以說，要達到仁者心境，往往得有相當程度的、實踐過程
與相應體驗的積累。據此，勞氏指出《論語》之所以極少有客觀論證，正是
因為孔子意在幫助受教者提升價值自覺、改變意志狀態。〔註24〕故孔子學說
的主要內容，更多的是工夫指導而非價值理論，而理論上的真正確立，是在
孟子那裡完成的。

勞氏在論及孟子時，直接在標題上用了「心性論」一詞，並指出這可以
分為以下三個部份。

〔註21〕　勞思光《新編中國哲學史》卷一，頁89。
〔註22〕　同上書，頁96。
〔註23〕　同上書，頁98。
〔註24〕　同上書，頁113～114。

其一，性善與四端，說明價值根源與道德主體之顯現。對於孟子透過四端之心來解釋何謂性善，勞氏指出：

> 「端」只是始點，自覺心原含有各德性，但欲使各德性圓滿開展，則必須有自覺之努力。於此，孟子乃說「擴而充之」一義。四端待擴充，即見「性善」之說絕不能指實然始點。反之，德性之完成必為自覺努力之成果。就實際之人講，其成德之進程是由對價值意識內在之自覺，進而擴充本有之價值意識以達於各德性之完成。〔註25〕

在此，勞氏把價值自覺的實現分為三個層次：一是開始式，這是以四端之心為起點，代表價值自覺的初步顯現；二是進行式，也就是所謂的「擴而充之」，代表價值自覺的步步拓展；三是完成式，亦即價值自覺的完全發揮，這是德性的完成，同時也是聖人、君子所代表的人格境界。根據這一觀點，「『性善』乃指實現價值的能力內在於性之實質中」，這是要指出價值根源來自於主體自身，而主體可基於價值自覺來達致人格理想。

其二，義利之辨與駁告子之說，提供了道德價值之基本論證。勞氏指出，孟子勢必不能承認告子的以「生」釋性，因為這樣的性只代表「生而即有」，不蘊含有任何特殊規定，當然也就不蘊含價值。出於類似理由，孟子也不能承認價值上中立的人性觀（性無善惡可言），因為這樣會使價值根源和人性失去邏輯上的必然連結。總而言之，孟子在論及性善時所強調的，便是道德意志存在於人性本身，它不一定總是顯現或發揮，但做為一種推動價值實現的動力，它保證了人人皆可能達致君子、聖人那樣的人格理想。當然，可能性不代表必然實現，若要充分實現價值自覺，則必須要有充分的工夫實踐。

其三，養氣與成德工夫，強調的是道德實踐。在這個部份，勞氏所處理的主要文本是《孟子》的知言養氣章。其中，對於「夫志，氣之帥也。氣，體之充也。夫志至焉，氣次焉。故曰：持其志，無暴其氣。」一段，勞氏的解釋是：

> 心志指德性我，即含四端之價值自覺；氣指生命我或情意我，即合生命力與才氣而言。德性我應為生命情意之主宰，故曰：「志，氣之帥也。」「體」指形軀我。形軀我之活動直接受生命情意之力決定，離生命情意則形軀只成為一組機械因數之聯體，固與任何物質存在無殊。故形軀我以生命力及情意感為內容，故謂：「氣，體之充也。」

〔註25〕　勞思光《新編中國哲學史》卷一，頁 121。

> 生命情意應受德性我之統率，故心志定其所向，而氣隨之。此即所
> 謂「志至焉，氣次焉」。〔註26〕

由此可見，在勞氏的詮釋中，心、志兩個概念是代表了德性我，氣、體兩個概念則是代表了生命我或情意我。或者換個角度說，德性我的相應內容，是透過心、志兩個概念所表達出來的；而生命我與情意我的相應內容，則是透過氣、體兩個概念而表達出來。所謂「德性我是生命情意的主宰」，即是說在工夫實踐中，生命情意都跟著價值自覺的方向走，皆屬於價值實現過程的一部分。

　　勞氏基於德性我一說，對於孔孟學說大致有以上呈現。值得注意的是，勞氏以《中庸》、《大學》與《易傳》成書於漢代，受漢儒影響極深，雖然亦有一些心性論與工夫論內容，但不能算是孔孟的直接繼承與發展。有了這樣的基本認識，接著我們可以來看他如何理解宋明儒學。

三、復歸孔孟：宋明儒學一系三階段說

　　宋明儒學在勞氏的中國哲學史研究裡，特別重要，篇幅也特別長。〔註27〕他認爲，整個宋明儒學都可視爲是復歸孔孟的思想運動。北宋以來的儒學發展，已經意識到漢儒以宇宙論確立價值的說法並不可行，爲了因應佛教心性論的挑戰，宋儒必須自覺地重建儒家的價值哲學。依循此一哲學史

〔註26〕　勞思光《新編中國哲學史》卷一，頁127。

〔註27〕　在勞氏《新編中國哲學史》卷三下的〈後記〉中，他提及了自己寫作中國哲學史的態度轉變：卷一與卷二，僅是把課堂講稿略加整理就付印；卷三的上下卷，則是勞氏刻意增寫，以突顯其在中國哲學研究上的觀點。此言本是爲了解釋何以宋明時期所佔的篇幅特別長，但林宏仁提出了一種可能觀點：這代表勞氏的研究態度，從「哲學史」轉向到了「哲學批評史」。筆者對此雖持保留態度，但討論它的可能意義，當有助於我們更加理解勞氏的思路。從「哲學史」轉向到「哲學批評史」云云，可以有兩種層次的解讀（林宏仁並未明確區分這兩者）：一是勞氏採用了更具有批評性質的方法架構，來寫作卷三上下卷；二是勞氏所採之方法架構並未改變，只是在第三冊中加強了客觀檢證的面向。筆者認爲，第一種解讀無法成立，第二種解讀才符合實情。這是因爲，勞氏在卷一中即批評了漢儒，並非到了卷三才開始批評，而且此批評正是基於勞氏所說的客觀檢證而有。檢證一說，早在卷一就已言及，無非在卷三中更爲鮮明、內容更多而已。林之觀點，見林宏仁「勞思光宋明儒學方法論辨析」，臺北：中國文化大學哲學系博士論文，2012，頁8～10。勞氏所言之檢證，見勞思光《新編中國哲學史》卷一，頁310～311。

觀〔註28〕，勞氏把宋明儒學的發展演變，定位爲一系三階段說：所謂一系，
是就復歸孔孟的思想運動而言的，強調了此運動的連續性；所謂三階段說，
則是就周張天道觀（強調宇宙論）、程朱本性觀（強調形上學）與陸王心性
論（強調主體性）而言的，強調了此運動內部的差異性。而這樣的連續性
與差異性，都是就哲學理論的性質來得到解釋，並不涉及外在的歷史背景
因素。當然，這並不是說我們不能透過外在因素來爲思想發展提供解釋，
但勞氏自覺地指出，他是在進行哲學史研究而非文化史研究，故應把重點
放在哲學理論本身的性質上。〔註29〕更進一步言，分派可以有許多標準，
但對哲學史研究而言，私人傳承顯然不需要納入考量，「基本哲學問題之方
向」才是重點，考慮據哲學理論而有的分派，可有一系、二系與三系等說。
在確立己說之前，勞氏分別針對二系說與三系說來進行反省，對於分系所
應有的標準，後文另有詳述，此處我們先把重點放在一系三階段說的形成
之上。

　　所謂二系說，是指理學與心學的分判，此說在明代已見雛型，而馮友蘭
《中國哲學史》則進一步把兩者間的區別視爲形上學的差異。而勞氏認爲，
理學與心學之別乃出自後人編派，在朱熹與陸象山時尚無此意，又指出理學
未嘗不言心，心學未嘗不言理，兩者更不見無法調和的衝突，故不宜採用此
種二分對立。勞氏明確指出，若要有「系」的判分，必須滿足以下條件：「雙
方之說在基本方向上有不可解決之衝突，雙方理論不能納於一共同標準下以
判斷其得失。」這是一個相當嚴格的標準，只要是欲復孔孟者，儘管在達成
理論目的上的效力有所不同，皆不宜被看作是不同系。〔註30〕

　　至於三系說，雖有一定根據，但也未必有確定分立之理由。勞氏指出，
三系說必須立基於二程兄弟的理論差異，但此差異眞能視爲是不可調和的
嗎？他從「性即理」的分析入手，指出性可有兩種意義：一是「一切存有所
共具」，亦即一切存有，包括人自身，皆依循此一共同原則而存在與變化，此
爲一本之性，爲明道所強調。二是「各類不同存有自具之特性」，亦即各類存
有之所以爲該類存有之條件，此爲萬殊之性，爲伊川所強調。再加上陸王言

〔註28〕　值得澄清的是，如吳有能所指出的那樣，勞氏並未預設一進化史觀或目的史
　　　　　觀，純粹是以心性論爲判準來解釋宋明儒學的發展。見吳有能《百家出入心無
　　　　　礙——勞思光教授》，頁73～74。
〔註29〕　勞思光《新編中國哲學史》卷三上，頁6～7。
〔註30〕　同上書，頁31～32。

「心即理」，即為三系。從此判分出發，他提出了一種三系說，分別是以「天」、「理」、「心」為第一序的概念。

從二系到三系的論述，我們可以看出，勞氏的策略是先突顯了三系區別，藉由反對三系說具有足以判定絕對分立的標準，來轉入他的一系三階段說。〔註31〕他明確地表達了自己的考量：

> 第一，所謂「一系說」，自是視宋明儒學為一整體，但此並非忽視各家各派立說之殊異，而是通過一發展演變之動態觀，以安頓此種種差異於一整體過程中。換言之，學說之差異皆視為整體過程中之階段特徵。第二，在此觀點下，此整體過程之原始方向或要求，即成為一共同判斷標準。依此標準，乃可確定所謂「發展」之意義。第三，就理論結構及效力而言，亦可有一共同標準，以裁定各階段學說之得失，而明其升降進退。〔註32〕

由此可見，相較二系說與三系說，勞氏特別加入了一種動態歷程觀，並據此來考量各個學說的差異性。他更指出，此過程的最終目的，即為判斷此過程應該分為哪些階段的標準，也就是考量各學說在達成此目的上的效力高低，來做出階段劃分，並可檢討各學說的理論得失。據此，在處理宋明儒學時，勞氏並不承認其中具有足以判定絕對分立的標準存在，因而全部學說都只能是一系，都是以回歸孔孟儒學為最終目的。這樣的觀點，按勞氏自己的用詞，是既突顯了「哲學標準」：學說在回應哲學問題上有何效力，也兼顧了「歷史標準」：學說之間有何發展演變。按勞氏的總結，一系三階段說可表述如下：

> 總而言之，依一系說之觀點論之，宋明儒學運動可視為一整體，其基本方向是歸向孔孟之心性論，而排斥漢儒及佛教；其發展則有三階段，周張、程朱、陸王恰可分別代表此三階段。若就各階段之中心觀念言，則第一階段以「天」為主要觀念，混有形上學與宇宙論兩種成分；第二階段以「性」或「理」為主要觀念，淘洗宇宙論成分而保留形上學成分；第三階段則以「心」或「知」為主要觀念，所肯定者乃最高之「主體性」，故成為心性論形態之哲學系統。其中

〔註31〕　值得注意的是，前段所言的三系區分，其論據與牟氏三系說並不相同，故不宜將其視為對牟氏的批評。

〔註32〕　勞思光《新編中國哲學史》卷三上，頁35。

> 朱熹地位特殊，乃綜合前二階段之思想家。然在此發展過程中，仍
> 應劃歸第二階段。〔註33〕

當然，這些僅是大致敘述，尚未涉及三階段彼此之間的理論效力高低。

勞氏還認為，哲學史研究不只是要對學說內容做客觀敘述，也應注意其理論效力：

> 中國哲學的主要學派，如儒道學說，原本以指引人生為主，或說以
> 「自我的轉化」為主。在這個目標下，許多哲人又提出各種主張，
> 而支持主張的又有一套套的理論。我們研究這些理論或主張時，可
> 以處處測定其「理論效力」。即如宋明儒有種種工夫論，其中皆包括
> 確定主張以及支持主張的理論。我們如果弄清楚這些主張落在實踐
> 生活上會指引人去怎樣生活，然後即可立出一些設準，來衡度它們
> 的理論效力。〔註34〕

勞氏把哲學的功能，區分為「強迫性知識」與「主張」兩種，前者接近於自然科學，而後者則主要指一種人生指引，或說行為上的具體指導。宋明儒學的工夫論內容，無疑地涉及了人生指引，而我們可以進一步來檢驗其理論效力。所謂理論效力，是要看學說如何回應了哲學問題，或說在什麼程度上解決了問題、解決的方案有何優缺點。而在進行檢驗之前，必然要先行設定一套檢驗標準。

那麼，宋明儒家究竟面對了什麼哲學問題呢？在勞氏看來，主要是工夫論和價值論兩者。其中，工夫論回應了「如何自我轉化」的問題，儒學一直都有「參贊天地之化育」之要求，要透過轉化過程來達成人格理想與政治理想。據此，說明自我轉化的進路，即是勞氏所說的「確定主張」。至於價值論，則是指「價值如何確立」的問題。〔註35〕勞氏認為，相較於佛教的「否定世界」，儒家是持「肯定世界」的態度，也就是肯定世界有其持續發展演變的價值。什麼是價值呢？簡而言之，價值就是指引與推動人們去做道德實踐者，當我們肯定世界，就代表肯定一套價值存在，而我們就有一套標準來判斷哪

〔註33〕　勞思光《新編中國哲學史》卷三上，頁39。

〔註34〕　勞思光《新編中國哲學史》卷三下，頁667。

〔註35〕　值得注意的是，這裡所言的價值論，是用以代表勞氏所提出的「價值根源」問
　　　　　題，與一般所言的「價值哲學」並無多少關聯。勞氏曾指出，價值哲學包括道
　　　　　德哲學與美學，而道德哲學包括道德意識、道德判斷與道德人格的研究。見勞
　　　　　思光《思辯錄——思光近作集》，臺北：三民，1996，頁34～35。

些選擇、哪些行動才是道德的。在此意義下，價值論可說是工夫論的根據，解釋了工夫論如何可能。據此，說明價值根源於何處，即是勞氏所說的「支持主張的理論」。

那麼，勞氏如何基於這兩個問題，來檢驗各個學說的理論效力呢？勞氏的一系三階段說，正是基於價值論而判分出三種不同效力的理論型態。至於宋明儒學的各個學說，對於價值論與工夫論給出了怎樣的回應，則是下一節的重點所在。

第二節　價值論與工夫論做爲問題設定

在勞氏那裡，價值論是指「如何確立價值」，而工夫論是指「如何轉化自我」。勞氏於重構宋明儒學各家學說時，強調了這兩個問題設定，並基於對價值論的不同回應，來劃分出天道觀、本性論與心性論三種理論型態，也基於對工夫論的不同回應，來歸納出三類工夫。而三種理論型態與三類工夫之間，隱隱有著一對一的對應關係：天道觀型態對應到對治私欲的工夫，本性論型態對應到認知天理與意志純化並行的工夫，心性論型態對應到主體自覺充分顯發、道德法則與道德動力在實現上合一不分的工夫。以下就說明勞氏的思路。

一、儒學的自我轉化功能

要說明勞氏重構儒學時所設定的價值論與工夫論，我們可以從他如何理解中國哲學的特質開始談起，他認爲，西方哲學強調認知，其關心的問題在於「是什麼」；中國哲學強調道德，其關心的問題在於「如何做」。〔註36〕這是一個中西比較下的大致判斷。當然，勞氏並非主張西方哲學毫無論及「如何做」，也非主張中國哲學毫無論及「是什麼」，這樣的說法，是爲了突顯兩種哲學傳統的方向之別，解釋何以它們在某些問題上特別深入，某些問題上著墨不多。

基於這樣的觀點，勞氏把哲學的功能區分爲認知型與引導型，前者是求建立客觀知識，後者是求自我或社會轉化。中國哲學無疑地是屬於後者，所以其重點是落在意志與行爲上。尤其是儒學，視人生與文化爲一不斷實現價值的歷程，價值盡在現世中顯，故必須強調現世中的價值自覺與實現。他說：

〔註36〕　勞思光《哲學問題源流論》，頁31。

儒學的重點在「能成爲什麼」而非「知道什麼」，所以它所關心的，
一是轉化自我的成德之學，二是轉化社會的立教之學，用傳統的字
眼說，即是宋明儒的工夫論問題。〔註37〕

這明確指出，轉化自我、轉化社會，使其從當下的存在狀態趨向理想，即是
工夫論的核心目標所在。若用傳統概念來表述，轉化自我是以達致君子、聖
人那樣的理想人格爲目標〔註38〕，轉化社會是以達致王道、仁政那樣的理想
政治爲目標。其中，勞氏在宋明儒學的研究上，又特別注重自我轉化的層面：

總之，成德之學由於就道德意識之顯現的體驗建立基礎，遂使學說
之成立與實踐之開始合而爲一。……如果在理論上再進一步，我們
便可以指出，這樣的成德之學眞正的基礎在於道德意志之主宰的透
顯。由於它是引導性的哲學，所以並非以論證與解析來證立這種主
宰性，而是由於意志自身直接體現主宰性。〔註39〕

由此可見，儒學做爲一種引導性哲學，它所要達成的自我轉化，是要藉由道
德意識的強調來推動意志狀態的改變，是要使意志狀態能夠完全符合道德理
性的要求。若與西方道德哲學相較，心性論要求的是在實踐中達成人格理想，
包括了行爲規約與意志純化，而非僅是一套概念結構。〔註40〕所以儒學重構
必然要涉及工夫論，而且我們必得要注意其理論與實踐相輔相成的性質。在
勞氏看來，工夫論之所以可能，其根據全在於主體性的挺立之上，他所言的
「道德意識之顯現的體驗」以及「意志自身直接體現主宰性」，都是強調了工
夫論的問題域內，必然要有工夫實踐與主宰性體現的相關內容。或者更直接
地說，強調道德意志主宰性的工夫論，才是一套理想的工夫論。

　　依勞氏，工夫論與價值論之間有著緊密連結，要討論工夫論就必得涉及
價值論。林宏仁對此的說明是：

〔註37〕　勞思光〈從唐君毅中國哲學的取向看中國哲學的未來〉，收入鄭宗義編《中國
哲學研究之新方向》，香港：中文大學新亞書院，2014，頁6。

〔註38〕　值得注意的是，勞氏在一次問答當中指出，工夫論與工具主義無關，它最爲根
本的意思是人要做爲什麼樣的東西而存在。在此意義下，工夫實踐可說是一種
存在方式，而人格境界是此存在方式的極致。所以，工夫實踐與人格境界相始
終，彼此互爲充要條件，並非達到人格境界之後，就可以置工夫而不顧。參見
勞思光〈從唐君毅中國哲學的取向看中國哲學的未來〉，收入鄭宗義編《中國
哲學研究之新方向》，頁10～11。

〔註39〕　勞思光《虛境與希望──論當代哲學與文化》，頁152～153。

〔註40〕　勞思光《哲學淺說新編》，香港：香港中文大學，1998，頁73～75。

> 但是達到「成德之教」不只有去「實踐」就可以了。若這麼簡單，
> 則「成德之教」便成了一項口號，吾人跟著這項口號去做就好了。
> 若就學術性的思考，則該檢視「成德之教」若置於前述之「天道觀」、
> 「本性論」與「心性論」的理論上，何者較有可能完成？〔註41〕

據此，工夫論的理想實踐，必須以良好的價值論為前提，價值論能夠左右工夫論的理想實踐，故成德之教必須重視價值論。誠然，好的價值論不必然能夠推動人們的工夫實踐，但勞氏應是認為：好的價值論，能夠讓工夫實踐更可能達成自我轉化，或說在自我轉化上的效力更高。也就因為如此，以成德為終極目標，勞氏於儒學重構的問題設定上，就必然要以價值論為核心。基於這樣的態度，勞氏設定了「如何確立價值」的問題，區分出天道觀、本性論與心性論三種型態，來說明宋明儒學的一系三階段。

二、價值論做為問題設定：如何確立價值？

如何確立價值？價值的根源在何處？用什麼理論來確立價值？勞氏的思路是，道德實踐需要有一標準，需要有一價值做為基礎，但這一價值究竟存在於什麼我們人類理性已知的事物之上呢？或者換個方式說，是否存有一種具有價值性的特定事物？如果有的話，它要是什麼，才能讓道德實踐按我們理想中的方式去恰當運行？這即是勞氏所設定的價值問題。以下就分別說明勞氏因應價值論而區分出的三種理論型態：天道觀、本性論與心性論。其中，天道觀是透過存有論來肯定價值（Ontological Theory），本性論是透過形上學來肯定價值（Metaphysical Theory），而心性論則是透過主體自覺來肯定價值（Subjectivisic Theory）。〔註42〕

所謂天道觀型態（強調「天」概念），亦即透過存有論來肯定價值者，除了強調世界運行的總方向以外，尚有兩個主要特徵：

> 第一，「天道」必有實質意義之內容，不能僅為形式意義之概念，否
> 則即不能實際運行於萬有中。第二，「天道」雖是一形上之實有，但
> 此實有必須兼為價值之根源，否則若「天道」在價值上有「中立性」，
> 則據「天道」以肯定世界即不可能。以《易傳》中「大德曰生」之
> 「天道觀念」為例。此一生生不息之原理，即以說明萬有之總方向，

〔註41〕　林宏仁「勞思光宋明儒學方法論辯析」，頁30。
〔註42〕　勞思光《新編中國哲學史》卷三上，頁59。

故非一形式概念。而此一爲「天道」所表之總方向，又必須視爲「善」
或「價值」之根源。換言之，順此方向爲「善」，逆此方向爲「惡」。
〔註43〕

所謂存有論的內容，就是《易傳》裡「生生不息」的觀念，此乃自然世界中萬
事萬物運作發展的總方向，是萬事萬物必然會依循的原理。或者也可以說，「生
生不息」乃是自然世界之所以存在的目的，而屬於自然世界的萬事萬物，其運
作發展都是爲了滿足這個目的。據此來確立價值，即是以「生生不息」來定義
善，即是以道德實踐應該以「生生不息」爲終極考量。值得注意的是，由於此
觀點是以經驗世界的實然規律來解釋天地萬物的生成，所以可以視爲是一種宇
宙論陳述，勞氏在許多地方，也常常提及了天道觀型態的宇宙論內容。

　　不過，這一觀點不可避免地會遭遇到「背反」的困難：若自然世界是以
「生生不息」爲最終方向，那爲何人還會爲惡？要如何解釋人之爲惡呢？人
之行爲有善有惡，我們必須承認人有選擇爲惡、選擇違反理的自由。然而，
如果一切事物都遵循天道來運行的話，人是否還有努力爲善的餘地可言？是
否人再怎麼努力，其實都只能遵循天道運行呢？不僅如此，這還會延伸出善
惡相對性的問題，勞氏自己所舉的例子是：殺魚以養人，對人而言是善，但
對魚而言就是惡了。〔註44〕這樣的「背反」之所以出現，是因爲理想和自然
世界的落差，或說應然規範和實然規律的落差，應然代表有可能不遵從之，
但實然規律則代表不可能不遵從之。理想上我們可以主張世界應該要是生生

〔註43〕　勞思光《新編中國哲學史》卷三上，頁40～41。

〔註44〕　楊祖漢對於勞氏的這一觀點，有如下回應：「但易傳所謂『生生』，應是包含『生』
　　　　與『生之破壞』來說。合『生』與『生之破壞』，或『生』與『死』，『聚』與
　　　　『散』，才可見所謂生生不已。並不是執著於生，只以這一面做爲存有原則。
　　　　從『生死』『聚散』『往來』等變動不居的生化現相中，可以見到天道不可測之
　　　　神用。從現象上看，似乎存在物最終會變成不存在，聚者必散，成者必毀，但
　　　　就是因爲如此，才可以有後起者之相繼不已。『生生』是『生而又生』，而不只
　　　　於一生。天道鼓萬物而不與聖人同憂。故易傳所謂『生生之德』，是超越層的
　　　　生，此『生』是敞開而讓萬物成就其自己，而非偏愛於任何一個體物。此生是
　　　　合『生死聚散』而言的，並不是與死爲對立的生，若能如此了解，則應不會產
　　　　生如勞先生上述般的疑問了。」嚴格說來，這是提出對「生生之德」的一種理
　　　　解，單就《易傳》詮釋而言，筆者甚爲贊同。但必須注意的是，勞氏批評的要
　　　　點在於，宇宙論內容不足以解釋價值根源。而楊祖漢所主張的，是不宜把《易
　　　　傳》所言之「生」看成經驗描述，而應看成超越規律。在此意義上，楊祖漢
　　　　似乎沒有論及價值根源的問題，而主要是反對勞氏把《易傳》等學說劃分爲天
　　　　道觀型態。參見楊祖漢《當代儒學思辨錄》，臺北：鵝湖，1998，頁135～136。

不息，但自然世界卻往往並非完全按著此理想來進行，這時我們若在自然世界中求一固定不變的原理來確立價值，或說以自然世界的原理具有價值性，就必然要面臨理想與自然世界的落差：自然世界本來就不會完全按著價值理想走。〔註45〕人的爲惡，以及善惡在人、魚那裡的相對性，都是從這點直接延伸而來的。

如此來看，價值確立勢必不能訴諸於自然世界的原理，才能避免理想、自然之間的落差。這就轉移到本性論：本性雖爲實有，但不必然是已實現者，它並非「已有」而是「應有」。更詳細地說，所謂本性論（強調「性」概念），亦即透過透過形上學來肯定價值者，是這樣的一種立場：

> 因「理」與「事」可分爲兩領域。「理」可在事中實現，可不在事中實現。倘「理」未實現，仍不礙此「理」之存有。但因「事」與「理」不視爲本來合一者，故實際世界中「善惡」之糾結混亂，皆可不妨「理」之分明確定。似可避免「天道觀」之困難，因「天道」乃視爲實際上決定事物世界者，「本性」則只是一規範，一理想狀態，不須視爲「已有」之事實。如此，肯定世界時，亦不須謂世界實際上受一「天道」支配，只須視世界爲萬理實現自身之「場」。此「場」本身可以黑暗污濁，仍不礙理之應實現於此中，且能實現於此中。
>
> 〔註46〕

這樣的觀點，是把世界區分爲形上世界和自然世界，前者是超越經驗、超越現象的，後者則隨時有許許多多經驗現象在陸續發生。如果以價值確立於形上世界之中的原理，或說以形上世界的原理具有價值性，則無論自然世界發生了哪些善惡現象，都不會使此原理落入無法解釋惡或善惡相對的處境。因爲惡完全只發生於自然世界，而善的根源則存在於形上世界。

〔註45〕其中一種可能的反駁，是由鍾彩鈞所提出：「即使在今日，也有很多人相信如果沒有人爲干預，地球生態會保持平衡。因此，安知『背反』的困難不是見樹不見林的結果？如果天道生生貫徹於一切生物，個別生物間的互相戕害，反而能帶來全體的平衡，而達到『萬物並育而不相害』的結果，那麼天道觀所帶來的規範，正在不主張某一種類的特殊利益，雖容許萬物間的生存競爭，仍要心存全體，力保生生環節的不斷裂，此即參贊天地之化育。」鍾彩鈞〈明代程朱理學的演變——牟、勞二先生詮釋理論的應用與反思〉，收入鍾彩鈞編《中國哲學史書寫的理論與實踐（中國文哲專刊49）》，臺北：中研院文哲所，2017，頁106。

〔註46〕勞思光《新編中國哲學史》卷三上，頁42～43。

　　勞氏又指出，本性論所會遭遇到的最大困難，是「實現之衝突」問題，他如此解釋：每一物均有其本性，但當前的存在狀態不見得完全符合其本性的規定，使其存在狀態符合本性，此謂之實現。單就一物之實現而言，這能夠解釋爲何有爲善不爲惡的情況出現，但不同物之實現卻有可能相互衝突。譬如老虎要生存下去，必須吃其他動物的肉，那哪個情況才是眞正的循理呢？是讓老虎殺羊而食之，還是不讓老虎殺羊而食之？勞氏採伊川之說，提供了一個可能的解釋，以理、氣二分來解釋此一情況：虎爲氣所限制，故不能盡此全生之理。

　　按宋儒的說法，世界如何運行，是由理與氣所共同決定，萬物之違理可由氣來解釋。如此一來，本性論不必堅持萬物必然循理，只需肯定理在氣中的實現歷程與方向。這就是說，道德的實現內在於理，氣則爲此實現的可能阻礙，而道德實踐必須努力克服這種阻礙。這隱隱意味著，理有些時候能夠克服氣之限制，而有些時候不行，所以有時物可循其理，有時不行。那麼，理之所以能夠克服氣之限制，其決定性的動力從何而來？若歸之於理，則理必然能夠實現，不應受到氣的阻礙；若歸之於氣，則氣就不能用以解釋違理如何可能。這又是一個理論困難。這樣的思路暗示，我們必須訴諸理、氣以外的第三個概念，來解釋這種克服的動力何在，所以勞氏說：

> 欲解決此困難，必須在「理」、「氣」兩觀念外，另設定一能決定「理之實現」之力量。然如此設定時，即如前所說，將使「理」、「氣」皆降爲第二序之觀念，因對「世界之肯定」講，「理」與「氣」皆無決定性，而決定性屬於此另一力量矣。此即可通至第三種理論心性論之肯定。「心性論」之特性，在於認定一「最高主體」，以其「最高自由」或「究竟意義之主宰性」爲內容。立此主體，則可依其「最高自由」奠定一切價值問題之標準，並表明其何以爲可能。〔註47〕

據此，解決本性論理論困難的策略，是在理、氣之外另行設定一個實有，以做爲道德實踐的決定性力量，也就是心性論的進路。心性論確立了一最高主體，肯定了主體的最高自由與究竟主宰。據此，世界的運行本來不必合於理，理是主體道德實踐的規律，而主體道德實踐正是要轉化氣質以合於理。至於主體循理與違理的可能性，則端看主體有無發揮此決定性力量。

　　下列引文說得更爲詳細：

〔註47〕　勞思光《新編中國哲學史》卷三上，頁64。

> 倘立一「主體」，涵有「最高自由」及「主宰性」，則「理」可視作
> 「主體」正面活動之規律，而「世界」可視爲「主體」反面活動之
> 產物。此「正面」與「反面」之可能，即直接由「最高自由」推出。
> 既有「正」、「反」兩種可能，則「未定項」即可得安頓。其次，世
> 界中之「違理」成分，亦成爲一當然之事，蓋「世界」本依反面活
> 動而有，則「世界」不是「本來合於理」，而「主體」既可作「正面
> 活動」，則未合於「理」者又可由主體之活動變爲合「理」。於是，
> 道德文化之努力即亦可獲得眞實意義。〔註48〕

在形上原理與自然世界之外，另立一主體性來做爲價值根源，則形上原理爲
一應然規範，自然世界爲善惡現象所發生處，而是否遵循價值、遵循價值的
動力，則來自於主體性本身。所謂的「未定項」，即是就價值確立的未定而言
的，價值必然要掛搭著實踐法則來討論，因此就有了什麼法則能夠具有價值
性的問題。根據先前的論證，既然不能訴諸於理或氣，則唯有訴諸於第三類
概念，亦即主體性。如此一來，在面對不甚理想的種種情況時，我們就可以
自覺地做出努力，來轉化自我與這世界。如此看來，心性論是一個更爲立體
的結構，它突出了主體性，也就是主體自做選擇、自做主宰的能動力，並把
價值確立於主體性之上，在此意義下，理、氣都變成了第二序的概念，而突
顯出了做爲主體性的心。

這把宋明儒學分爲了天道觀、本性論與心性論的三階段，既符合時間次
序：前期天道觀、中期本性論、後期心性論〔註49〕，也符合效力次序：天道
觀最弱、本性論次之、心性論最強。無疑地，這樣的儒學重構，在處理宋明
各家學說時，預先設定了兩大原則：一是各個學說都是要復歸孔孟，都面臨
了相同的基源問題；二是各個學說的出現，是由於對先前學說的反省與改善
而有的。再加以對宇宙論、形上學與心性論等的認識，將之安排於確立價值
此一核心問題上，遂產生了一系三階段說。其中，濂溪、橫渠之學說，爲宇
宙論與形上學的混合，時間上屬於前期，型態上偏向天道觀；明道、伊川、
朱熹之學說，則是以形上學爲中心，也涉及一些宇宙論內容，時間上屬於中
期，型態上則爲本性論；象山、陽明之學說，時間上屬於後期，型態上則爲
心性論。

〔註48〕　勞思光《新編中國哲學史》卷三上，頁 65。
〔註49〕　同上書，頁 149。

在此，我們還可以對勞氏所言的價值論做些補充說明，他說：

> 價值論之第一問題，當爲「善惡」問題；此包括「善惡」本身之意
> 義問題，及世界中之「善惡」如何可能之問題。〔註50〕

所謂善惡意義，就是善惡之標準爲何：我們承認世上有善的現象，也有惡的現象，那麼，是否存有一個用以判斷善惡的事物或標準存在呢？如果有的話，它又是什麼？所謂善惡如何可能，即是指如何說明善惡選擇的空間：我們承認自己可以選擇爲善，也可以選擇爲惡，那麼，是什麼讓我們可以自由選擇善惡？這兩個問題，換個方式表述的話，即是「價值如何確立」與「價值選擇的空間如何可能」，而能夠用以回應這兩個問題的思維內容，即是價值論的問題域。至於天道觀、本性論與心性論，則是回應價值論的三種方案。其中，天道觀強調了經驗世界中的實然規律，本性論強調了經驗世界以外、超越經驗之上的實然規律，而心性論則強調了主體自覺所提供的應然規範。勞氏認定，心性論才是回應價值問題的最佳方案，他說：

> 價值之主宰必爲超越的，此所謂超越指超越條件系列而言。在條件
> 系列中無價值問題發生；故若有價值，則價值必在條件系列外寄根。
> 〔註51〕

所謂條件系列，是就邏輯關係或實然上的因果關係而言。如果我們認定，一切特定事件皆由特定條件所決定，或者反過來說，只要特定條件成立，就一定伴隨特定事件的發生，則價值在這之中就毫無實義可言，而頂多是一種虛假的幻覺。這是因爲，若一切事件都被實然條件所決定，代表人的自由意志毫無因果影響力，代表人的自由選擇實際上無法對事件的生發造成任何影響，少了自由選擇的空間，自然也就沒有應該如何選擇的問題，而價值的最大功能正是指引人的選擇，也就是在具體情況允許多種可能做法時，指示我們哪個選擇才是道德上正確的。正是因爲如此，勞思光堅決反對用任何形式的實然法則來確立價值根源，因爲那根本就是動搖了價值之所以爲價值的意義。

三、工夫論做爲問題設定：如何轉化自我？

接下來，讓我們從問題分析的角度來看勞氏所謂的「工夫論」。大致說來，

〔註50〕　勞思光《新編中國哲學史》卷三上，頁221。
〔註51〕　勞思光《哲學問題源流論》，頁11～12。

勞氏言工夫論可以分為三個層次的能力，與這三者相應的思維內容，皆可劃入工夫論的問題域。

其一是對治私欲的能力。人在行使道德意志時，往往受到許多因素的影響與干擾，使得我們的道德選擇無法完全實現。所謂對治，即是要克制或移除這些負面因素，而最常妨礙道德意志者，莫過於人因考慮自身利益而有的私欲。

其二是意志純化的能力。人常能意識到怎麼做才是道德的，但就算有此意識，也不代表必然會去實現它。所以，如何堅定意志，使道德意志純粹化，讓意志必然能夠循理而行，就是此中的關鍵所在了。這是在確定道德選擇的前提下，強調執行此選擇時的堅定不移，亦即使道德動力得以充分發揮與實現，排除意志軟弱的情況。

其三是把握理的能力。此意義下的理即指道德法則，這是在面對有多種選擇的具體情境時，提供建議與指導，告訴我們要怎麼做才是符合道德的。所以把握了道德法則，也就獲得了道德實踐的具體方向。值得注意的是，因應理的根源不同、性質不同，對理的把握能力也就會必然有所不同。

第三點尤為重要，因為在論述如何把握理、把握理的能力為何時，必須論及理的來源與性質。而解釋理的來源與性質，其實就是勞氏屢屢強調的價值問題，理的來源即是價值根源，而理的性質被此根源的性質所決定。譬如，勞氏指出伊川工夫論的總綱是「涵養須用敬，進學在致知」，其中，「敬」是指意志之培養省察，而「致知」則是指形上之理的掌握。〔註52〕又指出，朱熹工夫論可分為兩部份，一是對自覺活動與心靈能力之了解，二是成德之努力過程與關鍵主張。〔註53〕意志培養與成德過程，確實是工夫論的應有之義，而「形上之理」與「心靈能力」之所以被納入工夫論來考量，正是因為它們分別對應到了理的性質、理的把握。故工夫問題與價值問題有著非常緊密的邏輯連結，或至少是說，在勞氏的問題設定裡，它們的問題域相當程度是重疊不分的。

這也造成勞氏在考慮工夫論時往往涉及了價值問題，而在論及天道觀、本性論與心性論三種型態的學說時，隱隱指出了它們有不同的工夫論主張。以下分別論之。

〔註52〕 勞思光《新編中國哲學史》卷三上，頁 182。
〔註53〕 同上書，頁 226。

　　就天道觀學說而言，勞氏對其工夫論著墨不多，但重點顯然在於對治私欲，天道觀型態是立基於宇宙論思維，而私欲、氣質做爲經驗界的存有，正屬於宇宙論層次。也就因爲如此，勞氏在處理天道觀學說的工夫論時，是以對治私欲、變化氣質爲主要內容。譬如他論及濂溪時，指出其所言的「無欲」是指一種工夫境界，它代表人的意志若能不受私欲支配，德性才能眞正實現與發揮。〔註54〕至於橫渠，則強調「變化氣質」，這是指道德意志可以跨越氣質限制，從而推動道德實踐。因此人一來應確立公心，二來應減少私欲，方可實現德性的養成。〔註55〕這樣的觀點，是以對治私欲爲首要，是要使偏離的意志狀態步入符合於價值規範的正軌。

　　至於本性論型態，則包含了明道、伊川與朱熹的學說。對於其工夫論，勞氏把「如何堅定意志」與「如何把握價值規範」兩個問題分開來談。其中，「如何堅定意志」是指道德動力如何得以具體實現，而「如何把握價值規範」則是指如何把握到道德法則所提供的行爲指導，這兩者原則上可以分開處理，因爲人就算明明知道怎麼做才符合道德法則，卻不必然會去實現此法則的指導，此即道德動力沒有充分推動意志去行動的結果。在勞氏看來，本性論學說是把兩個問題分開來看，它們分屬兩個過程、兩套機制，各有各的問題域。

　　勞氏在論及明道學說時，強調的是「如何堅定意志」。對於《識仁篇》的這段文字：「仁者，渾然與物同體。義、禮、知、信皆仁也。識得此理，以誠敬存之而已。不須防檢，不須窮索。」勞氏的解釋是：

> 能立大公心，則自能在一切活動中各求循理，於是其他德性隨之而成爲可能。故明道以爲只有識得此立公心之理爲主要工夫；既能識此理，所餘工夫不過是不喪失此種公心而已，故說「誠敬存之」，說「患不能守」。此意如再推進一步，則可說此種「以天地萬物爲一體」之自覺，即是超越意義之主體性之顯現；故可通至孟子「萬物皆備於我」之說。〔註56〕

勞氏在此解仁爲公心，與他解釋孔子所言之仁是一致的。至於「與物同體」一類的描述，可說是公心的極致境界，也是主體性的完全實現，則與孟子相

〔註54〕　勞思光《新編中國哲學史》卷三上，頁87。
〔註55〕　同上書，頁140～142。
〔註56〕　同上書，頁158。

應。公心正是意志狀態的一種描述，故立公心即是要堅定意志，並且要存之而不失。由此可見，在勞氏看來，「識仁」其實就是說明了意志堅定的狀態，兼及如何保持。然而，這並未提及把握價值規範的過程，故勞氏才說：「至於如何能『識得此理』，則明道實未說及。」值得注意的是，勞氏承認了明道的工夫論內容與孔孟相通，甚至「超越意義之主體性之顯現」一語，與心性論之說極爲相近。但從前後文來看，勞氏意在強調意志堅定的狀態，而對此狀態的描述，是孔孟、明道與後來的陸王皆有的。

「如何堅定意志」與「如何把握規範」兩個問題的區別，在勞氏論伊川學說那裡更爲明顯。他首先指出，伊川所言的敬是針對了意志狀態或方向，「此所以『敬』爲涵養之事，涵養即指意志上之存養工夫。」這樣的敬，純是就意志是否循理而言的，至於對理的把握到什麼程度，或說如何掌握理的內容，則並非涵養所能達成。勞氏在比較伊川之「敬」與孟子之「集義」時即說：

> 孟子謂「浩然之氣」乃「集義」所生，此「集義」之工夫自然與「敬」不同，因「集義」已涉及內容，而「敬」只決定一形式之方向。至說「敬」只屬「涵養」工夫，則仍與上引之言相同，即「敬」專指內界之存養，未涉及發用；而孟子之「養氣」則是在氣上發用，故須「集義」而不能專依一「敬」而成立。〔註57〕

勞氏所謂形式與內容之別，即是要說，儘管意志已然堅定，但是爲了什麼價值規範而堅定，則完全是另一回事，所以堅定意志僅有形式義。舉個比較極端的例子，人在做許多壞事時，一樣可以意志無比堅定，相信自己的所做所爲絕對正確。要避免上述情況，問題就不是在於意志如何堅定，而是在於如何正確地把握價值規範，或說如何把握到正確的價值規範，孟子所言的集義，即是這樣的一種努力，是有特定規範的內容在其中。

對於朱熹的工夫論，勞氏亦有相同區分：

> 朱氏就《大學》而立其實踐工夫理論，自「格物窮理」下手，以求「致知」之完成，由此而成己成物，說爲一直接展開之過程。若與「心、性、情」諸說相連而觀之，則「心」由氣稟所限，每不能「明」，於是「情」不得正，遂有「惡」出現；但「心」之「性」或「理」原是能照見「共同之理」及「殊別之理」者，故能下工夫使「心」

〔註57〕 勞思光《新編中國哲學史》卷三上，頁189。

能「明」則即能實現「心」之「本性」，而以理馭情，如此即是「成
德」。〔註58〕

勞氏在此把工夫分為兩種能力：一是心的知理能力，此理為形上之理，而心
能夠去把握到理；二是心的復明能力，即意志純粹化，使意志轉變到符合理
的狀態。心受氣稟所限而有惡，理遂不得呈現，在此情況下，一方面要重新
把握理，由理來給出行動指導，二方面要使意志遵循理，使道德行動得以實
現。並且依勞氏看來，這兩者還有先後次序可言，是要先認知到理，確立價
值規範之後，再考慮意志如何遵循此價值規範。

最後是心性論型態，象山與陽明學說屬之。勞氏認為，在心性論學說的
工夫論中，「如何堅定意志」與「如何把握規範」兩個問題，並不能被截然區
分開來。這是因為，兩個問題的答案皆訴諸於主體性，道德動力與道德法則
具有同一根據，在實踐上也指同一個過程。

譬如勞氏論及象山學說時，以「先立乎其大者」為主旨，更有著如此解
釋：

> 此所謂「大」，所謂「本」，皆指本有之價值自覺之豁悟言；必先有
> 此豁悟，然後可觀理應事而不為所累。〔註59〕

「立」是指道德意志的確立，「其」是指主體性自身，「大」則是指主體性的
顯現。故所謂「先立乎其大者」，就是工夫實踐上自覺地以聖境為依歸，主體
性若能完全顯現，工夫上就達致了最高境界。在勞氏看來，此工夫是立基於
一種超驗的主宰力，他說：

> 象山就主體性實現本有之理言「德」，故真關鍵只在「主體自覺」能
> 否顯現；一經顯現，則自會處處實現本有之理；故進德及成德，不
> 是在外用工夫，亦不是以對治此心為主，而是以顯現此心之超驗主
> 宰力為主。〔註60〕

所謂對治此心，是指對治心在氣質限制下的為惡狀態，故此心是屬於經驗層
次，也就是「變化氣質」所強調者。而主體性是屬於超驗層次，價值自覺是
因此主體性而有，故曰超驗的主宰力。勞氏明確地把這兩者區分開來，反映
出了工夫論上的一種差異，而象山學說所偏重的顯然是後者。在此意義下，

〔註58〕　勞思光《新編中國哲學史》卷三上，頁236。
〔註59〕　同上書，頁290。
〔註60〕　同上書，頁294。

心對理的把握過程並非一種認知活動，而是一種自覺活動，此自覺並非訴諸形上之理來說道德法則，而是以主體能夠提供自己以道德法則。其中的「一經顯現，則自會處處實現本有之理」一語，暗示了主體性的顯現，能夠同時滿足堅定意志與把握規範兩者。勞氏論及陽明學說時，更為明確地指出了這一點。

　　勞氏認為，陽明以「心」為自覺能力，以「理」為價值規範，且「人之自覺能力本身即含普遍規範的要求。」〔註61〕。在此理解下，「心即理」可以有兩層意義：其一，就價值根源的角度言，是指一切價值規範皆源於此自覺能力；其二，就工夫實踐的角度言，則是指自覺能力完全循理的狀態、過程或境界。首先我們來看第一義，在解釋陽明《傳習錄》中的「天理在人心，亙古亙今，无有終始。天理即是良知，千思萬慮，只是要致良知。」時，勞氏說：

> 此「心」即超經驗意義，故超越時空限定。「天理」之內含於「心」中，亦是一超經驗關係。故說「無有終始」。一切規範義之「理」，依「良知」而為「有」，故作規範之整體之「天理」，亦與「良知」不二不離。即在此意義上說「良知即天理」或「天理即是良知」。
> 〔註62〕

「天理」是一存有詞語，「良知」是一能力詞語，以天理即良知，是以價值規範做為一種存有根源於主體自覺的能力，或者也可以說，「『良知』即是建立規範的能力。」勞氏把「良知」一詞區分為兩義：一是指知善知惡的能力，二是指最高主體性（可蘊含前一義）。〔註63〕這裡所言，顯然比較偏重前者。

　　至於第二義，在勞氏的一個自問自答當中，完全突顯了出來：

> 首先，陽明既認為意念原是有善有惡者，而「良知」又是能知意念善惡之能力。則吾人可問：意念本身既有善有惡，則使其純化之力量，是否仍出於「意」？若不然，則是否能說此力量出於「良知」？答覆此問題時，吾人立可發現，若「良知」僅作為照見意念善惡之能力，而不認定其對意念有主宰功用，則吾人即不能說「良知」能使意念純化——應只能「知」意念是否「純化」而已。而且意念既

〔註61〕　勞思光《新編中國哲學史》卷三上，頁 312。
〔註62〕　同上書，頁 316。
〔註63〕　同上書，頁 324。

是有善有惡，或善或惡，則吾人亦不能說「意」可使自身「誠」——
——即「純化」。如此，則「致知」與「誠意」雖說爲成德工夫，但此
工夫之動力不知何在，大悖陽明本旨矣。〔註64〕

這裡所言的良知，主要是就主體性一義而言的。「此力量是否出於良知」一語，
其實就是在問：除了道德法則以外，良知之中是否蘊含道德動力？道德動力
推動我們去純化意志，進而實現道德行動，那麼它的根源在何處呢？勞氏認
爲，意念並非道德動力的根源，因爲意念有善惡可言，處於惡狀態下的意念，
如何能推動行善意志的純化呢？故我們必須把道德動力的根源歸屬給良知，
因爲良知可以主宰意念之善惡，它不僅能夠知善知惡，還能夠爲善去惡，亦
即良知具有使意志得以純化的能力與動力。良知做爲最高主體性的代表，推
動了「致知」與「誠意」，故嚴格說來，並非知（指知善知惡之能力）自有動
力來自致其自身，也非意自有動力來自誠其自身，它們做爲工夫實踐，其動
力都是來自於主體自覺。

由此可見，心性論型態是以主體自覺蘊含價值規範，當主體性充分顯現，
意志就必然循此價值規範而動，道德實踐也就得以完成。故勞氏所謂主體自
覺，或所謂的良知，蘊含了道德法則與道德動力兩義，或說是法則與動力的
共同根源：道德法則是在具體情境下提供行爲指導，而道德動力則是推動了
我們去執行此指導。在此意義下，主體自覺的顯豁，同時帶來了法則的把握
與動力的發揮，理之實現與心之實現是同一根源、同一過程、同一方向、同
一境界。故「如何堅定意志」與「如何把握規範」兩個問題，在主體性那裡
一併得到了解決，或者是說，它們以主體性爲共同的問題域。所以勞氏又說：
「『良知』不僅能知意念之善惡，而且正是意念行爲之源生處。」〔註65〕這正
是把「道德法則從何而來」與「道德動力從何而來」兩問題，都歸結到良知
這一概念上，或說是用致良知這一工夫實踐來同時回應兩個問題。如此一來，
「知行合一」也就變得理所當然了，因爲其中所言的「知」，既包含了道德法
則的把握，也包含了道德動力的發揮，這是以法則把握與動力發揮互爲充要
條件，在主體性不受其他條件干擾的前提下，有行必有知，有知必有行，故
曰「合一」。〔註66〕

〔註64〕　勞思光《新編中國哲學史》卷三上，頁 325～326。
〔註65〕　同上書，頁 335。
〔註66〕　值得注意的是，勞氏曾說：「『自我』如不受經驗條件之限制而直顯其價值自覺，
　　　　　則意念即皆循理而發。」此語指出了一種邏輯關係，釐清此關係，當有助於我

第三節　對於以價值論來劃分理論型態的反省

在勞氏的論述裡，宋明儒學所涉及的理論問題，至少包括了宇宙論、形上學與工夫論等。那麼，爲什麼我們不是將這些問題及其思維內容，各自呈現出來，而是要先設定「價值如何確立」的問題，然後看那些思維內容如何可能回應之？

對於此情況，我們可以有兩種解釋：其一，勞氏設定了他特別關心的問題，而沒有客觀地運用基源問題研究法。其二，整個宋明儒學的基源問題就是「價值如何確立」，只是由於某些因素影響，使得某些學說偏重於天道觀與本性論，不能很好地回應價值論。從基源問題研究法來看，似乎我們更應該尊重宇宙論、形上學與心性論各自的關懷，而不是以價值論來當做一個普遍判準。勞氏刻意強調了心概念的第一序或第二序，使得本性論與心性論這兩種型態更加涇渭分明，這造成了一些詮釋上的疑難。以下就說明勞氏的思路並反省之，並列舉一些文本解讀上的實際案例。

一、理論型態與理論問題的區別，及其可能混淆

要反省勞氏重構儒學的思路，我們首先必須區分理論型態與理論問題，兩者有很大相關，但不可混淆。所謂理論型態，是指天道觀、本性論、心性論三者，它們分別對於「價值如何確立」或「如何解釋價值選擇的空間」，給出了各不相同的答案，這些答案應是互不相容的。並且，原則上一個學說只能屬於一種型態，不能兼屬多種。而所謂理論問題，則是就形上學、知識論或宇宙論等而言的，它們各自有各自的問題表述與問題域，代表特定的思維內容。事實上，勞氏自己就有過這樣的區分：價值問題，即道德與美學；形上學問題，是探討超經驗之存有或規律；邏輯與知識論問題，是探討知識之架構、成素、運行範圍與有效性；宇宙論及歷史哲學，探討如何解釋世界之形成。並且，一個學說可以兼有幾種理論問題。〔註67〕

們更加理解勞氏的觀點。從表面敘述上看，若「自覺顯現」則「意志循理」，代表「自覺顯現」是「意志循理」的充分條件，充分條件是指「有之必然，無之不必然」，也就是說，有「自覺顯現」則必有「意志循理」，但無「自覺顯現」還是可能有「意志循理」。但就心性論而言，勞氏很可能不會同意：無「自覺顯現」也可能有「意志循理」。所以一個比較好的理解是，在勞氏看來，「自覺顯現」與「意志循理」互爲充要條件。同上書，頁326。

〔註67〕　勞思光《哲學問題源流論》，頁1～2。

　　但在一系三階段說之中，勞氏對於理論型態與理論問題的區分，似乎沒有非常明確的自覺。天道觀與宇宙論、形上學與本性論等幾組名詞，有時候是混用的。譬如他論及《中庸》時，以這段文字為心性論內容：「喜怒哀樂之未發，謂之中；發而皆中節，謂之和；中也者，天下之大本也；和也者，天下之達道也。」以這段文字為形上學內容：「致中和，天地位焉，萬物育焉。」並指出《中庸》學說是心性論與形上學兩種立場之混合，這裡的形上學，更多地是就理論問題言。〔註68〕此外，他也以《繫辭》學說半為宇宙論、半為形上學。〔註69〕這也是就理論問題而言的，因為一個學說不應同屬兩型態。誠然，天道觀是以宇宙論、本性論是以形上學為主要內容，而心性論往往包括了強調主體自覺的工夫論，所以理論問題與理論型態確實有很大相關，但宇宙論、形上學、工夫論等詞，可以有自己的問題表述與問題域，並不必然要和價值問題掛勾。相反地，天道觀、本性論、心性論等，是在處理價值論的前提下而有的理論型態，它們各自為價值論提出不同解答，所以必然與價值論掛勾。

　　在此，心性論與工夫論之間的關係，似乎還應有補充說明。心性論做為一系三階段說裡的第三階段，是對價值論的回應，強調的是心為第一序概念，或說由心決定了理之內容。但它做為一種理論問題，實際上是以強調主體自覺的工夫論為核心。此處之所以要再加補充，是因為在之後的行文中，我們可以發現：有些被判定為天道觀或本性論的學說，其實具有當下覺悟或主體自覺的工夫論內容。而這一點在勞氏的儒學重構當中，是特別值得反省的部份。〔註70〕

　　有了這樣的認識，接著我們可以來看勞氏的一些具體說法。勞氏已然認定，宋儒學說之主要目的是復歸孔孟，又以孔孟學說為心性論型態，但北宋儒

〔註68〕　勞思光《新編中國哲學史》卷二，頁47～48。
〔註69〕　同上書，頁76。
〔註70〕　沈享民已有類似反省，他說：「例如，勞思光從未考慮這三系統所指涉哲學家思想內部的實踐層面。然而實際上，無論周張、程朱或陸王，無一沒有工夫論，而勞思光所設立三系統卻視而不見。換言之，所謂的『系統』卻遺漏某些『子系統』，配備不全而不成其為一系。例如，宇宙論混合形上學系統實際指的是周敦頤和張載的哲學，但是勞思光單單就其面臨『存有決定價值』的難題指摘其理論效力不足。但張載哲學在新儒家中最具系統相，勞思光設定此一系統卻完全略去其心性論，最終導致擱置分系。」見沈享民〈新儒家哲學的類型論——「三類型」論之證成〉，收入鍾彩鈞編《中國哲學史書寫的理論與實踐（中國文哲專刊49）》，臺北：中研院文哲所，2017，頁67～68。

者所建立的學說，其實偏離了心性論。這一點先前已有提及，而爲了鋪陳以下論述，對此必須有更進一步的說明。首先，勞氏對北宋諸學說有一共同評價：

> 此即不深辨「心性論」之特性，而與形上學及宇宙論混爲一團。於是，北宋儒者自極早時期起，即致力於形上學或宇宙論系統（或二者混合之系統）之構造，而欲將孔孟所言之「心性問題」，安置於此種系統中。由此，宋明儒學之理論，自始即與孔孟立說之本旨有一根本距離。〔註71〕

先不論復歸孔孟，從引文之說來看，宋儒學說有些是以宇宙論爲主，有些是以形上學爲主，也有的兩種皆有。宇宙論與形上學，各有各的問題表述與問題域，並不需要因爲學說回應了這兩種理論問題，就要受到質疑。勞氏的批評，主要還是此爲核心：欲把心性問題安立於宇宙論系統或形上學系統之中。也就是說，宇宙論和形上學兩種思想內容，在回應心性論問題上都會遭遇困難，在支持儒家「肯定世界」的效力上都是不夠充分的。這就代表，勞氏在重構宋明儒學的諸家學說時，已經設定了「價值如何確立」的問題，而後把各學說的思維內容納入此問題之問題域，遂有三階段的區分，再以回應問題的理論效力爲標準來進行檢驗，才出現了對於天道觀與本性論的批評。如果他一開始就以宇宙論、形上學、心性論各自回應了各自的問題，而沒有以「價值如何確立」爲共通標準，就不會出現這類批評。

　　以下以濂溪學說爲例。勞氏指出，濂溪之學的依據是《易傳》，故其《太極圖說》與《通書》皆是解《易》之作，「其目的在於建立一含有形上學及宇宙論雙重成份之理論」。其中，「無極」、「太極」、「陰陽」、「五行」、「萬物」這一宇宙論次序，用以說明事物的創生過程。而在論及「五性感動而善惡分」時，勞氏認爲這是從宇宙論轉到價值論之說，並指出此善惡不能有應然意義：

> 用簡明語言說，如「太極」爲萬有之根本，則萬有皆爲「太極」所決定；陰陽五行亦然，其「變合」亦然，則無論下推至何層次，皆不應有「選擇」可說，由此亦無「標準」可說，只是一套「實然」而已。故依周氏本來說法，則「五性感動」亦不能生出「善惡」問題；至多只能說：由五氣而生萬物，萬物各有不同。此「不同」仍只是一描述語，不能含有「應該」或「不應該」之意義。〔註72〕

〔註71〕　勞思光《新編中國哲學史》卷三上，頁 57。
〔註72〕　同上書，頁 77。

這裡的說法，涉及我們如何看待「善惡」概念。善惡之別，涉及了價值判斷的標準，這與實然規律的確有所不同。然而，濂溪所說的「五性感動而善惡分」，此善惡可以僅指善惡現象在日常生活中確實出現，是指某些現象可以區分出善惡來，沒有實際指出哪些事是應該，那些事是不應該。當然，濂溪或許有著自己的一套判斷標準，但他顯然並無意去處理價值論，甚至勞氏自己也是如此認為的，他說：

> 依「天道觀」之基本斷定而論，似本無「未定項」可說；然即在周氏本人立說時，仍不能不預認某種「未定項」，以使其價值論成為可能。此是一真正哲學問題，周氏並未提供解答，且根本亦未面對此嚴重問題。〔註73〕

「未定項」是指價值選擇的可能空間。人在面對具體情境時，往往有多種可能選擇，而我們會去思考哪種選擇才是道德的。有的人選擇為善，有的人選擇為惡，這種選擇空間並不能立基於實然規律，因為實然規律是不允許有選擇空間的，事物必然依循實然規律而運作變化，其中沒有選擇與否可言。濂溪觀察到人可以選擇為善，也可以選擇為不善，但還尚未有意識地去處理這種選擇空間如何可能。

而價值論常常掛著工夫論講，勞氏說：

> 然則，「有欲」、「無欲」順此以觀，皆只有描述意義，而不能有規範意義，何以能就此種觀念說「工夫」及「學」？面對此一根本問題，即可知說「無欲」為一種工夫境界時，必須預認一「可有欲」、「可無欲」之「未定項」；此即「心性」意義之「心」。周氏說此種話時，未嘗不預認「心」觀念，但在其系統中卻未安置「心」。於是「工夫問題」如何安頓于周氏之系統中，本身已是困難，而周氏輕輕說過，未加辨析也。〔註74〕

勞氏認為，「無欲」是一種工夫境界，是一種私欲完全被克制的心理狀態。當然，我們可以討論如何才能達到此狀態，這是工夫論的理論問題，也是濂溪的理論問題。不過勞氏在此更為關心的，顯然並非工夫論本身，而是工夫論如何可能、人如何可能選擇做工夫的問題，這就必須在理論上設定人的行為選擇空間，然後才能談應該選擇怎麼做。濂溪儘管提及工夫論，卻並未處理

〔註73〕 勞思光《新編中國哲學史》卷三上，頁82。
〔註74〕 同上書，頁87。

如何可能有選擇空間的問題，而後者正是勞氏最爲重視的。濂溪的宇宙論論述，主要是爲了說明萬事萬物的生成次序，但由於此論述不能處理價值論，於是受到勞氏批評。

勞氏極力區別天道觀與心性論在理論型態上的差異，他重視的是價值確立的問題，而價值確立又影響到了工夫論。在此，價值確立與工夫論之間的可能關係，應有進一步辨明。價值論的處理，確實回應了「工夫如何可能」的問題，但它卻並未直接回應「工夫如何實踐」。因價值論而有的不同理論型態，在理論問題的層次上因而不見得有所衝突，反而可能多所重疊。也就是說，僅管兩個學說分屬天道觀與心性論，它們仍然可能有相同的工夫論內容。事實上，我們在勞氏的論述之中就可以發現此情況。

勞氏在解釋橫渠「凡經義，不過取證明而已；故雖有不識字者，何害爲善？」時說：

> 觀此語幾與日後陸象山之說無大差別，似與張氏其他理論頗不能
> 合。其實，扣緊此處之分寸言之，學者當知，張氏雖建立一混合形
> 上學與宇宙論之理論系統，但在論及「成德」或「工夫」問題時，
> 即不能不轉向「心性論」一方接近；因離開某一意義之「主體性」
> 觀念，則「成德」所關之一套問題皆無從說起。〔註75〕

所謂「混合形上學與宇宙論」，是就理論型態而言的，而所謂爲學與成德，是就工夫論的理論問題而言的。當橫渠提出成德工夫的內容時，主要是在說「工夫如何實踐」，但當勞氏說橫渠朝心性論「轉向」、「接近」或「跨越」時，所持的理由卻是主體性，而主體性是因解釋「工夫如何可能」而提出的。〔註76〕在此，勞氏相當程度混淆了理論型態與理論問題的區別，他因橫渠有了工夫論的理論問題，而說橫渠所言接近了心性論的理論型態。在另一個地方，他也指出濂溪和橫渠之學說皆是「攝心性論於宇宙論之下」。〔註77〕不過，無論在價值論上取何種理論型態，甚至對價值論根本沒有處理，都不妨礙學說裡有工夫論內容，因爲「工夫如何可能」並不完全決定「工夫如何實踐」，後者的思維內容不見得要以前者爲先決條件。事實上，按勞氏自己的理解，孔子

〔註75〕 勞思光《新編中國哲學史》卷三上，頁142。

〔註76〕 勞氏在綜述張載學說時即指出，它「跨越」了理論型態之界限：「張氏遂在不知不覺中越過『天道觀』與『心性論』之界限，故在論『學』及成德問題時，張氏之立場每每忽有接近『心性論』之傾向。」同上書，頁141。

〔註77〕 勞思光《書簡與雜記》，臺北：時報文化，1987，頁95。

正是在「工夫如何實踐」上談得更多，而在「工夫如何可能」上所言甚少。勞氏之所以對橫渠學說有此評論，是因爲他認爲，心性論這一理論型態最能支持成德工夫的論說，這使得他傾向以心性論和成德工夫（或說強調主體自覺的工夫）互爲充要條件。然而，至少單就學說本身來看，是可以有工夫論（理論問題），但不屬於心性論（理論型態）。

此外，勞氏儘管將二程與朱熹學說歸屬於本性論，但仍然花了不少篇幅在說明其工夫論上，這代表屬於本性論或屬於心性論的學說，都可以有工夫論的思維內容。那麼兩者在論述工夫上又有何不同呢？這個問題的重要性在於，如果兩者在工夫論上其實可以互通、互補，甚至頗有重疊之處，那兩者之間的差異，恐怕就不如勞氏所想的那樣截然分明。從思維內容的角度來看，一個學說同時具有宇宙論、形上學與工夫論等內容，並不少見，也很合理。並且我們原則上可以獨立看待這些理論問題，或至少是說，「工夫如何可能」與「工夫如何實踐」是兩回事。如勞氏對伊川學說的總結即提到：

> 由此，伊川雖立一形上學系統，其工夫理論方是伊川本人旨趣所在。學者以批評眼光看，可說伊川之工夫理論是否能成立，須視其背後所依之形上學系統能否成立；此自是無可疑者。但工夫理論可直接落在實踐生活中，重要性亦不下於其所依之形上學理論。〔註78〕

由此觀之，以伊川學說同時具有形上學內容與工夫論內容，當無疑義。然而，勞氏所關心的是價值如何確立的問題，故所謂「工夫理論是否能成立」云云，並非指工夫論內容能否具體實現或效力如何，而是指形上學內容能否解釋工夫論的可能，也就是如何回應價值論。所以他也承認，就算伊川之形上學無法恰當回應價值論，也不妨礙工夫論內容的落實。這就代表，形上學內容與工夫論內容，原則上是可以分開來看待的，不會因爲價值論沒有得到妥善解決，就使得工夫論在實踐上失去其意義。

這樣的情況告訴我們，學說具有哪些理論問題，與學說屬於哪一理論型態，基本上是兩回事，不應因爲學說偏重哪些理論問題，就說學說是屬於哪一理論型態。勞氏在評論諸家學說時，有些地方看似混淆了理論型態與理論問題的區別，以下對此將有更多說明。

〔註78〕 勞思光《書簡與雜記》，臺北：時報文化，1987，頁201。

二、以心爲第一序概念的判斷標準

勞氏在論及三種理論型態時，特別關心概念間的邏輯次序，譬如本性論以理或性爲第一序、以心爲第二序，心性論以心爲第一序、以理或性爲第二序。那麼，我們如何檢視一個學說的第一序概念呢？第一序概念的判定標準是什麼？

說明「第一序」爲何如此受到勞氏重視，有助於我們解決上述問題。勞氏關心的是價值論，這就必須承認人有價值選擇的空間，可以選擇爲善或爲惡。如此一來，就不能把價值與實然規律掛勾，不能把宇宙論規律或形上學規律看作是價值判斷的標準，因爲實然規律完全決定了事物要如何運作發展，並無給人任何選擇空間。因此，若要解釋選擇空間（即勞氏所謂的「未定項」）如何可能，就必須在理、性兩個概念之外，另外立出主體性，在傳統上即是以心概念來代表之。立出主體性之後，或說價值論得到妥善解決後，對於工夫論如何可能（並非如何實踐）的問題，才能給出令人滿意的解釋。所以勞氏說：

> 儒學之「心性論」言德性價值時，必須先自「德性如何可能」著眼，方能見「根源」所在。「根源」既明，然後方能論「完成過程」。此所以孟子必立「四端」、「性善」諸義，然後才能論及成德性工夫也。〔註79〕

由此可見，心性論其實涉及了工夫的三個面向：工夫如何可能、工夫根源爲何、工夫如何完成。它們主要是透過心概念來得到解答：心有自作主宰的能力，有選擇去做工夫的能力，有透過工夫而改變自身、改變事物存在狀態的能力。也就是在工夫論意義上，勞氏強調了心爲第一序的概念，無論是選擇循理，或選擇改變氣質狀態，或選擇成爲君子聖人，其動力都是自心而發，不假外求。故勞氏自然不能承認心有任何受實然規律所完全決定的可能，心不能受理或性所決定，心必須要是第一序。

勞氏對於朱陸異同的觀點，是判斷「第一序」的好例證。他先是引用了《象山年譜》描述鵝湖之會的這段文字：「元晦之意，欲令人泛觀博覽而後歸之約；二陸之意，欲先發明人之本心而後使之博覽。」而後指出，朱陸的確有工夫上的不同，但這是因更深層次的不同而有的：

〔註79〕 勞思光《新編中國哲學史》卷二，頁 31。

此是對進學或入德之門看法不同，然其所以不同，正由於對「心」
之瞭解不同。陸氏（九淵）之「心」乃有超驗意義之「主體」，故是
萬理之本，因此進學成德工夫，即以透顯此主體性為第一事，即所
謂「發明人之本心」或「先立乎其大者」之意。朱氏之「心」則本
身屬「氣」，乃一經驗意義之「主體」，故只有「知」理之能力；而
由未知到知一段工夫，以及知後無失之工夫，均須處處用力；故必
須強調致知格物以及讀書講論等等。〔註80〕

在勞氏看來，陸象山「心即理」是先肯定了心的功能，再肯定理的內容，而
朱熹「性即理」則是先肯定性或理的內容，而後肯定心的功能。兩相對照，
就有了以理為第一序或以心為第一序的差異。不過，讓我們考慮另一個可能
解釋：陸象山強調的是實踐次序，實踐上必然是心之主宰能力在決定我們的
行為選擇，故理之實現為後出。朱熹強調的則是邏輯次序，理是心之所以存
在的先決條件，理必先存在而後心可發揮其功能。在這樣的理解下，朱熹與
陸象山所言似乎並無明顯衝突，在工夫論上同樣可以以心為首出，尤其是朱
熹其實也主張「心統性情」，代表在工夫實踐上是心來決定了性如何實現、情
是何狀態。勞氏自然不採此理解，他的最大理由是，朱熹言心是經驗主體而
非超驗主體，故此主體必然受到氣的影響，也不能在超驗層次上決定理的內
容，所以不能說是以心為第一序。

　　據此，要判斷一學說中，心是否為第一序的概念，必須滿足以下三個相
互關聯的條件：其一，心必須具有超驗義，是一超驗主體。其二，心必須具
有普遍義，不可被區別為萬殊，否則就只是各人各有的氣質之心。其三，心
之功能，可以決定價值規範的內容。三者皆備，則該學說就是以心為第一序，
就屬於心性論型態。在勞氏看來，濂溪、橫渠、二程與朱熹等諸家學說，皆
無同時滿足上述三個條件，因此並不能算是心性論型態。

　　對於第一個條件，也就是心之超驗義，勞氏曾有如下說明：

象山就主體性實現本有之理言「德」，故真關鍵只在「主體自覺」能
否顯現：一經顯現，則自會處處實現本有之理；故進德及成德，不
是在外用工夫，亦不是以對治此心為主，而是以顯現此心之超驗主
宰力為主。〔註81〕

〔註80〕　勞思光《新編中國哲學史》卷三上，頁274。
〔註81〕　同上書，頁294。

象山所言之心，具有「超驗之主宰力」。爲何會把「超驗」與「主宰力」合併起來說呢？這是因爲，心本就是人主宰行爲、做出選擇的主體，而在勞氏看來，理本來就存在於心之中，或者是說，理之內容是由心所決定，既然理是超驗的，決定此理的心自然也是超驗的。所謂「超驗之主宰力」，即是要說心在超驗層次上與理相通，並且可據此來主宰行爲、做出選擇。也就因爲心之超驗義，工夫論的重點就在於如何發揮此超驗之心，而非對治心陷於氣質混濁的狀態，也非外在行爲的具體要求。在此意義下，心屬於超驗層次、具有超驗性質，而不屬於氣質層次，所以心陷於氣質混濁的狀態云云，是傾向被忽略的。

　　對於第二個條件，也就是心之普遍義，勞氏說：

> 觀此，可知象山之「心」，乃指此自覺能力，即能立價值標準，能爲一切價值詞語意義之根源者，非如朱氏言心之指氣中之一種產物。於是象山強調「心」之普遍性，恰與朱氏強調「心」之特殊性相峙而立。……此處象山所謂「心只是一個心」，即是其「心」觀念之主要特色所在。就經驗心而言，「心」自是如萬象之紛殊。說「一個心」即見所指非經驗心，而是取超驗意義之自覺能力以講「心」也。就價值自覺講，則無論表現於我於人之經驗心中，本身皆無不同可說，不同處皆在經驗性一面也。如此講「超驗義之心」，故象山之「心」即可以涵蓋萬有。〔註82〕

在勞氏看來，象山所言之心，是一切價值詞語意義的根源，所以必然要是超越善惡現象的，不能爲善惡現象所限制。而朱熹所言之心，主要考量在於如何化心之混濁爲清明，而心若有混濁與清明的可能，則必須落在氣上講，因爲氣質才反映了善惡現象的可能。爲了突顯兩者之間的差異，勞氏又分別以「普遍性」來描述象山所言之心，以「特殊性」來描述朱熹所言之心。他看似有此思路：特殊之所以爲特殊，必然要有區別萬殊的標準在，而此標準都是經驗界的標準，都是以經驗現象的性質不同爲出發點，也就是說，使得特殊之所以爲特殊的那個性質，必然屬於氣質層次。所以朱熹所言之心，強調的是特殊性，因爲每個人的心都可能爲善也可能爲惡，都會因爲氣質清濁不同而有狀態不同，故特殊性必然要以氣質層次爲先決條件。相較之下，象山所言之心屬於超驗層次，並不具有經驗現象的性質，自然也就不受到經驗界

〔註82〕　勞思光《新編中國哲學史》卷三上，頁286～287。

的區別標準所限制，無氣質層次上的特殊性可言。如此一來，眾人的心皆屬一心，通貫於同一超驗之理，象山以此來說「心只是一個心」，以此來說「宇宙即是吾心，吾心即是宇宙」，此即「涵蓋萬有」之義。

　　第三個條件，可以說是最爲關鍵者，因爲在工夫實踐的機制上，心理關係可以有兩種非常不一樣的模型：一是「心決定理」，即以心爲第一序概念，心性論屬之。二是「理決定心」，即以心爲第二序概念，天道觀或本性論屬之。在第一個模型中，工夫實踐的法則內容是由心所決定，理僅是一個形式上的規定。也就是說，心給出自己遵循的法則，給出自己執行的動力，理概念僅是代表此法則的必然存在，但對於法則內容並沒有任何預先設定。而在第二個模型中，理的內容已經預先設定好了，心只有認知理並遵循之的功能。以下引文，有助於我們理解兩者之間的區別：

> 朱氏之「心」，有「性」有「情」；「心之性」即「心」能見「理」之能力，雖亦說「盡心」，但只指明「吾心」之「全體大用」而言，仍是認知共同之理之意；故朱氏之「心」非理之根源而只能觀照萬理，此所以朱氏之學說成爲一肯定客體實有之形上學。陸氏之「心」本身是價值標準之根源，本身是一「普遍者」，故其立場乃肯定主體實有之心性論。但陸氏所謂「心即理」，並非如世俗所想像之一切皆任經驗心作主；經驗心在陸氏看不是「本心」，「本心」即價值自覺，有時以「仁義」釋之。〔註83〕

就勞氏的觀點，朱熹學說屬於本性論，儘管「心統性情」一說看似以心爲首，但其中的心性關係，是指心具有認知理的能力，心能夠認知共理，是理之內容先在而後心認知此內容，理之內容決定了心在循理時當如何運作。打個比方，若心完全循理，則在面對具體情境時，只要屬於甲類情況，理就必然會提供我們乙選項，心僅是認知並照做。至於象山學說則屬於心性論，此心是價值根源，是價值自覺的主體，是心決定了理之內容。理概念誠然強調了法則那具有一致性的面向，也就是在類似情況下，總是提供了相同指導。但法則的內容，或說法則在指導我們時所提供的具體選項，則是由心決定的。或者換個方式說，理概念只代表：在面對許多具體情境時，只要屬於甲類情況，就必然會提供一致的選項。然而，此選項是指乙選項、丙選項還是丁選項？這就要由心來決定了。

〔註83〕　勞思光《新編中國哲學史》卷三上，頁287。

三、判斷標準與學說內容的落差

在了解心爲第一序概念所需滿足的條件後，我們應當做出一些反省。這是因爲，在勞氏的論述中我們可以發現：屬於本性論的學說，有時出現了心有超驗義的說法；而屬於心性論的學說，有時也出現了心無超驗義的說法。這些情況導致了如下質疑：基於「理決定心」與「心決定理」來判斷學說的理論型態，眞的是恰當的嗎？以下即以朱熹與象山學說爲例來指出，心之超驗義與心之氣質狀態，兩者並不互斥，它們可以同時存在於同一學說裡。若是如此，勞氏所提出的三種理論型態，非但不能很好地呈現出學說全貌，並且爲了使學說內容完全符應於某一理論型態，還必須選擇性地忽略某些內容。

首先，我們來看朱熹學說是否不能容許心有超驗義。

本性論承認了人有價值選擇的空間，也承認了某種工夫論，但心性論才是勞氏認定的理想型態。勞氏於是必須區分對應於形上學的工夫論，以及對應於心性論的工夫論。爲了詳細說明這一點，以下我們來看勞氏對朱熹工夫論有何觀點：

> 朱熹之工夫理論原可分兩部分。第一部分爲對於自覺活動及心靈能力之瞭解，主要見於對「心」、「性」、「情」等觀念之解釋；第二部分則爲對成德之努力過程及關鍵之主張，主要包括「窮理」、「居敬」、「格物」、「致知」諸說。〔註84〕

第一部分是透過概念之間的關係來建立工夫實踐的運作機制，第二部份則屬於工夫的具體操作。朱熹對於心、性、情之間的關係論述頗多。尤其是取自橫渠的「心統性情」此一命題，可說是工夫機制的核心所在，勞氏說：

> 心就「性」一面言，即是覺「理」之能力，故無不善。其發處成爲具體活動，即是「情」。「情」則可以合理或不合理，此處乃有善或不善之問題。於是所謂「學」或「工夫」，皆須以使心之所發皆能合理爲目的；換言之，在「心」上所講之工夫，又在「情」上落實。
>
> 此是在工夫論中講「心、性、情」之主要理論線索。〔註85〕

心代表了人之主體性，代表了人可自作主宰、自作選擇的能力，此能力讓我們能夠意識到性或理，亦即道德法則，並據此做出符合道德的行爲。至於情，則是能力實現後所產生的具體情況，此情況必然是可能爲善也可能爲惡的，

〔註84〕 勞思光《新編中國哲學史》卷三上，頁226。
〔註85〕 同上書，頁229～230。

如此才對應到了人能夠自作選擇。倘若情只能爲善或只能爲惡，代表人的行爲是被某樣東西所完全決定，善行惡行並不掌握在自己手上。在釐清人的基本行爲機制後，工夫論才得以可能，因爲做工夫是人的自覺選擇，我們可以做工夫也可以不做。由於心代表了人之主體性，故做工夫必然是出自心的選擇，又由於善惡行爲乃心選擇下的結果，要使心爲善不爲惡，則工夫必然要在心上做。也就是說，用工夫須落在心上講，使有善惡可能之心，去其惡而成純善，即所謂聖人之心。

單從以上論述來看，朱熹學說似乎可以是心性論型態。勞氏的這個觀點，才眞正道出了以朱熹學說爲本性論型態的關鍵：

> 若落在成德工夫問題上說，朱氏以「心」爲得氣中最靈或最正者，因此，即以「能見共同之理」作爲「心」之殊別之理：由此一面將「心」視爲屬於「氣」者，另一面又將「心」與「理」安頓於一種本然相通之關係中，此原是朱氏立說之善巧處。但「心」既有昏明（清濁）之異，則須有一工夫過程以使「心」能實現其「本性」（即所謂「全體大用」），於是有「致知窮理」之說。此處理論之困難在於工夫開始於「大用」未顯之時，故即在心能見共同之理之先，然則此時以何動力推動此工夫？蓋心倘是「昏」，則此昏心何以能求自身之「明」？蓋朱氏之「心」既屬於「氣」，即不能有超驗之主宰力，其始動時必全受「氣」決定也。〔註86〕

勞氏認爲，朱熹學說屬於本性論，其所言之心純屬於氣，此心能夠把握共理，而此理能夠做爲工夫實踐的基礎。由於氣質有清濁昏明的差異，當心陷於混濁不明的、傾向爲惡的狀態時，就需要透過工夫實踐來使心遵循理的指導。在此觀點下，勞氏所提出的質疑是，在心陷於混濁不明、尚未把握理時，是什麼推動了心的工夫實踐？做工夫的動力自何而來？〔註87〕既然心尚未把握理，心又完全屬於氣之層次，則動力就只能自氣而來。勞氏所謂「不能有超

〔註86〕　勞思光《新編中國哲學史》卷三上，頁247。

〔註87〕　勞氏曾更進一步地指出：「但他的哲學顯然有一種傾向，就是：要發揮智性的功能，來完成意志的純化。所謂『格物』與『致知』都在『窮理』上落實，而工夫會落在使『心』（包括意志）能循理上。這種工夫其實仍以智性活動爲主。如果我們扣緊意志本身的轉化來講工夫，則朱熹這種工夫論可說未入正題。因爲，智性無論如何洞見義理，仍不能保證意志能循理。」見勞思光《思辯錄——思光近作集》，臺北：三民，1996，頁47。

驗之主宰力」，即是指朱熹所言之心毫無超驗面向可言，所以其本身也不具有
超驗之理。故勞氏有如下判斷：

> 再進而言之，中國先秦孔孟之學，原不見有形上學及宇宙論旨趣。
> 而孔子之言「仁」。孟子之言「性善」，皆偏於「主體」一面；故若
> 就孔孟本旨而論，則孔孟之學可看作「心性論」，與「形上學」、「宇
> 宙論」形態不同。倘發展孔孟之學，則只當以「主體性」爲中心，
> 建立一全面系統，以解答或處理通常出自形上學思考中之問題，而
> 不當變往一強調「客體實有」之形上學系統。此變始自《易傳》及
> 《中庸》，而完成於朱熹之手。心性問題雖爲朱氏所常說，但「心性
> 論」已成爲形上學及宇宙論之綜合系統中之附庸矣。〔註88〕

從引文當中我們可以發現三件事：其一，宇宙論、形上學與心性論三者，主
要並非三種不同的理論問題或理論內容，而是三種理論型態，也就是面對價
值論的三種回應。其二，以主體性爲中心來回答形上學問題，是可能的，這
是以心性論做爲形上學的基礎。其三，朱熹學說是以宇宙論與形上學來做爲
心性論的基礎，心性論在此意義下爲附庸。根據第二點和第三點，勞氏顯然
認爲，宇宙論、形上學與心性論之間並非平行關係，而是有邏輯次序可言。
據此，朱熹學說，是一種以理或性爲第一序的、以心爲第二序的學說，所謂
附庸即是描述這種第二序。而孔孟學說，則是以心爲第一序的，以理或性爲
第二序。

　　值得注意的是，既然朱熹也談心性問題，爲何心性論還會變成一種附
庸？勞氏之意，應是要指出：朱熹言心，並無超驗義與普遍義，但還是論
及了某種工夫論內容，因此可說是涉及了心性問題，但其學說不能算是心
性論型態。那麼，朱熹論心，就只有氣質層次的意義可言嗎？有沒有可能，
天道觀或本性論也論及了心之超驗義？這個問題直接關聯到，朱熹所言的
工夫論，是否只能以心之氣質義爲前提。事實上，勞氏似乎承認了這個可
能性存在，他說：

> 蓋明道雖偏於「天道觀」，但言工夫時似仍承認超經驗之自覺心：如
> 講「識仁」一段，即假定人心自能「識得此理」，存養則是以後之工
> 夫。此與陸氏之重覺悟相近。〔註89〕

〔註88〕　勞思光《新編中國哲學史》卷三上，頁283。
〔註89〕　同上書，頁297。

勞氏以明道學說屬於天道觀，但明道在《識仁篇》又明確地說：「識得此理，以誠敬存之而已，不須防檢，不須窮索。」這相當符合心之超驗自覺，因為此自覺的發動並不需要後天的存養工夫。顯然地，儘管天道觀在面對價值論上有所不足，但這並不妨礙天道觀以心之超驗義來談工夫論，不妨礙偏重覺悟的工夫論存在。

　　不僅如此，勞氏自己也提到，朱熹有「心決定理」的類似說法，他引了〈答張欽夫書〉的這個段落：

> ……若聖門所謂心，則天序、天秩、天命、天討、惻隱、善惡、是非、辭讓，莫不該備，而無心外之法。故孟子曰：盡其心者，知其性也；知其性則知天矣……而今之為此道者，反謂此心之外，別有大本；為仁之外，別有盡性至命之方。竊恐非惟孤負聖賢立言垂後之意，平生承師問道之心；竊恐此說流行，反為異學所攻，重為吾道之累。

並有如下的說法：

> 此說單獨看，幾令人疑為象山陽明之作；然朱氏如此強調「心」之地位，實仍只就工夫言，不礙「理」在其系統中為最高實有也。「學」及「工夫」既皆落在「心」上說，然則如何方能使「吾之心」成為「聖人之心」？依朱氏「理欲」觀念看，自是須使此心完全循理而動；蓋「心」之是否循理，完全在「動」處說。於此，遂可轉至「情」觀念，因朱氏原以「心之動」釋「情」也。〔註90〕

朱熹在〈答張欽夫書〉中顯然強調，心本身就具備了許多道德能力與內容，並非後來才從其他行為或事物當中獲得這些，因此在工夫論上，就以發揮本心為主要方式。然而，儘管承認了這一點，勞氏特別指出這不妨礙朱熹以理為第一序的概念，言下之意似乎是，本性論也可以據心之超驗義來談工夫論，而且這並不造成任何矛盾。其實，朱熹所言之心，可以是超驗義也可以是氣質層次。心上通本體，因此必須有超驗意義，不僅是認知並遵循理而已。但心本來就有主宰與執行善惡行為的能力，它在具體實現上不可能不牽涉到氣，也就是心儘管本善，但在氣質層次卻有善與不善的狀態可言，心陷入氣質混濁的狀態則傾向為惡，心處於氣質清明的狀態則能夠

〔註90〕　勞思光《新編中國哲學史》卷三上，頁229。

為善，所以工夫論才要談變化氣質。王陽明所謂「無善無惡心之體，有善有惡意之動」，心體是超驗的，但由心體所發之意卻有善惡可言，有善惡可言即屬於氣質層次了。

據此，無論是橫渠、明道或是朱熹，其實皆有論及心之超驗義，無非內容偏重與多寡有所不同而已。這也就代表，一個學說就算被判定為天道觀或本性論，也不代表其與心性論完全無干。如果我們不把心性論當成是一種理論型態，而當作是一種強調主體自覺的工夫論，那橫渠、明道與朱熹的學說，其實皆有心性論內容。

其次，我們來看象山學說是否有不以心為超驗主體的用法。

> 總之，象山用「理」字實有複義問題。但言「心即理」時，則基本上所強調者為規範義之「理」；至於規律義之「理」亦應以「心」為根源，則象山固當同意，但決不能證立此點，蓋此即涉及知識論之解析工作，非中國傳統儒學中所有者也。總之，陸氏「心即理」一斷定，所透露者乃「心性論」之立場，即有以「主體性」為歸宿之傾向；與伊川至朱熹之以「性即理」一斷定，建立「本性論」之說，相映益明。然其關鍵則在於陸氏以「超驗義」及「普遍義」說「心」也。至陸氏其他言論文字中，用「心」字亦有泛指人心而言者，但不可與其所謂「本心」相混。〔註91〕

勞氏在此指出了兩點：其一，象山所謂的理可以有規律義，但這方面內容為儒學所缺乏，故勞氏也僅是略為提及，沒有多做解釋。其二，象山所謂的心亦有經驗義可言，但勞氏同樣沒有多做處理。據此，無論是理還是心，都有不盡符合心性論型態的用法。這更代表，無論是理概念和心概念，它們所代表的思維內容，都不限於「心即理」一義，但為了使象山學說的呈現符合心性論型態，勞氏在文本材料的選擇上，就必然要有所取捨了。

四、理論型態的設定，篩選了學說內容

既然天道觀、本性論之學說，可以就心之超驗義來談工夫論，心性論學說也可以論及心之經驗義，這就代表，以理為第一序或以心為第一序的型態判分，必定有些疑難存在了。

〔註91〕　勞思光《新編中國哲學史》卷三上，頁290。

　　讓我們先考慮理論問題而非理論型態。一個學說的思維內容，可能有宇宙論、形上學、價值論（心性論）與工夫論等幾種理論問題，它們各自有自身的問題表述與問題域。當然，學說內容可能會偏重於某個理論問題，但原則上並不妨礙兼論幾者。而勞氏在進行理論型態的判定時，其中一個關鍵考量，就是以理爲第一序概念，還是以心爲第一序概念。這就必須在學說裡選擇某一理論問題的內容來做爲第一序，並考慮其他內容如何是第二序。勞氏在實際判定時，顯然是以理論問題的偏重，來決定哪個概念爲第一序，所以偏重形上學的朱熹，和偏重心性論的象山，分別是以理、以心爲第一序。但這不代表朱熹並未言及心性論，只是在排序的強烈要求下，心性論內容只能做爲一種「附庸」而存在。這樣的排序，顯然是一種邏輯次序：第一序的概念，在邏輯上具有優先性，可以決定其他概念，是其他概念的先決條件，其存在不需要其他概念的支持。所以當勞氏認定朱熹以理爲第一序，心就不能是超驗主體，因爲超驗主體無法被理所決定，而朱熹言心之超驗義的那些文本，其理論意義就有意無意地被忽略掉。

　　無論是心概念或理概念，都具有豐富的涵義，可用以回應數種不同的理論問題。或者也可以這麼說：「心」、「理」做爲概念或術語，是由宋明儒者所共享的，他們在回應許多不同問題時，都用上了這些概念，但由於面對的問題性質不盡相同，概念涵義自然也就有所不同。〔註 92〕那麼當我們只關注價值論，判分三種理論型態，再強調學說內容如何屬於某種型態時，「心」、「性」、「理」的豐富意義，就在這個思路下被嚴格篩選。譬如，以「理」爲第一序或以「心」爲第一序，這樣的截然二分，使得理概念與心概念所蘊含的思維內容，有的被強調，有的被忽略。如此一來，朱熹學說屬於本性論，所以心之經驗義被強調，心之超驗義被淡化；象山學說屬於心性論，所以心之超驗義被強調，心之經驗義被淡化。但是，他們其實都有論及心之超驗義，尤其是說明工夫境界時，也有論及心之經驗義，尤其是解釋人何以有惡時。

〔註92〕　如杜保瑞所言：「如果把心性論作爲哲學基本問題來使用，則心性論一詞因爲涵攝問題太多，將導致意旨不明，因此不是一個清晰好用的哲學基本問題的概念。至於若將心性論作爲概念範疇來使用，則心性論就如同理氣論一樣，它們都不是哲學基本問題，因此不應稱爲心性論或理氣論，而應稱爲心性概念討論或理氣概念討論……。」見杜保瑞《南宋儒學》，臺北：臺灣商務，2010，頁265。

　　而以上情況之所以出現，追根究柢，是由於勞氏在重構儒學上預先設定了價值論，據此劃分出三種理論型態，試圖把學說呈現爲符合該型態的樣貌，但又無法否認學說具有不對應到該型態的思維內容。

　　最後，討論對於朱熹學說的兩種不同意見，當有助於我們把握理論型態與理論問題兩種角度，所可能造成的觀點差異。杜保瑞指出，朱熹言心亦有超驗義，那麼朱熹學說當也具有心性論內容。〔註93〕既然朱熹學說同時具有形上學內容與心性論內容，那麼本性論與心性論兩種型態的劃分，就不能讓我們眞實且完整地呈現朱熹學說。在此，他所謂朱熹也有心性論，是就內容言而非就型態言，其論證目的在於反對勞氏關於理論型態的判分，而非要把朱熹學說歸屬於心性論型態。值得注意的是，對於這類觀點，林宏仁有一替勞氏辯護的回應：

> 於此本書不反對言朱子亦有超驗義之心，但是言心之超驗義不可直接等同於「心性論」。此間乃是一套「級序理論」的問題。若朱子同時以「天道」與「心性」爲第一序義，試問何者爲主宰？勞先生論級序的思考，乃是反省天與心究竟何者爲決定價值方向的主宰？若言「天道」之設立只有兩種途徑：一者，客體之實有。二者，主體之投射。但是朱子的理論不可能視「天道」是無實體義，而如此便無法擺脫天道觀的困境。若勞思光言「心性論」乃主體作爲價值的根源義方是其要旨。而此所詮釋之朱子爲「天道」與「心性」同屬於根源義，其差異在於勞先生只能認同此根源要扣緊「活動」而言。在此思考下決定主體的價值活動方向只能置於其中一方，不落於客體便是置於主體。在此思考下，不可能同時兩項根源，否則便是理論的矛盾處。〔註94〕

筆者認爲，其回應完全符合勞氏的思路，但也就因爲如此，才更突顯出勞氏於重構宋明儒學時所採取的理論設準，是爲了突顯心性論的優點而發。此中重點在於，這類反駁所關心的，並非「如何兼顧眞實性與系統性來呈現朱熹學說」，而是「心性論是儒學的理想型態」，並且朱熹學說不屬於此型態。如果勞氏意在建立自己對於儒學的詮釋，那就算他拿朱熹學說來當成一種反面

〔註93〕　杜保瑞《南宋儒學》，臺北：臺灣商務，2010，頁238～239。
〔註94〕　林宏仁「勞思光宋明儒學方法論辯析」，頁44。

對照，我們也可以承認這有一定的理論貢獻。但勞氏是在進行哲學史研究，這就不能不顧及他如何呈現朱熹學說。

　　勞氏儘管承認了朱熹言心有超驗義，但這頂多是滿足了眞實性的要求，並沒有滿足系統性的要求。所謂系統性，是要以哲學問題的回應爲核心，系統性在回應問題的理論結構當中顯。光承認心之超驗義並不足夠，至少要處理此義回應了什麼問題、在理論結構中有何邏輯地位，才能說是把超驗義納入了系統性來理解，否則就僅是提到但丟在一邊。然而，由於勞氏訴諸本性論型態來呈現朱熹學說，故心之超驗義在本性論型態所代表的理論結構裡，是不必要的，是沒有邏輯地位的，所以勞氏才說心性論在朱熹那裡是「附庸」。據此，勞氏爲了維持自己對於理論型態的嚴格判分，儘管提到了朱熹言心之超驗義，卻不納入理論結構之中來理解，而選擇淡化之。如果要修正此情況，其中一種可能做法是，承認勞氏之理論設準，並討論朱熹學說有多少心性論成份。但另一種做法是，從根本上懷疑勞氏理論設準的有效性，這是杜保瑞的思路，也是筆者的思路。

第四節　結語

　　勞氏在重構儒學時所用的兩個問題設定，就是價值論與工夫論，他區分出了天道觀、本性論與心性論等三種回應價值論的理論型態，以及對治私欲、認知天理與意志純化並行、主體自覺以使法則與動力合一等三種回應工夫論的說法。不僅如此，他以價值論爲工夫論的根據，所以我們隱隱可以發現這樣的對應關係：天道觀主要對應到對治私欲，本性論主要對應到認知天理與意志純化並行，心性論主要對應到主體自覺。由此可見，在運用基源問題研究法來呈現學說的系統性上，勞氏是以價值論與工夫論爲核心，來呈現學說的邏輯結構。當然，勞氏亦有提及其他內容（如政治觀），但他顯然在價值論與工夫論上用力最多，他認定儒學的終極目的在於自我轉化，而這兩個問題正是爲了說明自我轉化如何可能、如何實踐。

　　以價值論來解讀儒學學說，是勞氏最有創見之處，他基於嚴密的論證，來檢驗何種價值論最能支持工夫論。其一系三階段說，除了解釋宋明儒學的發展演變以外，更是要據這一檢驗過程來指出，心性論才是最高的儒學型態，因爲價值根源必得要在主體那裡才能確立，而主體自覺才能推動最爲理想的

工夫實踐。然而，就算我們承認心性論確實是最高型態，勞氏之說仍有一些疑難存在。

　　勞氏在重構儒學上設定了價值論，這一做法當然是可行的，但他更進一步劃分出了三種理論型態，規定了這些型態必須具有特定思維內容，譬如心是否有超越義、心是否有普遍義，並把不同學說納入三種型態來理解。但許多學說都兼有宇宙論、形上學與幾種不同工夫的思維內容，它們提及心概念時，涵義往往也很豐富。若把這些學說套進既定的理論型態之中，那麼那些不符理論型態的內容，只好被刻意淡化處理。〔註95〕尤其是以心爲第一序概念、以理爲第一序概念的二分，擴大了學說在型態上的差異，卻隱藏了學說在內容上的共通之處。此做法其實是要用理論型態來篩選所呈現出的理論內容，無異於削足適履。當然，有些學說所流傳下來的文本極爲龐大豐富，我們不可能一一詳細解讀之，而必得要有歸納揀擇。但勞氏所淡化或忽略者，是屬於價值論或工夫論的重要內容，可能改變我們對於學說的整體定位，並不應被類似「附庸」、「跨過界線」等意義模糊的用語所草草帶過，而應該要有明確解釋。

　　從問題分析的角度看，宇宙論內容是爲了回應宇宙論而有，形上學內容是爲了回應形上學而有，心性論內容是爲了回應價值論而有。宇宙論和形上學的思維內容，本來就不是因應價值論而有的，而天道觀與本性論兩種理論型態，則是勞氏用宇宙論內容去回應價值論、用形上學內容去回應價值論的結果。以下引文，充分反映出這一點：

> 「應該」或「不應該」之問題，本身另有一領域，此領域必成立於一自覺基礎上。因必有自覺之活動，方有如理或不如理之問題，離開自覺，專就「存有」講，則無所謂「應該」或「不應該」。因無論「有」或「無」，皆是一「實然問題」，非「應然問題」。〔註96〕

天道觀所言的宇宙論，以及本性論所言的形上學，僅管有經驗與超經驗之別，但它們所關心的都是實然規律，而實然規律無所謂應不應該，僅是描述與預測事物的運作變化。而心性論所言的主體性，涉及了人之意志選擇，這關心

〔註95〕　鄭宗義即指出，陸王思想中明顯亦有形上學內容，但勞氏爲了保持三階段演進的清晰性，刻意忽略掉形上學的部分。見鄭宗義〈心性與天道——論勞思光先生對儒學的詮釋〉，收入劉國英、張燦輝合編《無涯理境：勞思光先生的學問與思想》，香港：中文大學，2003，頁79。

〔註96〕　勞思光《新編中國哲學史》卷二，頁29。

的是應然規範，因爲人能夠選擇善，也能夠選擇惡，「應該」蘊含「能夠」（ought implies can），所謂應不應該，要以這種選擇的可能性爲前提。由此可見，勞氏早知宇宙論、形上學所關心者，與心性論所關心者，兩者實有性質上的根本差異。在此意義下，設定價值論再來看宇宙論內容、形上學內容如何回應之，就是把兩種內容從它們原本所屬的理論問題當中提取出來，放到價值論的問題域內來考量。

　　如此一來，宇宙論、形上學在回應價值論上的缺失，可說是在方法層面上就被決定的事，是它們一開始就沒有針對價值論來給出回應，而非針對價值論但提出了有疑難的方案。三種因應不同理論問題而有的思維內容，都被納入到價值論的問題域中來理解，而眞正針對價值論來提供妥善解答的，原本就只有心性論而已。也就是說，勞氏的方法架構，尤其是理論設準的部份，一開始就不是爲了盡可能完整呈現各種學說的原意而發。勞氏最爲關心的是價值論，他於理論設準上就已認定了心性論爲最高型態，並刻意要突顯此型態於回應價值論與支持工夫論上的優點。當然，這很符合勞氏本人的判斷：儒學之要，在於以價值來解釋存有，而非以存有來解釋價值，故必須指出天道觀型態與本性論型態的缺陷。〔註97〕但重點是，那些學說是不是一開始就應該被歸屬到天道觀或本性論兩型態下來理解。在筆者看來，正是因爲把學說歸屬於此兩型態，橫渠、朱熹等人的學說才沒有得到同情理解。〔註98〕例如，當勞氏注意到天道觀、本性論型態的學說，具有類似心性論的內容時，就出現了幾種說法：一是宣稱該學說偶爾有「跨越」或「轉向」，二是說這些內容僅是「附庸」而不佔主要地位，三是承認有此類內容但不去多加解釋，甚至就乾脆忽略掉它們了。這代表勞氏的研究成果，儘管相當程度上滿足了

〔註97〕　勞思光《新編中國哲學史》卷二，頁87～89。
〔註98〕　一種爲勞氏辯護的可能解釋，是由林宏仁所提出的。他認爲，勞氏在寫作宋明儒學的部份時，轉變了研究取向，是從「哲學史」轉變到了「哲學批評史」，是從求眞實轉變到了突顯自身觀點。其主要根據是，勞氏曾區分了中國哲學的「封閉成素」與「開放成素」，主張中國哲學若要成爲世界哲學的一環，就要淘汰那些因文化的特殊因素而有其合理性的內容，保留並發展那些跨文化的、具有普遍性的內容。勞氏以天道觀屬於「封閉成素」，以心性論屬於「開放成素」，由於要把「封閉成素」淘汰掉，所以勞氏才會有如此鮮明的評價意見。筆者認爲，林之說法雖然是可能的，但中國哲學史的寫作是屬於勞氏中期思想，而文化哲學論及的「封閉成素」與「開放成素」則屬於勞氏晚期思想，兩者是否眞的可以如此對應起來，又是否符合勞氏的眞實意圖，恐怕還有探討空間。見林宏仁「勞思光宋明儒學方法論辯析」，頁115～117。

理論闡述的系統性與全面判斷的統一性，但在真實性上卻面臨了不少疑難，不能忠實呈現學說當中的重要部份。

要處理上述這些困難，在方法層次上所可能有的改進是，不以「如何確立價值」來做為學說的分類標準，而是強調學說在宇宙論、形上學、價值論、工夫論等理論問題上，哪個部份說得更多。如此一來，劃分階段的標準，或說看待學說的角度，就從理論型態的判分轉移到理論問題的偏重。據此，勞氏原本所持的天道觀、本性論與心性論三個理論型態，就會變成是宇宙論為主、形上學為主與價值論為主的三種偏重。這一方面可保留「復歸孔孟」一說，仍以孔孟學說強調價值論；二方面可維持三階段的形式，仍用三階段來解釋儒學的發展演變；三方面可不再淡化那些不符特定理論型態的學說內容，承認它們屬於某理論問題即可；四方面允許不同學說之間有重疊內容，不用再特別解釋為何本性論學說有看似心性論的說法。

最後再補充一些關於工夫論的看法。我們當然可以承認，勞氏所論及的三類工夫之間有所差異。然而，三類工夫之間，是彼此能夠相容，還是不能相容？一個學說是否能夠同時兼有兩類，甚至三類工夫的內容？我們似乎沒有什麼絕對的證據，來說這幾類工夫彼此之間有互斥的情況。但勞氏在敘述學說內容時，於天道觀學說強調了對治私欲，於本性論學說強調了認知天理與意志純化並行，於心性論學說強調了主體自覺，而三類工夫之間，是否互斥、如何互斥，若無互斥，又要如何解釋它們的差異，這些問題都沒有被顯題化，勞氏對它們並無直接且深入的處理。這一定程度上是受到了區別理論型態的影響，而未能重視不同工夫彼此之間的關係。一種可能的觀點是，我們可依工夫修養的入手到極致，來劃分出三個階段：以初階入手是對治私欲，以進階涵養是認知規範並堅定意志，以最高境界是主體自覺的充分顯現，道德法則與道德動力的實現合一不分。之所以如此劃分，是因為對個人而言，由於才能品性不同、學習歷程不同與環境條件不同，可能各自適用於不同工夫。當然，這只是一個粗略的構想，還有待後續深入的研究。

第四章　學界評論：以「道德的形上學」
爲核心

　　牟、勞兩家皆有意識地處理了工夫實踐的超越根據，但在問題設定上，
應該要採取形上學還是價值論？天道是一形上本體，還是主體自覺的投射？
雙方理論在儒學重構上形成了一種競爭，而本章將展示其論點攻防。其中，
對兩家成果的評論可分爲兩類：其一，其理論中的某些前提並不成立，或有
些論證推演是無效的。其二，其理論並未呈現儒學「原意」，或至少是沒有呈
現出某些重點。牟氏所受之批評主要屬於前者，而勞氏所受之批評主要屬於
後者。

　　另外需要說明的是，本章的編排，並非平行地比較兩家在概念、命題或
文本詮釋上的異同，而是先鋪陳儒學重構的思想背景，而後以牟氏「道德的
形上學」爲主軸，來看它受到了哪些批評與質疑，又可以如何回應。當然，
牟氏理論並非已臻完美，勞氏反對以形上學語言來重構儒學，是一有力的質
疑進路。這不僅突顯出兩家觀點的針鋒相對，也促使我們反省：儒學的核心
關懷，應該要如何以理論化的形式予以呈現出來？此呈現又需要滿足哪些條
件？

第一節　對「道德的形上學」能否成立的質疑

　　本節分爲兩個部分，分別說明兩種對於「道德的形上學」能否成立的質
疑：首先，「形上學」的問題設定是否恰當？如果「道德的形上學」之核心內
容在於工夫論，「形上學」有其必要性嗎？其次，說明對於「本心證成天道」

一說的反駁，以及牟氏一方的可能回應，並指出雙方分歧最終可以如此表述：是否存有任何一種直覺體驗，可以證成做爲形上本體的天道存在？牟氏必然肯定這一點，而反駁者如勞氏則必然否定之。

一、「形上學」不能對應到儒學的性質

　　如牟氏所言，「哲學」一詞是可跨文化使用的通名，而不應將其侷限於西方哲學的專屬。〔註1〕故我們不必把工夫論內容排除在哲學的範圍之外，反而應該承認它突顯了中國哲學的特質。承此思路，當我們據「中國有哲學」與「哲學內有形上學」，而認定中國哲學內也有形上學時，結合工夫論來說一種特殊類型的「中國式形上學」，似乎也是一可行的思路。工夫論與形上學的連結，可以促成一種兼顧「中國性」與「哲學性」的形上學，而牟氏「道德的形上學」正是這樣的積極努力。

　　在牟氏及其追隨者看來，「道德的形上學」不僅更好地回應了形上學問題，也指明了中哲有其勝過西哲之處。不過，對西哲有基本了解者，很可能會質疑：工夫論內容和形上學問題，真的有如此理所當然的連結嗎？有些人會說，「道德的形上學」儘管運用了「形上學」一詞，但此中的「形上學」與西方傳統下的、翻譯自 metaphysics 的「形上學」，兩者的意義相去太遠，根本不能同等視之。譬如張志偉即從「形上學」與 metaphysics 在翻譯上的不對應，來說「中國哲學雖有『形而上』的說法，但是並沒有『形而上學』這個概念，更沒有『形而上學』這個學科。」他指出，在西哲那裡，metaphysics 所研究的對象是存在，且其性質是理性主義的。透過道德實踐來理解或解釋存在，固然反映出了傳統義理中的超越性，但這樣的「存在」與西哲的脈絡相去太遠，頂多說是有「形上思維」或「形上智慧」，而不能說是有形上學傳統或形上學理論。〔註2〕

　　事實上，「哲學」亦是翻譯自 philosophy 的外來語，且此譯名還是承自日本的用法。如果以翻譯的不對應來立說，傳統義理以「中國哲學」名之，也不見得如此理所當然，這正是「中國哲學的合法性」〔註3〕引起廣泛爭論的思

〔註1〕　牟宗三《中國哲學的特質》，《牟宗三先生全集》卷28，頁1。

〔註2〕　張志偉〈一種中國哲學的形而上學是否可能？——圍繞「格義」與「反向格義」關於「形而上學」譯名的分析〉，《中國社會科學評價》2017 年第 2 期，頁 15～22。

〔註3〕　此爭論是由鄭家棟的論文所引發，見鄭家棟〈「中國哲學」的「合法性」問題〉，《中國社會科學文摘》，2002 年第 2 期。其他整理各種回應的論述，見景海峰

想背景之一。哲學的定義，歷來有許多種觀點，它的內涵外延並非總是固定不變，故「中國哲學」一說還能得到認可，而不至於動搖到傳統義理的哲學價值。但形上學一詞的指涉範圍，在西方傳統下本就具有嚴格限定，其術語界定也相當明確，所以「中國式形上學」之說，特別是強調工夫論者，其合理性就需要更多理據。所以牟氏必須面對這類質疑：「道德的形上學」是否根本沒有處理到形上學問題，根本沒有爲形上學問題提供解決方案，而僅是借了「形上學」一詞來表達自身立場而已？

　　若把形上學定義爲「研究根本性的存在及其性質的學問」，儒家天道似乎的確可以納入形上學來理解，牟氏說：「它一定要講存在，講 being，這是 ontology；還要講 becoming，這是 cosmology。形上學主要就是這兩部分，這是形上學最恰當的意義。」〔註4〕故儒家天道如何促成萬物存在，或說改變萬物的存在狀態，亦包含在形上學的處理範圍內。但必須注意的是，這是把形上學視爲一個跨文化、跨語境的普遍哲學問題，甚至以各大文化都或多或少地觸及了「根本性的存在」，所以傳統義理也必然針對形上學給出了自身的回應，甚至必然具備形上學理論。劉述先即指出：

> 如果我們把形上學瞭解成爲絕對基設或者終極關懷的探究，那麼可以說沒有人可以避免這一層面的問題。宋明儒者相信天道流行，生生不已，這樣的信念不爲任何經驗證據所否認。人人可以體證生生之仁，這是由於「天命之謂性」─天人之間有一直接貫通的關係。宋明儒者不是依賴外在的經驗推概或理智構畫建立形上學，只有通過內在的覺醒與行爲的躬行實踐，才能夠體證到終極的形上境界。
> 〔註5〕

所謂「絕對基設」與「終極關懷」，是把形上學看作一種跨文化的普遍問題，由於所有文化都必須面對之，或說此問題在各文化內部都具有合理性，所以

《中國哲學的現代詮釋》，北京：人民出版社，2004，頁 240～241。以及戴卡琳（Carine Defoort）著，楊民、季薇譯〈究竟有無「中國哲學」？〉，《中國哲學史》2006 年第 2 期，頁 5～16。此外，《中國人民大學學報》2003 年第 2 期和《江漢論壇》2003 年第 7 期亦刊登了十多篇討論此問題的文章。

〔註4〕　牟宗三《中國哲學十九講》，《牟宗三先生全集》卷 29，頁 72。

〔註5〕　劉述先《儒家思想與現代化：劉述先新儒學論著輯要》，北京：中國廣播電視出版社，1992，頁 81。值得注意的是，「終極關懷」一詞的使用，是受到神學家田立克（Paul Tilloch）的影響，田氏把宗教重新界定爲「終極關懷」，而劉氏則承認了儒家的宗教性。詳見同書，頁 265～266。

「中國式形上學」當然是可能的，甚至是必然存在的。而所謂「天道流行，生生不已」，顯然更爲強調了工夫實踐，當工夫實踐意在改善天地萬物的存在狀態，而儒家天道又是工夫實踐的超越根據時，一種混合工夫論與形上學的天道概念就出現了。故「道德的形上學」之說，多少是擴大了「形上學」一詞的指涉範圍，而並不將「形上學」視爲是西哲傳統下的專屬產物。然而，就算承認了形上學爲一跨文化的普遍問題，也還不足以肯定「工夫實踐能夠回應形上學問題」。尤其是，做爲工夫實踐之超越根據的、因儒家聖境而得以體證的天道，是否眞的爲一形上本體？儒家所說的本心、良知，眞的有創生萬物的功能在嗎？

劉述先所使用的「形上境界」一詞，是要把形上學與儒家聖境結合起來，以聖境的論說與體證屬於一種「形上思維」。如果以「形上思維」等同於「具有超越性的思維」，則「形上境界」一說確實有其意義，但如此一來，似乎就可以進一步有「形上工夫」、「形上情感」、「形上體驗」等相關詞語。這一情況使得我們不得不考慮：「形上思維」和「形上學」，是否可以逕自連結或等同起來呢？我們可以因爲儒家有形上思維，來得出「儒家式形上學」的存在嗎？或至少是說，透過形上學的問題設定來理解儒家的這些思維內容，是最適當的進路嗎？

承前所述，有些學者會認爲，形上學做爲一種問題設定，非傳統義理所本有，乃是自西方哲學那裡所引入者。這可以延伸出兩種觀點：一是以強調工夫實踐的「中國式形上學」，根本不是西方意義下的形上學；二是形上學並無法對應到傳統義理的性質，它非但不能協助呈現古代學說的原意，甚至會造成某種歪曲，或至少是忽略了某些重點。以下即就第二點來做進一步說明。

安樂哲（Roger Ames）指出，形上學和認識論上先入爲主的偏見，使我們的哲學用語偏離到理性主義的方向，這導致了詮釋中國哲學的障礙。〔註6〕這就代表，當我們持形上學或知識論的問題設定，來將文本材料理解爲對此兩問題的描述、解釋與回應時，焦點就被導引到理性思辨的部份上，而容易忽略那些強調工夫體驗的部份，或至少是忽略了工夫體驗所具有的哲學價值。徐復觀提供了一個具體案例，他於〈向孔子的思想性格回歸〉一文當中

〔註6〕 安樂哲（Roger Ames）著、溫海明等譯《和而不同：比較哲學與中西會通》，北京：北京大學，2009，頁332。

明確表示，不贊同在研究儒學時把形上思維置於最高地位。〔註7〕更曾直接指出：從具體生命、生活上去接近孔子，較之從形而上學，從思辯邏輯上去接近孔子，遠為正確而親切，由此而可以「升堂」。若從形而上學入手，則自以為「入室」，但實際連「升堂」也感到困難了。〔註8〕這就代表，孔子思想是以工夫論為核心，是強調具體實踐與工夫體驗的，這與形上學所強調概念思辨與邏輯推演相比，兩者其實格格不入。因此，基於形上學來理解或重構儒學，容易忽略掉那些儒學傳統中最受重視的實踐性質。

儘管如此，卻並不代表我們必須完全拋棄形上學及其相應術語，事實上，牟氏自己也反對以「知解的形上學」來代表儒家義理。他所採取的策略，並非棄形上學而不用，而是試圖建立一套超越概念思辨的、強調逆覺體證的「道德的形上學」，來迴避因概念思辨與工夫實踐之性質不同而有的困難。牟氏對概念思辨的侷限有著充分了解，他正是要以儒家工夫論為核心，移植、借用與改造形上學的相應術語來表述工夫體驗的理論功能，從而為形上學提供更好的解決方案。在牟氏看來，這一來突顯了儒學義理的特質與優越，二來能夠透過形上學而和西方哲學有所比較、對話與交流。如果全盤棄用形上學這一問題設定，則上述兩點都會達不到。

不過，我們還是可以質疑牟氏「道德的形上學」能否成立，因為工夫論與形上學兩者之間的性質相去太遠，使得「工夫論內容能夠回應形上學問題」這一思路很可能走不通。或至少是說，就算我們承認「道德的形上學」的成立，這和西方意義下的形上學也不是同一回事了，兩者已無可比性，故不能宣稱前者比後者高明，亦不能說中西可據此而進行有價值的交流。張汝倫即指出，西方意義的形上學，被看做是一種關於事物本質或本源的知識。而中國所謂的自識、自得與親證，則強調了反躬內向、反己體認。在這兩者的碰撞與磨合下，他認為熊十力、牟宗三師徒「卻是要在新的語境下解決中國古代思想家未曾面對過的問題：現象與本體，心與物，哲學與科學，知與智。」〔註9〕這一說法所反映出，傳統義理本來沒有形上學的理論問題，也缺乏許多西哲所固有的術語界定，而在認定傳統義理可被視為一種哲學後，熊、牟一脈的新儒家，面對了這些源自西哲的理論問題與術語界定，並試圖基於儒家工夫論來予以解釋或

〔註7〕 徐復觀《中國思想史論集續編》，臺北：時報文化，1982，頁431～442。
〔註8〕 徐復觀《徐復觀雜文：論中共》，臺北：時報文化，1980，頁303。
〔註9〕 張汝倫《現代中國思想研究》，上海：人民出版社，2001，頁397～398。

回應之。然而，這不能算是真的回應到了形上學問題，張汝倫在另一篇文章中更為明確地主張：由於並未明確區分形上學、本體論與宇宙論，故牟氏在「道德的形上學」中所言的本體概念，其論述常常混淆了這三種意義，但主要內容主要還是宇宙論，故不能算是嚴格意義的形上學。〔註10〕

更為深入的批評，來自於馮耀明。對於牟氏採用康德哲學的術語——尤其是「智的直覺」——來重構儒學，他提出了「概念相對論」一說以質疑之。〔註11〕此說主張，在不同概念架構或理論系統下，要進行概念轉譯與移植會有極大困難與限制，因為概念意義是基於理論脈絡而成立的，是由理論脈絡所包容或導向。因此，概念相對論的成立，代表概念之不可轉譯、不可移植，甚至是信念網絡的不可通約、不可移植。所以，若要把多個體系組成一個更新更大的體系，就必須將各種異質的概念融合在一起，如此我們很可能必須放棄某些概念的特性和限制。若不願這樣做，則必得改造概念的意義與功能，為原先的概念加上一些特設條件，則此概念移植只是被當成一種代名詞來使用（譬如「智的直覺」只是變成「良知」、「明覺」的同義語）。所以，當「智的直覺」從康德哲學中被移植到儒家心性之學，其意義與功能就不可避免地經過了某程度的改造，以符應於儒學的概念架構。此做法或許能夠引發哲學反思，或是釐清儒學當中的重要問題，但不代表「道德的形上學」真的能夠得以證立。〔註12〕

以上所言，反映出形上學一詞與傳統義理的性質，並不那麼理所當然地契合。〔註13〕那麼，我們是否要承認「中國式形上學」的可能性？採用形上學的概念術語，來理解儒家那些具有超越性的思維內容，或許算是學術發展中不得不然的權宜之計，因為儒家原本的術語系統已無法滿足現代研究所需的精細程度，故借用西哲的概念術語並改造之〔註14〕，成了一個可行選項。

〔註10〕 張汝倫〈邯鄲學步，失其故步——也談中國哲學研究中的「反向格義」問題〉，《南京大學學報》（哲社版）2007年第4期，頁69～71。

〔註11〕 馮耀明《中國哲學的方法論問題》，臺北：允晨，1989，頁289～310。

〔註12〕 關於「智的直覺」與「物自身」的移植，以及其所可能造成的理論困難與詮釋障礙，見馮耀明《「超越內在」的迷思：從分析哲學觀點看當代新儒學》，香港：中文大學，2003，頁101～139。

〔註13〕 譬如勞氏就極力指出，孟子思想並不能視為是「儒家形上學」或「孟子之形上學」，見勞思光《新編中國哲學史》卷一，頁149。

〔註14〕 李明輝即說：「當我們使用某一系統中的概念來詮釋另一系統中的概念時，總是或多或少依類比的意義來使用它，因而必須在某個程度上進行概念上的調

然而，牟氏所面對的，無疑是一個更高層次的問題：傳統義理是否本來就有形上學的理論問題？或者套用勞氏之說：「價值哲學、道德哲學以及文化哲學等等，是否皆須依賴某一形上學？換言之，如一切形上學皆不能成立，是否上舉各類哲學理論亦皆不能成立？」〔註 15〕亦即，採用形上學的問題設定，並建構出一套「道德的形上學」，在討論價值、道德甚至是文化哲學上，是否必要？以下我們就來看一些更爲深入的討論。

二、工夫體驗不足以證成道體

所謂逆覺體證，是要透過工夫實踐來回應形上學問題，以本心呈現能夠證成做爲形上本體的天道存在。在此意義上，天道是工夫實踐的超越根據，而工夫實踐是天道的具體實現。對於此說，馮耀明所提出的質疑，針對了「超越根據」而發：

> 它開始於一個被大家接受的語句"p"，然後去尋找一個使"p"得以可能或被接受爲眞之先在條件或必要條件的語句"q"。"q"必須是眞的，因爲"p"是眞的；而且除非"q"是眞的，否則"p"是不可能爲眞的。
>
> 許多哲學家認爲："p"和"q"的關係乃是一種「預設」的關係。〔註 16〕

牟氏之所以強調工夫實踐所以可能的超越根據，是要基於工夫實踐的活動過程，來推論出天道這一形上本體的存在，因爲工夫實踐必然只能以此天道爲根據。而馮耀明認爲，這樣的「超越論證」頗有循環性或乞求問題之嫌，因爲此論證是要基於 p（工夫實踐）的眞來推論出 q（天道）的眞，但 q 的眞又是 p 之所以可能的先決條件，這樣一來，似乎 p、q 兩者都具有某種先在性了。僅管我們可以承認儒者的工夫實踐及其體驗內容確實存在，故「p 爲眞」的理據並非只能來自於「q 爲眞」，但馮耀明仍然可以主張，所謂「天道存在」完全來自於牟氏理論內部的預設或術語界定，而沒有其他任何檢證原則可以依賴，所以天道這一概念並不能有客觀指涉，頂多是一個人爲設定的純形式概念而已，它本身無任何內容可言。若承認這種推論的可行性，則各種不同理論都可以採用此論證方式，導致超越根據 q 可以有非常多種，這會落入相對主義的陷阱裡。

整。」見李明輝〈牟宗三先生的哲學詮釋中之方法論問題〉，收入《牟宗三先生與中國哲學之重建》，臺北：文津，1996，頁 25。

〔註 15〕　勞思光《新編中國哲學史》卷一，頁 150。

〔註 16〕　馮耀明《「超越內在」的迷思：從分析哲學觀點看當代新儒學》，頁 145。

　　然而，根據先前的論述，牟氏認爲天道之所以能夠得到證成，其證成效力完全是來自於逆覺體證而非超越論證。「超越論證」僅是指出「天道存在」是分析地爲眞，這代表「天道存在」在邏輯上是可能的，但「天道呈現」或「天道的實質內容」則尚未有所說明，故必須基於工夫實踐來完成。天道必然要有具體呈現，其呈現必在工夫實踐當中顯，而其證成則是基於工夫體驗及其相應內容。也就是說，若有體驗內容，則天道可得到證成，若無則天道就不能得到證成，這就迴避了循環性或乞求問題的嫌疑，因爲工夫體驗使天道有一檢證原則可言，而非僅是人爲定義的、純形式而無內容的概念。也就是說，正是工夫實踐爲天道概念加入了具體的體驗內容，使得其可以有客觀指涉。

　　此說應可避免「缺乏檢證原則」的批評，但相對主義的困難似乎還是存在，如王興國所言，如何確定大家的實感或道德感是相同或同類的呢？〔註17〕就算承認大家都有道德感，但如果道德感各自不同，是否會體證出不同的本體呢？當然，牟宗三似乎大可以承認，儒、釋、道三教的實感確實不太一樣，可以據此導出三套不一樣的形上學。〔註18〕但平心而論，目前的研究僅僅停留在理論層次，對於體驗層次的研究還未登堂入室，只能透過概念思辨來描述體驗內容的性質，而無法直接比較不同體驗在內容上的差異。若沒有一套工夫實踐的心理學機制做爲支持，以及大量工夫體驗的資料蒐集，相對主義的陰影就會一直存在，故本書在此只能姑且懸置此問題了。

　　在牟氏看來，天道絕不僅是人爲定義下的產物，他明確指出，與本體同一的自由意志，並不如康德所言的那樣，僅是一個理智上的設準。在中國哲學的傳統裡，它是一朗現，並能夠被客觀地肯定，這是什麼意思呢？牟氏說：「吾人說智的直覺朗現自由就等於說無限心底明覺作用反照其自己並使其自己如如朗現。」這就代表，智的直覺與意志自由這兩種能力，共享一超越根據，或說共同根源於儒家所言的本心、良知，所以當智的直覺反照本心、良知，並使本心、良知得以完全顯現時，意志自由也就隨之朗現了。或者是說，人基於本心、良知，透過工夫實踐來達致逆覺體證，即是意志自由得以朗現的過程。下列引文說得更爲明確：

〔註17〕　王興國《牟宗三哲學思想研究——從邏輯思辨到哲學架構》，頁 743。
〔註18〕　牟宗三《現象與物自身》，《牟宗三先生全集》卷 21，頁 465～466。

> 我們由「存在的應當」之決定直接展露一超越的、道德的實體，此
> 實體，我們直接名之曰知體、心體或性體，意志自由即在此知體、
> 心體或性體處説，亦可以説它即是此知體、心體或性體之本質的屬
> 性。〔註19〕

「存在的應當」是直承人之道德意識而來，而道德意識又是根源於一道德
本體。此本體發布一道德命令，呈現爲人之道德意識，而此意識中有著對
人之存在狀態的應然要求。牟氏認爲，人之意志自由亦是根源於此本體，
是此本體的屬性之一，故當此本體的活動落實到具體行動的層次上，意志
自由也就在行動過程當中朗現，因而它可以被客觀地肯定，而非僅是一設
準而已。

　　然而，就算承認人可透過工夫實踐來得到相應於本體概念的體驗內
容，但具有體驗內容的這種本體概念，無論是名之以天道、本心、良知、
性體還是自由意志，可以直接等同於形上本體嗎？在勞氏看來，答案顯然
是否定的：

> 可是對自由意志之直證，並不一定是要證明自由意志的「客體性存
> 在」。倘若如此，自然錯誤。倘若不如此，則我們可以不涉及「存在」，
> 並且不涉及「存有」，而只將自由意志作爲一「主體性」之活動而直
> 證；而此活動在當前自覺中之呈現，即證立其自身。倘若我們要説
> 得明白些，則可以這樣説：如果我們由某個 A 在意識中呈現，而推
> 證 A 有客體性的存在，自然不能成立；但如果由 A 呈現於自覺中，
> 而直證自覺中有 A 則當然成立。〔註20〕

勞氏承認了自由意志有呈現可言，承認我們可以透過自覺而對自由意志有所
體驗，也承認傳統上所説的境界與直悟確實存在。然而，這並不能推論出自
由意志爲一本體或根源於一本體，而只能推論出自由意志爲一種主體性活
動。換個方式説，要解釋自由意志的超越根據，並不需要訴諸於任何「客體
性存在」，而僅需要訴諸於主體自覺。所以，牟氏從自由意志必有一超越根據，
再以此根據爲一形上本體的思路，是走不通的。就算認定體驗內容直接對應
到天道，天道依然僅是在主體自覺當中顯，而不能越出主體之外並與形上本
體有著等同關係。在此意義下，自由意志並不直接涉及外於主體的存在或存

〔註19〕　牟宗三《現象與物自身》，《牟宗三先生全集》卷 21，頁 64。
〔註20〕　勞思光《自由、民主與文化創生》，香港：中文大學，2001，頁 200。

有，故勞氏說：「道德心本不涉及存有，故只求活動中理之圓滿（行爲之如理），不求存有中事之完成。」〔註21〕

相同思路，在馮耀明那裡說得更爲明確。他考慮到王陽明回答「人有良知，何以有不善？」時，給出的回應是：「知得不善，即是良知。」並進一步指出：

> 由「知得不善」這種「道德經驗」也許可以導出有「知得不善」的
> 「道德能力」，但不一定可以導出這種「能力」根源於一個先驗的基
> 礎或等同於一個超越的實體。〔註22〕

這裡我們可以分出不同層次的幾種概念：道德經驗、道德能力與道德本體。「知得不善」是一種道德經驗，且此經驗必然來自一種道德判斷的能力，甚至是此能力必然根源於一個先驗基礎。然而，對於何謂「先驗基礎」，至少有道德主體與形上本體兩種理解，也就是說，此能力不見得必定要以本體來做爲其根據。從「知得不善」的道德經驗，要推論出做爲本體的儒家天道存在，顯然還有不小的一段距離。

當然，牟氏並非依靠一般的道德經驗來證成本體存在。他以本心有體證其自身存在的能力，此能力即是智的直覺，逆覺體證的過程誠然需要一定的工夫體驗，而此體驗是超越的而非感性的，體驗內容即代表了主體確實直接把握到了天道的存在。所以牟氏才說：「勞思光把儒家所言仁智合一之心一定只限於道德界，不能涉及存在，這是不通的。」〔註23〕若爲牟氏辯護，則我們可以說，逆覺體證當中的工夫體驗和日常生活當中的道德經驗實大有差異，後者只能推出道德主體的存在，但前者則可以直接推得做爲形上本體的儒家天道。也就是說，工夫體驗具有一種特殊性質，是日常道德經驗所沒有的，接近於一種宗教精神或宗教體驗〔註24〕，而此性質使得它可以證成天道。

〔註21〕　勞思光《書簡與雜記》，臺北：時報文化，1987，頁207。

〔註22〕　此說原是爲了反駁唐君毅的「超越的反省法」而發，但亦可以適用於質疑牟氏的理論。詳見馮耀明《「超越內在」的迷思：從分析哲學觀點看當代新儒學》，頁161。

〔註23〕　牟宗三《實踐的智慧學演講錄（九）》，《鵝湖月刊》第402期，2008年12月，頁10。

〔註24〕　牟氏認爲，儒家具有宗教精神，且此宗教精神能夠體現天道、肯定實體，在此意義上，儒家可以被視爲一種宗教。詳細內容，見牟宗三《中國哲學的特質》，《牟宗三先生全集》卷28，頁107。以及牟宗三《生命的學問》，臺北：三民書局，1970，頁76～77。

儘管強調了特殊的直覺體驗，馮耀明仍然認爲這頗有可議之處，「因爲我們沒有任何可被接受的判準來判定主觀體驗（內容）與客觀實體之等同。」他甚至設計了一個「孿生哲人」的思想實驗來突顯這一點：「密幻道人」確實透過工夫修養而逆覺體證了天道存在，而「幻夢醉哲」則是透過酒精（或是藥物）來獲得相同的內在體驗，並宣稱自己得證天道。我們必須認定前者的體證成功而後者的體證失敗（或根本不能算是體證），但是當兩者的體驗內容一模一樣時，有何理由來說後者其實無法證成天道呢？〔註25〕一種可能的回應是，透過酒精或藥物來達到那樣的體驗內容，根本就不可能發生，也就是說，證成天道所需的體驗內容，必然只能從工夫實踐當中得來，而不可能透過其他管道。此回應或許足以避免「孿生哲人」所延伸出的理論困難，避免「人人都可透過酒精或藥物來達到逆覺體證」的情況成立，但卻難以反駁這一點：沒有其他標準來判斷體驗內容與形上本體是否眞的有直接連結。

也就因爲這一點，林宏仁主張，透過逆覺體證而得的天道，僅是依工夫體驗而有的一種價值信念或價值意識，而非超越且獨立的形上本體：

> 若依此體悟來證知而言「有」此實理，此言之「有」則近似宗教性的神秘體驗下依信仰所證成之有。亦即宋儒依客體性之實理來談價值，則此客體之性理乃只是儒者的一項信念而已，因爲深信道德價值，故而投射出此價值意識於天地之間，並當成有其實存義的客體，而並非只限定在主體內在的心性中。〔註26〕

據此，逆覺體證並不眞能證成形上本體，工夫實踐也不眞能回應形上學問題。然而，儒者因工夫實踐而把握到的天道，也不能單純看作是主體的一種自我想像，而應有某種客觀性可言。林宏仁的解釋是，儒者透過自身的工夫實踐與相應體驗，對發自主體內部的價值信念有切身的理解後，將其投射到天地萬物之間，以天地萬物皆與此價值信念並存。也就是說，當儒者們基於相同的工夫實踐來對天道有共同的肯認，它遂從主體的價值信念轉化爲一種具有客觀性的實理，並可應用於天地萬物之上。廖曉煒亦有類似理解，只是其說法更偏重於儒者因工夫修養的達致的共同境界：

〔註25〕　馮耀明《「超越內在」的迷思：從分析哲學觀點看當代新儒學》，頁170～173。
〔註26〕　林宏仁「勞思光宋明儒學方法論辯析」，頁38。

> 這一套形上學不過是儒者經由道德實踐所臻之境的客觀展示，説其
> 爲客觀，就在於這一境界非只爲某個人所獨有，而是每個人本乎生
> 而固有之本性均可達至者，是儒者主體間所共證者。〔註27〕

由此可見，如果把牟氏所謂的「證成天道」，理解爲價值意識的投射或人格境界的展示，天道就僅是道德主體所共同肯認的價值或境界概念，而非形上本體。故勞氏才説：「『天』觀念在孟子思想中，只是一輔助性觀念，倘除去此觀念，孟子之主要理論並不受影響。」〔註28〕若然，「道德的形上學」就並非嚴格意義的形上學理論，也沒有眞的回應到形上學問題，而僅是一套倫理學或工夫論。倫理學與工夫論皆可論及道德實踐所以可能的超越根據，但此根據並不能被理解爲一種形上本體；皆可以論及道德實踐所引發的體驗內容，但此內容並不能直接推論出形上本體的存在。

　　析論至此，在「本心能否證成天道」的問題上，雙方歧見可以化爲下列表述：是否存有任何一種直覺體驗，可以證成做爲形上本體的天道存在？勞氏一方必須堅稱，根本不可能有這種體驗存在，任何體驗都僅限於主體內部，而無法決定任何主體之外的事物是有是無。因此，要解釋道德實踐所以可能的超越根據，僅需要訴諸於主體性。牟氏一方則會堅稱這種直覺體驗存在，且它就是儒家工夫實踐所得的那種體驗，道德實踐所以可能的超越根據就是形上本體。

第二節　對於「道德的形上學」的辯護與詮釋

　　本節首先説明，牟氏認定儒學對萬物存在必然有所解釋，其説受到不少批評，一種辯護策略是，把「本心創生萬物」解讀爲「本心提供『事物存在』的體驗內容」或「本心提供事物以道德性存在所需的性質」。其次指出，對「道德的形上學」的一種詮釋是，將其形上學命題理解爲倫理學命題，以迴避那些對於形上學命題的批評，但這會解消牟氏理論當中的形上學成分。

〔註27〕　廖曉煒《牟宗三‧勞思光哲學比較研究──以儒學重建與文化哲學爲中心》，
　　　　　頁64。
〔註28〕　勞思光《新編中國哲學史》卷一，頁150。

一、儒學是否必然涉及對於萬物存在的解釋？

在牟氏那裡，形上學必須解釋萬物的存在如何可能，而「道德的形上學」即是訴諸本心、良知來解釋之，但至少從字面上看來，「本心創生萬物」一說相當違反一般認知。依牟氏自己的話，「創生」（或曰創造）是指「沒有而可以使之有」，那本心何以能使萬物從無變成有呢？或說本心何以能夠從原本的無而生出萬物的有呢？如果沒有本心，萬物就不可能存在了嗎？以下在論及牟氏的回應時，將適度加入筆者自身的詮釋，並盡量做出一種同情的理解。

基於兩層存有論，事物的存有可以被分爲兩個面向，一在現象界而一在本體界〔註 29〕，亦即事物有現象面可言，亦有本質面可言。在牟氏看來，現象乃是變動不居、生滅相續的，我們無法在經驗現象中找到對於事物存在的解釋。故牟氏在論及「創生萬物」時，並非是就事物之現象而言的，而是就事物之本質而言的。不僅如此，牟氏又以人皆有智的直覺，而智的直覺可直接把握到事物之本質，在此意義下，「本心可以把握到事物本質」一說，乃是分析地爲眞。那麼，「把握事物本質」與「創生萬物存在」之間有什麼關係？前者如何可以推得後者呢？

牟氏認爲，事物有一「在其自己」的本質，做爲與其他事物相區隔的根據，且「事物存在」的成立，必須要以此本質的證成爲前提。我們可以透過概念思辨與術語界定來得出此「本質」，但此意義下的「本質」僅是純形式的概念，只是分析地爲眞，就算我們相信此「本質」，「事物存在」一說也僅停留在眞信念的層次。不過，透過工夫實踐及其相應體驗，就可以賦予「本質」以眞實具體的內容，使得「本質」得到證成。也就是說，智的直覺之把握事物「本質」，和工夫實踐中所得的、對於事物的體驗，兩者完全是同一過程，此過程使得「本質」的具體內容經歷了從無到有。也就因爲「本質」是用以解釋事物之存在何以可能者，事物的存在即因「本質」內容的從無到有，而得到了眞正的解釋。牟氏指出本心、良知能夠創生萬物，此創生（或曰創造）所推動的，嚴格說來並非「本質」概念的從無到有，而是「本質」概念之具體內容的從無到有。

〔註29〕　在牟氏看來，這樣的本體界，即是事物之物自身所在者，而事物之物自身，亦可說是事物之本質。故所謂事物之「本體」，並不完全等同於形上實體義的「本體」，儘管牟氏認爲兩者之間的關係，可用「理一分殊」或「月映萬川」說之。後文對此將有較爲詳細的處理。

　　對此思路，一個最為主要的批評是，牟氏混淆了應然與實然，試圖從應然的價值或境界，來解釋或論證實然的存在，但應然和實然本是截然分明的，實然不能推出應然，應然也不能推出實然。儘管牟氏認定本心、良知之工夫實踐能夠涉及實然存在〔註30〕，且實然存在必然只能透過工夫實踐來得到解釋〔註31〕，但這一觀點其實不能成立。鄭家棟即說：

> 人們往往是從認定「天命」、「天道」的超越性內涵始，而以肯定吾
> 人的道德心性具有自我超越的內在祈向和無限潛能終。溝通二者的
> 媒介就是存有與價值（境界）之間的混淆。〔註32〕

據此，我們或許可以承認牟氏有一套工夫論式的、處理應然的倫理學理論，但不能說他提供了一套嚴格意義的、處理實然的形上學理論。

　　那麼，牟氏會如何看待「本心不涉及存在」之類的說法呢？在《中國哲學十九講》與《宋明理學演講錄》中，他皆有所回應，其中有些地方還指明了自己是針對了勞氏之說。首先牟氏指出，如果我們把良知當成是一個類概念，而只能適用於說明人類的應然，則良知就僅是使人成為道德存在的根據，以及使人之道德實踐可能的根據。在此意義下，本心的確不用涉及存在，但牟氏認為，這樣的理解不一定算錯，卻一定不夠充分。僅從應然來理解良知，是把儒學說小或說少了：一方面使儒家義理僅限於倫理學，二方面把許多儒學應有之義排除在外。這兩點在後文另有詳述。

〔註30〕　牟氏也曾對於實然與應然之別有所說明，他儘管意識到應然與實然之間的鴻溝，卻認為兩者之間並非絕對不可契合，關鍵在於有沒有達到儒家的聖人境界。他說：「他們自始就有一種通透的、具體的圓熟智慧，而把那道德性之當然滲透至充其極而達至具體清澈精誠惻怛之圓而神的境地……若把這一關打通了，那道德底當然與自然底實然之契合便不是問題，而是結論了。若無這原始智慧，則只有像康德那樣認它為直接搏鬥的問題所在而去強探力索、曲折建構了。」見牟宗三《心體與性體》第一冊，《牟宗三先生全集》卷5，頁120。

〔註31〕　「天之所以有如此之意義，即創生萬物之意義，完全由吾人之道德的創造性之真性而證實。外乎此，我們決不能有別法以證實其有如此之意義者。是以盡吾人之心即知吾人之性，盡心知性即知天之所以為天。」值得注意的是，此段引文看來可能有循環論證之嫌：天道（或說本心、良知）之所以具有創生萬物義，是因為人具有道德創造性，而人之所以具有道德創造性，是因為天道具有創生萬物義。但我們不應忽略，所謂創生萬物或道德創造，都有工夫體驗的實指可言，其合理性並非完全來自於這種循環。見牟宗三《圓善論》，《牟宗三先生全集》卷22，頁131。

〔註32〕　鄭家棟《牟宗三》，臺北：東大，2000，頁155。

　　承此思路，牟氏是如此理解孟子所言的「萬物皆備於我」：「萬物都備存於我之本心誠體之中，離開本心誠體，一切東西都歸於不存在。」〔註33〕也就是說，萬物不能離開本心、良知而有獨立存在，不能離開道德的創造性而有獨立存在，即萬物之存在必須以本心、良知的充分發揮爲先決條件。〔註34〕不僅如此，他更進一步批評了勞氏：

> 但有另一種講法，就是勞思光的說法。他說「萬物皆備於我」只是萬物之理備於我，並非萬物之存在備於我。這個說法是勞思光的一貫論點，也就是心性論只涉及應當，不涉及存在。你們看這個說法通不通。「萬物之理」與「萬物之存在」分開有沒有意義？假若心不涉及存在，存在交給誰呢？在西方，存在交給上帝；儒家沒有上帝，就是交給心體、仁體、誠體、性體，這是一樣的東西，你怎麼能把它看成是類概念？〔註35〕

牟氏之說有兩個要點：其一，若以良知不涉及存在，等於是說儒學對「存在」沒有理論上的說明與解釋，或是沒有對「存在」的深入思考。其二，若以良知只涉及應然，等於說它僅是個類概念，也就是唯名論所說的抽象之理，但此抽象之理不能說是備於我，而應該說是透過我的思考而將其抽象出來。在牟氏看來，這兩點都會導致令人難以接受的結果。

　　那麼，此說是否符合勞氏之意呢？就第一點而言，若完全從形上學的角度來理解「存在」，或說以「存在」爲一種本質式的思考，則勞氏的確會說儒學並不用考慮「存在」。但從第二點來看，勞氏言良知並非類概念，而是主體自覺中的價值意識，此價值意識顯現於主體自覺之中，它蘊含有改善萬物狀態的道德要求。不僅如此，勞氏解「萬物皆備於我」爲：心性之中包含有萬物的本然理序，此理序亦是因主體自覺而有，與類概念恐怕並非同一回事。〔註36〕此外，牟氏似是把勞氏之說理解爲「道德底形上學」，因爲「道德底形上學」確實不涉及存在問題，而僅是對應然做概念分析。〔註37〕此理解是否眞的相

〔註33〕　牟宗三《宋明理學演講錄》，《牟宗三先生全集》卷30，頁11。
〔註34〕　另一段關於「萬物皆備於我」的、強調道德之創造性的解釋，見牟宗三《圓善論》，《牟宗三先生全集》卷22，頁132。
〔註35〕　牟宗三《宋明理學演講錄》，《牟宗三先生全集》卷30，頁11～12。
〔註36〕　相關論述，見勞思光《新編中國哲學史》卷一，頁145～146。
〔註37〕　此推測來自於牟氏的下列說法：「康德使用『形上學』這個名詞只是借用的，他這個『道德底形上學』就等於是 metaphysical exposition of morals，是道德底形而上的解釋。所以康德這個 metaphysics 是 metaphysical exposition 的意思，

應於勞氏之說，恐怕也有不少討論空間。但可以確定的是，勞氏確實以道德心不必然涉及存在，儘管他承認儒學意在改善自我或事物的存在狀態，但這並非是對存在本身的形上學說明。相較之下，牟氏堅持，儒家天道必然能夠使存在成其爲存在，使萬物成其爲萬物，儒學要負起解釋存在何以能夠實現的責任。〔註38〕

儘管我們可以從「理」、「良知」、「天道」或「萬物皆備於我」的詮釋，進一步比較牟、勞兩家的差異，但其中的關鍵，更應該歸結到問題設定的不同：牟氏認爲儒學必然要處理形上學問題，故必須論及存在，但勞氏則持相反意見。必須注意的是，牟、勞雙方在「形上學」一詞上的使用不盡相同。在勞氏的一系三階段說裡，基於價值論的問題設定，所謂「形上學型態」的學說，是指用形上規律來解釋價值根源者。故「形上學」一詞約略等同於「超越於經驗現象之上的實然規律」一義。而牟氏所言的「形上學」，則是指對於根本性存在的解釋，其問題域遠不只於實然規律，而是要追問使萬物必然得以存在的超越根據。由此可見，雙方在「形上學」一詞的使用上，思考脈絡與理論問題相去甚遠，故不宜因爲勞氏亦用到「形上學」一詞，來說勞氏也肯定儒學必有一套形上學理論。

此外，在應然、實然是否截然二分的議題上，牟、勞兩家亦有交鋒。以下我們就來看看，如果牟氏堅持「本心必然涉及存在」，依勞氏思路會有何反駁。馮耀明即有此質疑：

> 即使人（而非上帝）有智的直覺，當其沒有發用於某一非行爲物之上時，此物之在其自己不會因此而消失。這是由於該非行爲物之現象所以可能必預設其物自身身份之存在。故該非行爲物之物自身仍

並沒有我們平常所說的形上學的意思。因爲我們平常說形上學一定講到存在，但康德在這裡並沒有牽涉到存在的問題。所以就有人根據康德這個思想，就說孟子講性善這個性是直接就著道德來講的，這個性和存在沒有關係，可以不牽涉到存在。他們認爲孟子講性善這個性就是爲了說明道德，也就等於是道德概念的分析講法，性這個概念是分析出來的，爲的只是成功道德，和存在沒有關係，它只限於 morality 這一部分。」儘管在引文中僅是說「有人」持此觀點，而並未指名勞氏，但牟氏在引文的前幾段文字當中提到，「有人」以《中庸》、《易傳》爲宇宙論中心，並認定《中庸》、《易傳》之說與孔孟之教性質不符，這明顯是勞氏所持的立場。見牟宗三《中國哲學十九講》，《牟宗三先生全集》卷29，頁72～73。

〔註38〕 牟宗三《宋明理學演講錄》，《牟宗三先生全集》卷30，頁13。

然是獨立的客觀實在者，不因人的智的直覺不對之發用而爲不存在者。照儒家的想法，當人的智的直覺不發用於某行爲物之上時，由於「不誠無物」，該行爲物之道德性或其物自身的身份便建立不起來了。但是，對非行爲物言，我們便很難說「不誠無物」了。因爲，如果有某一非行爲物之現象出現，與之相關的非行爲物之物自身必被預設爲獨立的客觀實在者，不因我們人的智的直覺之發用與否而有所影響。〔註39〕

牟氏所言的「事物」兼具行爲物與非行爲物兩義，兩義應該要分開討論。對於行爲，若智的直覺不發用，或說沒有工夫實踐，則此行爲就不具有道德價值，我們可以據此來說道德行爲不存在。然而，對非行爲物就不能套用相同思路，因爲非行爲物（譬如椅子）之「本質」，並不會由於智的直覺不發用或沒有工夫實踐而消失無蹤。對此質疑，牟氏可以如此回應：智的直覺（或說工夫實踐）所能創生、創造或得出者，並非物自身這一概念本身，而是物自身這一概念的具體內容。牟氏認定事物有現象與物自身兩面，一事物有其現象就必然有其物自身，而他所謂的創生或創造，並非是要使物自身的概念從無到有，而是要使物自身概念的具體內容從無到有。譬如當我們看到一把椅子，在觀察到椅子的經驗現象時，就已肯定了椅子的物自身也已存在，此乃分析地爲眞。然而，在此階段，我們僅是肯定了物自身概念的存在，卻對此概念的內容一無所知。而所謂創生或創造，就是要透過智的直覺來賦予此概念以具體內容，如此一來，椅子的存在才眞正得到了充分解釋。

馮耀明的另一個反駁，則涉及了康德哲學的原意。他從對「物自身」一詞的理解出發，來說康德言「物自身」是純事實的概念，而牟氏則將「物自身」理解（甚至改造）爲有價值意味的概念。依「本心創生萬物」之說，工夫實踐成就了事物做爲一價值性的存在，反過來說，沒有工夫實踐則不能成就此價值性的存在。然而，這相當程度上違反了康德的本意，在康德那裡，無論人能否有智的直覺，無論有否透過智的直覺來直接把握物自身，物自身皆是一個事實性的存在，並不因有無工夫實踐而決定其存在與否。〔註40〕

〔註39〕馮耀明《「超越內在」的迷思：從分析哲學觀點看當代新儒學》，頁132～133。
〔註40〕同上書，頁136～137。

當然，牟氏本就認定自己是「疏通」與「改進」了康德思想，故兩者的差異實不足為奇，也未必就對牟氏理論形成有效攻擊。〔註41〕那麼，依牟氏意，是否只要沒有工夫實踐，就沒有任何存在可言呢？如前所述，「物自身存在」可以是基於兩層存有論而分析地為真，也可以是一個為人所肯定的信念，但此為真的信念若要得到證成，就必須有工夫實踐來做為一套可信的程序。故嚴格說來，在牟氏那裡，有無工夫實踐所決定的，並非「物自身」的存在與否，而是「物自身」此一概念的兩個層次：得到證成的知識，還是停留在真信念。物自身做為事實概念，確實一直存在，但物自身的具體內容，則需要透過工夫實踐來賦予。儘管牟氏自己有時的確會用「有無」一類的表述，因而容易導致一種非有即無、必存在或必不存在的二分，但這並非對於牟氏理論的同情理解。

上述的回應策略，是把「本心如何解釋事物的必然存在」問題，轉換成為「本心如何提供『事物存在』的體驗內容」，提供之即是解釋之。以下則要說明另一種可能的策略。吳啓超主張，儒家哲學有建構形上學的理論需要，或說有理論需要去交代存在問題。他以《論語·為政》的其中一段為例：「今之孝者，是謂能養。至於犬馬，皆能有養，不敬，何以別乎？」據此，吳啓超試圖釐清牟氏「道德的形上學」中，「存在」與「創造」的真正涵義：

> 此「敬」，能使父母真正成為父母（而非如同犬馬），得其恰如其分的存在。倘若離開此「敬」，則「真正作為父母的父母」便「歸於不存在」。如果我們將這種特殊作用（即特殊地投身在父母上的作用）予以一般化，則我們可以說，這個一般性的作用——仁（敬父母之敬是此仁的特殊樣態）——投身到何處，則該處便有一「恰如其分的存在」被成就出來，真正作為其自己，而非任何人（包括我）的工具或附庸；倘若離開此作用，則那「真正作為自己」的東西變「歸於不存在」。〔註42〕

「敬」的有無，是區分奉養父母與飼養犬馬的關鍵所在。如果沒有了「敬」，對待父母和對待犬馬其實就沒有什麼差別了。故用「敬」來對待父母，以及

〔註41〕 李明輝即對牟氏理論持肯定態度。他認為，牟宗三強調了「物自身」這一概念的價值意味，是站在中國哲學的立場上對康德哲學加以修正。見李明輝《當代儒學的自我轉化》，北京：中國社會科學出版社，2001，頁20～47。

〔註42〕 吳啓超〈儒家為何要對存在問題有所交代？再論牟宗三的「道德的形上學」〉，《國立政治大學哲學學報》第20期，2016年7月，頁42～43。

無「敬」可言地對待父母，前者中的父母具有一種道德性質，而後者沒有。據此，道德實踐有其特殊作用，可以讓父母眞正成其爲父母，缺乏此道德實踐，則父母就僅是普通行爲所涉及的對象，而與犬馬無異了。所以道德實踐賦予了相關事物以道德性質（或曰道德價值），使得其可稱爲是道德存在，牟氏所謂的創造即是就此義而言的。

對儒學而言，如果道德實踐要有意義，則其關懷對象必須要成爲一道德存在，必須具有道德價值。而本心的功能，就是「眞實化對象」或說「使對象存在」，使此對象具有道德性質（價值）。也就是在此意義下，儒學必須對道德存在有一說明或解釋，必須使事物成爲一道德存在，所以儒學有著建構形上學理論的需要。〔註43〕或說儒家式的道德實踐，要求相關事物必然具有一種道德性質（價值），以成其爲道德存在，而形上學理論正是爲了解釋這一點而有的。

此回應策略是把「本心如何解釋事物的必然存在」問題，轉換成爲「本心如何提供事物以道德性存在所需的性質」，提供之即是解釋之。據此，吳啓超是在「一般性存在」與「道德性存在」的差異下，來理解牟氏所謂的「創生」，故所謂「創生」就是一個把可能是偶然的、工具的、附庸的「存在」，轉變成爲必然的、以其自身爲目的的「存在」。相較之下，筆者則是從「存在做爲純形式者」與「存在做爲具有實質內容者」的差異，來理解牟氏所言的「創生」，故所謂「創生」是把一個純形式的「存在」，轉變成爲有著實質內容的「存在」。兩種觀點並不互斥，皆可說是爲牟氏理論辯護的可能策略，故略作比較以供讀者參照。

在這類辯護下，儒學的確涉及了對於萬物存在的解釋。然而，無論採取哪一種策略，都必須面對另一種強力質疑：牟氏的理論，是否僅是一套倫理學，儘管其有意識地去解釋了道德實踐何以可能的超越根據？無論是強調體驗內容或道德價值，是否都僅在倫理學的論域之內，而根本不涉及形上學的論域？

二、「道德的形上學」其實是一套倫理學嗎？

有些學者把「道德的形上學」理解成爲一套倫理學，這不見得是出自於

〔註43〕　這並非是要評價儒家形上學的好壞優劣，而僅是指出：依牟氏的思路，儒家需要建構一套形上學，來滿足其對於道德實踐的理解與要求。

批評的態度，更多時候是要避免某些理論困難，但這常常不自覺地解消了牟氏理論的形上學意義。也就是說，這類辯護是藉由淡化或去除形上學內容，來避免各種針對形上學問題的攻擊。但其結果，往往是把「道德的形上學」定位爲一種強調工夫修養的倫理學〔註 44〕，而傾向忽略（甚至否定）它爲形上學問題所提供的解決方案。

吳汝均即認爲，若我們以「道德的形上學」爲一種客觀眞理，這就將導致「泛道德主義」，也就是把一切事物都說成是與道德有關、是以道德爲基礎的，從而忽略了客觀認知的獨立性質，知性主體遂無法得到充分發揮。然而他認爲，存有另外一種避免「泛道德主義」的理解：

> 以人的道德心推展出天地心、宇宙心，開拓出天道、天理、誠體一
> 類的形而上的眞實（metaphysical reality）。這在道德哲學的建構上
> 言，應無不妥之處。我們可以讓道德心作形而上的轉向，來講道德
> 形上學。不過，這不是道德哲學的焦點，這轉向可作爲道德的主體
> 性的推廣、開拓看。〔註45〕

以道德心能推展出「形上的眞實」，能有「形上的轉向」，應是牟氏所能同意的。對於工夫實踐的超越根據，以及工夫實踐如何涉及天地萬物的存在，牟氏是透過形上學的框架來理解並給出解釋。然而，吳汝均儘管強調了道德主體的活動，甚至承認道德心能推展出「形上眞實」，但他眞正關心的，主要是倫理學（道德哲學）的建構，形上學是爲了說明倫理學的理論根據而存在的。據此，所謂「道德的形上學」，並非因獨立於道德主體的客觀理據而有，而是來自於道德主體的共識共認及工夫實踐。當然，否定「客觀眞理」不見得是否定了形上學意義，但吳汝均之說，強調了倫理學內容的效力，以「道德的形上學」之理據來自於倫理學，而非眞的證成了一個獨立自存的、客觀不變的形上本體。傅偉勳亦指出：

> ……所謂仁體（亦即心體或性體）充其量仍不過是由道德主體性意
> 義的儒家無限心所推廣而成的主觀範圍內的客觀，而非絕對客觀的
> 終極存在。換言之，從孟子直至陽明的儒家眞常心性論的任何「客

〔註44〕 在以下的討論中，不刻意區別工夫論與倫理學（道德哲學）之別，而姑且把工夫論內容歸屬於倫理學的論述範圍之中，這有助於我們聚焦於倫理學論述與形上學論述之間的差異。

〔註45〕 吳汝鈞〈對於當代新儒學的再認識與反思（二）〉，《鵝湖月刊》第 382 期，2007年 4 月，頁 48。

觀」意義的天命、天道等道德的形上學觀念只能是無從證立的一種
可能看法而已。〔註46〕

這儘管認可了道體的眞實與呈現，但他並不認爲牟氏提出了足夠的理據來支
持其客觀性，或說是不認爲那足以證成客觀實存的形上本體。此道體的內容
與性質，終究是來自於道德主體本身，而不涉及獨立自存的終極存在。所以，
我們很可以承認此道體有著倫理學上的理論功能，但不代表它眞的回應了形
上學問題。

　　吳汝均和傅偉勳的觀點，是解消了牟氏理論當中涉及「客觀眞理」者，
並強調了道德主體的功能，因此重點落在倫理學的建構，而非形上學的建構。
這類觀點，或許的確能夠迴避掉「泛道德主義」的困難，但也傾向把形上學
內容給解消掉，認定「道德的形上學」爲一套強調形上思維的倫理學，至於
它有無回應到形上學問題、是否提供了形上學理論，就有意無意地被模糊掉
了。

　　事實上，勞氏也有相當類似的看法。他從討論實然與應然的關係入手，
並試圖導出：就算我們認可「實然與應然合一」，其中的實然意義，其實都會
被化約爲應然意義。我們知道，實然代表了事件的必然發生，而應然的規定
卻不見得會成爲事實，譬如「應該孝順父母」一說，是由人來決定實現與否。
〔註47〕那麼，我們有什麼理由來說，在心性論之外，應當另立一套形上學呢？
形上學的問題設定，會具備心性論所沒有的優勢嗎？勞氏即問：「當吾人說一
同時有價值意義及存有意義之原則（即如「天道」）時，此原則本身之存有地
位如何？」並進一步說：

　　「天道」之基本特性，原在於表存有與價值之合一。但嚴格言之，
　　此種「合一原則」既不顯現於當前之世界中，亦不表思想上之必然
　　性。所謂「合一」，即落在「善」在「存有」中實現說。但此「實現」，
　　既非實然，亦非「必然」，至多仍只爲一意志之要求，或理想信仰所
　　寄之方向。作爲一方向看，「天道」之「存有地位」即只能取「主體
　　活動義」，換言之，所謂「天道」只是主體自己自立自定之方向，並
　　無離主體而獨立之實有性。因若不如此安立，則「天道」之說即處

〔註46〕　傅偉勳《從西方哲學到禪佛教》，頁44～45。

〔註47〕　值得注意的是，在牟氏那裡，實然原則與價值原則的合一，並不代表一切價值
　　　　　都會自行實現，更不代表一切自覺努力都是預先被決定的。

處成爲不可解。然若如此安立，則「天道」又無「心性」外之地位
可說。則「天道觀」如何能較「心性論」具更高價值？〔註48〕

勞氏意在指出，存有原則的任何理論功能，最終都能歸結到價值實現上，因
此它並不具有獨立地位。也就是說，存有原則的任何理論意義，最終都能化
約成爲價值原則。故儒學在心性論之外，無須再立一套論及形上本體的天道
觀，要完整呈現以孔孟爲標準的儒學義理，並不需要預設一形上本體。據此，
當勞氏透過價值實現來理解「合一」，並以「存有」的理論功能僅在於描述價
值實現時，天道就必然被化約到應然原則來理解了。

　　對於這點，蕭振聲有更爲明確的態度。他認爲，從語意分析或概念思辨
的角度來考量，如果我們要對「道德的形上學」做出更爲合理的詮釋，就要
把看似爲形上學的命題，都轉換成爲倫理學命題：

> 從牟先生特殊的表達方式可知，道德形上學有關存有論的概念或論
> 旨皆可形變或化約爲有關道德哲學的概念或論旨。例如「物」可轉
> 述爲「德行」或「道德秩序」；「一物存在」可轉述爲「一物之道德
> 價值之呈現」或「德行之純亦不已」；「良知是天地萬物的存有論之
> 根據」可轉述爲「良知發用爲道德踐履可使存有狀態得到改善」；「天
> 地萬物只有在道德踐履中才有其眞實存在」可轉述爲「若無道德實
> 踐，天地萬物的物理存在是沒有道德意義的」。可以說，經過對這些
> 詞義之抽絲剝繭後，不僅其表面上悖理的成分沒有了，就連形上學
> 的意味也喪失了，最後只剩下對「自律道德」的肯定和讚美罷了！
> 〔註49〕

所謂存有論論旨皆可化約爲倫理學論旨，是指：「道德的形上學」只說明了一
套自律倫理學，其中的種種表述及其內容，都沒有眞正回應到形上學問題，
也沒有眞正提供一套形上學理論。因此，那些表面上看來屬於形上學的概念、
命題與術語，其實只是牟氏的一種「特殊表達」，透過倫理學的概念、術語與
命題，完全可以把「道德的形上學」之主要內容給充分表述出來。故「解釋
萬物存在」應理解爲「賦予萬物以道德價值」，「良知是萬物存在之根據」應
理解爲「以良知爲根據之工夫實踐可使萬物存在狀態得到改善」。「解釋萬物

〔註48〕　勞思光《新編中國哲學史》卷三上，頁 52。
〔註49〕　蕭振聲〈牟宗三道德形上學新詮〉，《中正漢學研究》第 24 期，2014 年 12 月，
　　　　　頁 121～122。

存在」與「良知是萬物存在之根據」看似屬於形上學命題，而「賦予萬物以道德價值」與「以良知爲根據之工夫實踐可使萬物存在狀態得到改善」則屬於倫理學命題。〔註50〕這類觀點，即是解消了形上學命題的實指，而將它們全部看成是倫理學命題，也就是說，「道德的形上學」根本不具有任何回應形上學問題的理論效力，儘管它可能是一套很好的倫理學。

在此意義下，把倫理學命題看成是形上學命題，是犯了馮耀明所謂「實化的謬誤」：

> 把自由無限心賦予各各事物之價值意味或道德意義當作實在者，是否犯上「實化的謬誤」呢？把事親一物理行爲賦予道德的意義，亦即以「某行爲具有價值意義」，滑轉爲「有某種價值的存有」，是不是將行爲的價值屬性實體化而爲一種存有呢？這是否把「a 有 F 性質」的語句，偷偷地滑轉爲「有 F 這種存有」呢？〔註51〕

如果我們以牟氏理論只是在說一套倫理學，並以「本心創生萬物」應當理解爲「本心賦予萬物以價值意義」，那麼所謂「創生」，其實根本不涉及事物的實然存在，而僅涉及事物的應然價值。這時，如果把價值性質看作是由一個本體來承載，因而推得本體存在，即是犯了「實化的謬誤」。這種「實體化」能否成功，顯然是非常值得懷疑的。儘管牟氏可能會說，儒學本來就有一種「實體化」式的思考，他僅是如實反映了儒學本意，但前提是它真的有助於我們把儒學的文本材料理解地更好。如勞氏所言：

> 所以「天道」若只依「心性」而成立，則此無「實有性」之「天道」，即成爲一「空名」，除產生許多理論糾結外，並無正面功用。因言「天道」者所認定之種種屬於「天道」觀念之功用，皆可收歸「心性」本身，即無理論根據多立一觀念。〔註52〕

若「實體化」不能帶來任何儒學重構上的優勢，那就僅是一個多餘的理論預設而已，還很容易造成各種誤解。

〔註50〕　馮耀明亦有類似説法：「如果我們放棄道德形上學的模式，而代之以純心性論的模式，來理解道德的行爲，我們甚至可以不必使用『價值性或目的性的本質之存在』這些概念，而代之以『賦予行爲以價值或道德的意義』一類的字句。就前者來説，『價值性之存在』是指行爲之道德的本質、本性；就後者來説，『賦予行爲以價值的意義』是指行爲之道德的意含、內容。」見馮耀明《「超越內在」的迷思：從分析哲學觀點看當代新儒學》，頁138。

〔註51〕　同上書，頁127。

〔註52〕　勞思光《新編中國哲學史》卷三上，頁53。

此外，勞氏之所以反對視天道爲一獨立存有，可能是爲了要解消儒學當中的宗教意味，是要避免把天道看成是一種宗教權威。他與唐君毅討論宗教問題時即說：

> 然就聖境言則只有一，各人用功之段落，抵達之境界不同，並無妨於此統一者之爲統一，而此統一者又非可說爲存有，只標示自我之境，則吾人所崇敬者本只有一，只有此超存有義之境界。由此，吾人對達此境者生崇敬讚美想，此似不必即與宗教中崇拜一有存有意味之權威時所懷之崇敬心情等同。〔註53〕

在此勞氏極力想要區分兩種崇敬感，一是指向具有存有意味的權威，二是指向主體境界，勞氏儘管承認儒家聖境會有崇敬式的體驗內容，但此崇敬是指向後者而非前者。而牟氏顯然是把道德和宗教合在一起看的，所以他很可能不會承認這種區分，而會認爲崇敬感既來自聖境，也指向做爲獨立存有的天道。

當然，這種把形上學命題全都化約爲倫理學命題的詮釋，並不符合牟氏本人建立一套代表儒家圓教之形上學的意圖，也忽略了工夫體驗的論證效力。楊祖漢即說：

> 若人在踐德，依道德理想而自命時，確有此由體證而來的對天命、天道的肯定，則道德形上學便有根據。……儒家的道德的形上學因基於道德實踐，則雖會有其理論困難有待解決，但不必因理論之困難而否定其合理性。又即使是就理論層面上說，理性本來便有此形上學之要求，故儒家之形上學可滿足此理性求完整、統一之要求。若一定要把儒學限定於人生界及倫理的領域。不許它有形上道體的肯定，又不許它對一切存在作根源的說明，這其實是不自然的，違反理性本身的願望的做法。〔註54〕

這是針對勞氏「存有地位」之質疑而發。楊祖漢指出，人的理性本就有探討存有、建構形上學的願望，而因道德實踐而有的工夫體驗，也確實涉及了形上本體與萬物之存有，「道德的形上學」正是滿足了這兩點。也就因爲如此，我們不必因爲它所可能有的理論困難，就否定儒學是基於道德價值來理解存有，或是否定儒學中有涉及存有的部份。儒學是以價值原則爲根據來規定存

〔註53〕 勞思光《書簡與雜記》，頁 259。
〔註54〕 楊祖漢《當代儒學思辨錄》，臺北：鵝湖，1998，頁 110。

有原則，或說對存在界做一道德理性上的價值的解釋，故存有與價值本來是一，而非先分立存有與價值，再論其如何合一。其論證看似是這樣的：理性具備了工夫體驗到存有的能力，若理性能夠完全發揮，就必涵一形上學的建構，或者反過來說，建構形上學才能使理性發揮地完滿。這樣的形上學，或許在理論次序上並不高於倫理學，但不代表它能被化約到倫理學命題。因此，形上學在儒學重構上是必須的，儒學本就有這層義理在。

　　儘管牟氏想要樹立儒家形上學，但原則上我們可以宣稱：儘管牟氏有此意圖，不代表他以工夫論內容來回應形上學問題的研究成果，必定成功地滿足其意圖。我們當然可以承認道德實踐的重要性，但楊祖漢之說還是會受到質疑：是否所有人的理性，都帶有建構形上學的要求呢？抑或僅是有些人如此認定，再把它擴大到全部人的理性上呢？這個問題並不容易回答。不僅如此，就算我們承認人類理性廣泛具有建構形上學的願望，也不代表我們應該去滿足此願望，除非我們另外有很好的理由，來說不滿足此願望會引發什麼樣的嚴重後果。這類為牟氏辯護的說法，是要透過對理性的理解與規定，來論證儒家形上學的合法性。這在牟氏那裡是頗有跡可循的，諸如道德理性三義，以及把道德感看成內容真理，都是這樣的努力。如果我們不承認「道德的形上學」，其實就是不承認理性有透過工夫實踐來把握存有的可能性在。

　　此外，楊祖漢也提供了「存有與價值合一」的兩個理論功能，來說明其合理性：

> 首先道德實踐本來便有善化一切存在之要求，而現實上的不合理的存在事物，會使人興起此現實之存在不應該存在，或此等存在並非真實存在的想法。於是希望透過一己的努力實踐，使不合理的存在成為合理的存在。故理想的道德價值，可藉由實踐而顯現於現實的存在中，而不是憑空的幻想。而且就因為有這存有與價值為一的肯定，才會有無限地求善化一切的動力。如果道德原則不就是存有原則，人何以會追求一公平、合於正義的世間？……故既然在聖人的境界中，顯示了存有與價值的一致，我們便有理由相信，世界的存在之實相，是本來如是的。聖人的化境，印證了天地生萬物的真實情況，又如果價值與存有不一，道德秩序與宇宙秩序是不相干的兩套，則聖人何以能達此不假思索而自然合於道之境？〔註55〕

〔註55〕　楊祖漢《當代儒學思辨錄》，臺北：鵝湖，1998，頁134。

蘊含「存有與價值合一」一義的天道，一來可以充分說明人何以能有善化一切的動力，此善化即是改善萬物的存在狀態。二來它可以充分解釋聖人何以能夠達致「上下與天地同流」的境界，或說聖人就是在其境界中得知了存有與價值的一致。這兩點是緊密相關的，因爲人正是要透過善化一切的工夫實踐，來達致儒家的聖人境界。或說天道不僅是工夫實踐的根據，也是工夫實踐到極致時所體現者，這的確是牟氏理論的應有之義。

上述觀點若要成立，則我們必須堅持，若不承認此種意義下的天道，則善化動力與聖人境界就無法得到最佳解釋。但如果我們可以只透過倫理學（包括價值論與工夫論）來提供解釋，亦即可以不承認天道做爲一形上本體，則「道德的形上學」雖不會被全盤否定，但其中的一切思維內容與理論功能，就僅限於倫理學領域，而不及於形上學領域。也就是說，就算我們承認工夫實踐有其超越根據、有其價值根源，承認工夫實踐涉及了萬物的存在狀態，那也可以只是倫理學內部的討論，而並不屬於形上學的論域。〔註 56〕或者從問題分析的角度說，它在問題表述上誠然是「形上學」，但在問題域上則被填入了工夫論內容，在此意義下，「形上學」其實並非一個獨立的理論問題，它的功能僅僅在於描述工夫論內容的性質。

綜上所述，牟氏「道德的形上學」在倫理學上，的確有非常豐富的論述。但他以工夫論內容來回應形上學問題，把工夫論和形上學的問題域合併在一起的思路，產生了一些疑難之處。當然，這些疑難並非不能有合理回應，但牟氏無疑地必須面對一種理論競爭：如果可以基於倫理學的問題設定，就把儒家哲學的思維內容都充分地予以呈現出來，爲何我們還需要設定形上學呢？形上學的問題設定，相較於倫理學，能夠帶來什麼不可取代的詮釋優勢嗎？

或許我們可以換個角度來思考問題：牟氏指出，儒學的工夫論內容，並不能單純地被視爲是倫理學的一部份，所以他試圖透過形上學的問題設定來

〔註56〕 在定義上，我們似乎也可以把超越根據或價值根源的討論，納入形上學的範圍。譬如閔仕君即把形上學區分爲範疇本體論（先驗原理的探究）、宇宙本體論（根本性實體的探究）與意義本體論（意義之本、價值之源的探究）三種。他更指出，牟宗三「道德的形上學」的理論目標與貢獻，主要是就意義本體論而言的。然而，這裡所言的意義本體論，是否真的回應了形上學問題，抑或只是回應到倫理學問題，恐怕尚有許多討論空間。參見閔仕君《牟宗三「道德的形而上學」研究》，成都：巴蜀書社，2005，頁 3～24。

表述之。當然，許多人認為「道德的形上學」並不能真正成立，但這並不代表儒家工夫論真的完全屬於倫理學的問題域。牟氏告訴我們，儒學當中的某些重要義理，尤其是工夫體驗的論證效力，需要有更深一層的概念術語來呈現之，而不能侷限於倫理學範圍。

　　總而言之，那些試圖把「道德的形上學」理解為倫理學的種種說法，雖然自有其合理之處，卻沒有把握到儒家工夫體驗的重要性，因為它們在解消形上學意義的同時，也連帶地解消了工夫體驗的論證效力。如果不能提供其他處理工夫體驗的方案，那麼這些倫理學式的理解，恐怕是遺漏了牟氏理論中最為關鍵之處。

三、「超越內在」與「人禽之辨」有所衝突嗎？

　　接著筆者想討論一個有趣批評，此批評與前述諸說並無直接關係，但回應此批評，可以對牟氏理論做出一些補強。馮耀明認為，在牟氏理論中，天道做為形上本體是既超越又內在於萬物的，本體只能有一，萬物共享同一本體，此本體不因個體之多而多。不僅如此，牟氏認定此既超越又內在的本體，就是儒家道統的本質所在，是孔孟以至於胡劉陸王皆肯認者。但「超越內在」之說，和孟子「人禽之辨」，前者主張萬物為一，後者則嚴分人禽，這就不能不有所衝突了。據此思路，馮耀明試圖論證：孔孟思想中並無此「超越內在」之說，且此說會為儒學帶來極大的理論困難，而筆者將站在牟氏立場來給出回應。

　　要解消這一可能衝突，我們必須尋求外於本體的理據，來解釋人與禽獸之間的差異何在。牟氏正是如此做的，他承認人禽共同具有同一本體，但他當然也承認，在道德實踐的能力上，人禽相去甚遠，甚至是人必有而禽獸必無的。故牟氏以「本體論地圓具」來說人禽之同，並解釋了「天道性命相貫通」何以成立；又以「道德實踐地具」來區分人禽之別，並解釋了何以人能達到「萬物皆備於我」的境界而禽獸不能。〔註57〕但馮耀明則指出，依王陽明、熊十力「草木瓦石皆有良知」的思路，良知既是一種道德實踐的能力，則不只是禽獸，草木瓦石皆應有道德實踐的可能。若不承認禽獸乃至於草木瓦石有道德實踐的可能，就不應說它們亦有良知可言。當然，依宋明儒，當我們認定人能道德實踐而禽獸不能，是由於人之氣稟清明而禽獸之氣稟濁

〔註57〕　牟宗三《中國哲學的特質》，《牟宗三先生全集》卷28，頁57。

暗，也就是說，天生的氣稟清濁，可以決定道德實踐的可能與否。但在馮耀明看來，這會導致「氣質命定論」：無論是人、禽獸或草木瓦石，其道德實踐能否真正實現，或是能否成為君子、聖人，全是由天生的氣質清濁所決定的。如此一來，儒家聖境的達致與否，主要是由天生氣質而非後天工夫所決定的，這就使工夫實踐的價值與意義大幅減弱了。〔註58〕

為了更有力地說明這一點，馮耀明甚至提出了一個有關吸血外星種族的思想實驗。他設定了一個「德古來」族，此族人人皆已透過工夫實踐而達到「天人合一」境界，但由於種種因素，他們必須定期吸取相當份量的人類血液，其種族才能持續繁衍下去。問題來了：「天人合一」〔註59〕的理想，要求我們去考量萬物的最大福祉；而孟子的「人禽之辨」，則為福祉的滿足排出了先後次序。兩者合在一起，就導致了以下的道德義務：對任何具有道德能力者而言，要讓「道德能力或修養較高者」在福祉分配上獲得優先權。在此原則下，人類似乎就應該提供血液給德古來族。但若不採取「天人合一」的立場，則儒家原本的道德義務應是：對任何具有道德能力者而言，要讓「與自己同種族者」在福祉分配上獲得優先權。據此，馮耀明試圖論證「天人合一」的立場並不合理。然而，我們其實可以簡單加入一條但書來避免此困難：沒有任何一個具有道德能力者，應該為了其他具有道德能力者的福祉危及生命。

「超越內在」之說是否為孔孟思想所本有，涉及了我們如何理解孔孟的文本材料，此處姑且不論。重點在於，以「超越內在」來理解儒學，是否真的會產生馮耀明所言的困難呢？要避免此批評，一個辯護策略是以「氣質命定說」只適用於人禽之別，而不能擴大到人與人之別。工夫修養的意義之所以減弱，是由於人能否達致聖境，是被天生氣質所決定，但只要堅持天生氣質無法限定人能否達致聖境，即可避免此困難了。事實上，此辯護也符合我們的常識，因為人禽之別乃是不同種族之間的區別，而人與人之別乃是同一種族內部的區別，在區別的性質與程度上，前者本來就遠大於後者，所以不能因為某標準明顯適用於前者，就說它必然也適用於後者。所以，「超越內在」與「人禽之辨」並不需要有所衝突。

〔註58〕 馮耀明《「超越內在」的迷思：從分析哲學觀點看當代新儒學》，頁77～85。
〔註59〕 必須注意的是，馮耀明對「天人合一」的理解，接近於一種泛神論，是以天地萬物做為一個緊密連結的整體，共享一道德心靈，以萬物之間沒有本質上的區別。

第五章　重構視角下的方法論反省

儒學重構的主要目的，在於將儒學內容用有系統的、符合哲學的理論形式呈現出來。然而，並非所有人都認可此種做法：中西文化的差別如此之大，怎麼能夠把源於西方的「哲學」一詞套用在儒家上，認定儒學是一種哲學呢？當然，也有許多學者認定了傳統義理相當於哲學，並積極參照西方哲學的概念術語，來進行現代意義下的中國哲學研究。牟、勞兩家的儒學重構，正是承繼這樣的思想背景而有的，其成果也被視爲現代儒家研究的重要一環，一來是他們對工夫論有足夠的重視，二來是其成果具有很高的哲學性。

重構成果必得要具有哲學性，才能夠被視爲是儒家哲學研究。然而，當我們說重構成果屬於儒家哲學時，其哲學性是根源於何處呢？本有主義認爲，哲學性來自於古典儒學的本有內容；方法主義認爲，哲學性來自於重構時所採用的一套方法架構。釐清本有主義的觀點，並考慮方法主義的挑戰，有助於我們反省牟、勞兩家的儒學重構，以及儒學研究未來所應有的方向。爲了更好地說明這一點，以下將區分古典儒學與現代儒學兩個概念：前者指傳統儒學本有的思維內容，後者則指現代學術體制下的、基於中國哲學學科而有的研究。

第一節　重構成果的哲學性從何而來？

一、古典儒學與現代儒學的性質差異

現代儒學的研究成果，確實有了系統性的形式，可以突顯出嚴謹的理論

結構，但這足以反映古典儒學的核心關懷嗎？有些人認爲，現代儒學中那些屬於哲學的、強調理論思辨的研究成果，與古典儒學強調工夫實踐的性質格格不入，甚至忽略了修養成聖才是儒學的主要目的。這暗示了以西方哲學爲主要參照的現代儒學，在儒學發展上未必有正面意義，其方法架構無法恰當地對應到古典儒學的核心關懷。

　　傅斯年於 1926 年分別寫給胡適與顧頡剛的信中，皆強調中國嚴格說來沒有哲學，甚至說這是「健康的一路」，因爲以西方哲學的術語或方法來解讀傳統義理，不是割離，便是添加。〔註1〕他認爲，在傳統義理與西方哲學之間，無法對應的內容頗多，能夠對應的內容頗少，之所以有「中國哲學」一詞，乃是出於日本的編派，並非中國自身的翻譯所本有。左玉河則從學術分類的角度，指出中國學術分科是以研究者本身和地域爲主要標準，但西方則是以研究對象爲主要標準，故中國學術體現爲家學、通人之學，西方學術體現爲科學、專門之學。〔註2〕這不僅指出傳統儒學內部並無現代意義上的學術分類，更代表：透過哲學學科來進行儒學研究，大大影響了我們對於儒學的理解。韋政通也曾說：

> 支持他們生活最強烈的因素是用世，是直接參與政治並影響社會，他們對政治社會有強烈的責任感、使命感，能遇明主採納他們的意見實現他們的抱負，才是人生最大的願望。這些人物，有的也重視修養問題，有的則重視學術問題的思考；重視前者，是因德性修養被認爲是實現社會理想的根基，重視後者，不過是當作達成外顯目標的工具。〔註3〕

強調人格境界的修身，以及強調政治理想的用世，才是儒者們的最終關切，相較之下，理論思辨更多地是修身、用世的描述與輔助。也就是說，在古典儒學那裡，理論思辨是不能脫離修身、用世而獨立出來的，如果我們僅僅強調理論思辨，古典儒學的核心關懷就很容易被忽略掉。

　　誠然，源自西方的學科分類與哲學理論，對我們理解古典儒學有著不可磨滅的影響，而現代儒學所產出的成果，也多限於理論思辨的層次，而非個

〔註1〕　給胡適的信，見《傅斯年全集》卷7，長沙：湖南教育出版社，2003，頁38。給顧頡剛的信，見《傅斯年全集》卷1，頁459。

〔註2〕　左玉河《從四部之學到七科之學——學術分科與近代中國知識系統之創建》，上海：上海書店，2004，頁19～26。

〔註3〕　韋政通《中國思想傳統的創造轉化：韋政通自選集》，頁13。

人在修身、用世上的具體操作。如李澤厚所言，現代型哲學家的特色之一，便是哲學作爲其專業，和其人格修養與行爲規範並無必然聯繫。他把熊十力、梁漱溟與馮友蘭、牟宗三對照起來，指出熊、梁屬於前現代，道德人格與學問知識仍是混而未分，要求同一。如馮、牟等課堂上講解哲學的學者卻並不要求自身行爲和所持的哲學主張要有實踐上的一致。〔註4〕這隱隱代表，現代儒學只重視理論思辨而忽略了工夫實踐。

若現代儒學之所以有異於古典儒學，是由於採用了哲學的方法架構來進行研究，那麼它之所以忽略了工夫實踐，是不是也應該歸結到此類方法架構之上呢？答案恐怕是否定的。因爲工夫活動的有無，與方法架構的有無，兩者之間並沒有必然關係。上文所言的修身與用世，主要代表的是工夫活動而非工夫論。由於種種因素，相較於古代儒者，現代學者確實不必爲自身有無工夫活動而負責，但這不代表其研究忽略了工夫論。況且，古代儒者亦有不進行工夫實踐者。由此可見，有無工夫活動，是學者的自我定位與意願問題；有無工夫論、工夫論呈現地如何，才是方法架構的問題。現代儒學的確已經把理論思辨與工夫活動截然區分開來，但不代表其不注重工夫論的研究。若我們以儒學原意包含了工夫活動的要求，則哲學的方法架構確實無法對應到此原意。但若儒學原意並不包含此要求，則方法架構就不需爲工夫活動的有無而負責。

事實上，牟氏與勞氏都非常重視工夫論，並積極地要以工夫論爲核心來建構儒學的理論體系。他們認爲，哲學研究所採用的方法架構，可以把儒學的思維內容系統性地呈現出來，並完整地對應到其原意。當然，這並非主張牟、勞兩家已經成功做到這一點，而是要說方法架構原則上可以有這樣的功能。

我們很可以承認，儒學的修養傳統在現代已然是中斷了，或至少是不如古代那般有系統、有組織、有計畫。然而，現代儒學是否應該爲實踐的有無而負責？有些學者即以此來批評牟氏，鄭家棟即說：

> 強化儒家思想的宗教性內涵至少要包括以下兩個方面的努力：一是凸顯儒家的天命、天道作爲宗教性的超越性存有的意義；二是強化儒家思想作爲一種修身之學的工夫論意義。前者關涉到宗教信仰，後者則關涉到宗教實踐。牟先生的理論在以上兩個方面均有欠缺：

〔註 4〕李澤厚《中國現代思想史論》，天津：天津社會科學院，2003，頁 298。

就宗教實在而言，他歸宗於宋明儒家也就必然淡化了先秦儒家之天命、天道觀念的宗教性內涵；從工夫實踐方面講，他似乎又不及宋明儒講的虔誠而落實。〔註5〕

讓我們把焦點放在第二個批評上，並區分出兩種概念：一是工夫實踐做爲個人的行動本身，二是工夫實踐做爲此類行動的論述內容。兩者之間並無必然關係，行動論述不必有個人行動，個人行動也不見得要對行動論述有高度認識。所謂工夫實踐不夠虔誠而落實，是就個人行動義而言的，關鍵在個人是否有意願去執行。但工夫論的優劣與否，則是就行動論述而言的，關鍵在有沒有恰當的問題設定與術語界定來呈現之。以個人行動的有無來批評行動論述的優劣，是一種相當嚴重的混淆，因爲個人行動與行動論述各自適用於不同判斷標準。當然，行動論述對於個人行動可有一定的指導作用，如果有人按此論述積極修養自身卻無進展，那此論述確實有值得修正之處。〔註6〕但它恐怕難以爲個人意願的有無而負責。

事實上，牟氏自己就曾試圖回答過此問題：

但問題是在：當人汨沒陷溺于利欲之私、感性之雜之中而喪失其本心時，又如何能求有以復其本心？答此問題誠難矣哉！其難不在難得一思考上之解答，而在雖得一思考上之解答而不必眞能復其本心使之頓時即爲具體之呈現。蓋此種問題非如一數學問題或一科學知識問題之有答或無答之簡單。此一問題，說到最後，實並無巧妙之辨法可以使之「復」。〔註7〕

對於「陷溺物欲之某人如何恢復本心」一問，可以有兩種解讀：一是要求某人恢復本心，喚醒其行善意志，並有相應的道德實踐。此解讀下的適當答案往往因人而異，可能是道德譴責、可能是觸景生情，也可能是當頭棒喝，故牟氏才稱其爲難答。二是要求對行爲事件的分析，如機制說明或過程描述。此解讀下的適當答案，是分析客觀現象並歸納出機制中的環節，包括陷溺物

〔註5〕 鄭家棟《當代新儒學論衡》，臺北：桂冠，1995，頁223。

〔註6〕 勞氏的某一說法，或許就是據此而發：「牟宗三先生本身的研究成果有自身的理論價值，只是終究不能與成德之學混爲一談……因爲若無實際的成德之學，即便講理論十分細膩精巧，但實際上的意志狀態卻與常人無異，於是顯不出自我轉化的成果，便不能說是中國哲學的出路。」見勞思光〈對中國哲學研究之省思——困境與出路〉，《中國文哲研究通訊》第20卷2期，2010年6月，頁199～200。

〔註7〕 牟宗三《從陸象山到劉蕺山》，《牟宗三先生全集》卷8，頁135。

欲何以可能、恢復本心何以可能，其中涉及了哪些要素等，適用於所有人。這兩種答案很不一樣，第一點的答案不能用以回應第二點，反之亦然。牟氏關心的無疑是第一點，所謂「當下警覺而肯認之」，即是描述了某種工夫體驗，而我們必得要有工夫實踐方能有此體驗。因此牟宗三才說：「此問題乃根本不許吾人就『如何』之問、繞出去從外面想些物事以作解答。乃須當下收回來即就自己本心之呈露而當下警覺以肯認之。」〔註8〕這就代表，此問題所要求的答案，是個人行動而非行為分析。

　　儘管在古典儒學那裡，理論和實踐確實是不分的，但不代表現代儒學要為實踐與否負完全責任。理論對實踐意願的影響力有限，意願的有無，更多地是來自個人成長過程中的自覺努力與潛移默化。也就因為如此，因不能推動個人工夫實踐而批評現代儒學的理論，已經超出了儒學重構的原先目的。注重個人實踐當然有其意義，但我們不能要求儒學重構為此負責。

二、中國性與哲學性是否衝突：本有主義與方法主義

　　如果儒學重構的成果屬於中國哲學，那我們應該如何定位這樣的哲學？中國哲學有何性質，又具備有哪些面向？對此，學界顯然有許多各不相同的意見，這是「中國哲學的合法性」問題曾引起廣大迴響的原因。根據劉笑敢的整理，對於「什麼是中國哲學」的論述，大致可區分為三組觀點：

> 第一組觀點主要強調中國哲學的「中國」二字，即其中國性、民族性和傳統性，這組觀點有三種代表性的說法：（一）中國哲學即經學和子學。（二）中國哲學即義理之學。（三）中國哲學即體現中國文化特點的哲學。第二組觀點大致也有三種說法，重點在強調中國哲學的「哲學」二字，即其現代性、哲學性或學術性。（四）中國哲學即比較哲學。（五）中國哲學是哲學，而不是思想史或文獻學。（六）中國哲學是一門現代學科。第三組觀點進一步擴展了第二組的觀點，重點強調中國哲學的動態特點，即進行時，發展型和未來型的特點。這一組觀點也大體有三種相關的說法：（七）中國哲學即在中國的哲學。（八）中國哲學的概念應該發展為漢語哲學。（九）中國哲學是在生成和延續過程中的哲學事業。〔註9〕

〔註8〕　牟宗三《從陸象山到劉蕺山》，《牟宗三先生全集》卷8，頁137。
〔註9〕　劉笑敢〈再論中國哲學的身分、功能與方法——紀念唐君毅先生誕辰一百週年〉，《中國文哲研究通訊》19卷4期，2009年12月，頁40。

這些觀點是對中國哲學研究（當然也包括儒家哲學）的定位，或說是其研究成果所應反映出的價值。〔註10〕而因應不同定位與價值，就應有不同的方法架構來處理之。這些定位與價值之間不見得互斥，用同一套方法架構來滿足它們，不僅是可能的，甚至是必須的。故鄧曦澤說，「中國哲學的合法性」最終要回歸到方法論與言說方式的層次上來討論。〔註11〕這就代表，光是承認古典儒學是中國哲學，或指出儒學所應有的定位，只是一個起步。當代研究所面臨的問題，主要是在方法層次：我們如何有一套恰當的方法架構來進行儒學重構？若要充分回應之，我們就必須更深入地來考慮儒家哲學一詞當中所謂的「哲學」。

讓我們從反省以下兩個問題開始：其一，儒學重構的中國性與哲學性，是否可能相互衝突？其二，重構成果的哲學性，其根源為何？對於這些問題，可以有方法主義與本有主義兩種立場。值得注意的是，本書之所以區分兩種立場，並非是要樹立一個標準，來說儒學研究中有對立的兩個陣營，或說方法、內容何者在研究進行上更為優先（我們應能同意兩者需要並重）。筆者的主要關切是，牟、勞兩家皆持本有主義，反省其可以如何面對方法主義的挑戰，有助於我們更好地反省其重構成果，以及「儒家哲學」的更多意涵。

方法主義認為，中國性與哲學性很可能相互衝突。也就是說，越強調中國性，哲學性就會越見減少；越強調哲學性，中國性就會越見減少。由於把儒學特質與哲學性質區分開來，哲學性就並不來自於儒學內容本身，而是來自於一套哲學的問題設定與方法架構，它能夠把原本不屬哲學的古典儒學予以哲學化。所以，對方法主義者而言，儒學重構（或說儒家哲學研究）是指採納儒學資源的哲學研究，是以解決所設定的哲學問題為本位。〔註12〕

〔註10〕 值得注意的是，這三組觀點，相當程度對應到本書在緒論所言的中國性、哲學性與整體性。但必須注意的是，學界這些說法廣泛地包括了哲學研究、哲學史研究或思想史研究，而本書所言則主要針對了哲學史研究，有探求儒學原意的強烈要求在其中。

〔註11〕 鄧曦澤〈合法性、方法論、格義與言說方式之牽掛——從二零零五年五月香港會議談起〉，《鵝湖月刊》第 362 期，2005 年 8 月。

〔註12〕 另有一種觀點，懷疑以「中國哲學」一詞來代表中國思想傳統是否合宜。如歐陽敏就指出，嚴格說來，哲學是西方文化傳統所專有，除非我們採取類比或譬喻式的用法，否則中國哲學不需要被視為哲學。考慮到中國思想傳統的獨立性，用 Sinosophy（中國傳統智慧）一詞來替代 Chinese Philosophy（中國哲學）或許更好一些。見 Ouyang Ming, 2012, "There is no Need for Zhongguo Zhexue to be Philosophy", Asian Philosophy, 22(3): 199～223.

　　方法主義的思路，延伸出對於儒學研究的兩種思維：一是強調方法所帶來的哲學性，二是排斥方法所帶來的哲學性。

　　強調方法所帶來的哲學性者，主張一種採納儒學資源的哲學研究。如朱利安（Francois Julien）即說，中國哲學研究主要不是在問中國哲學的本質為何，而是要考慮中國文化裡有哪些哲學上可以利用的成分，並排除那些只把思想合理性建立在歷史脈絡上的情況。〔註 13〕在此意義下，儒學並不能直接被視為是一種哲學傳統，其內容必須經過哲學方法的處理、形塑與改造，才能具有哲學性。這樣的儒學重構，是指採納儒學資源的哲學研究，亦即以解決哲學問題為本位，而後採納儒學的思想資源來回應之。

　　值得注意的是，就算認定古典儒學並非哲學，也不代表它的價值因此減損，而可能導致另一種立場：古典儒學的價值不需要透過哲學一詞來界定。如德希達（Jacques Derrida）即指出，「哲學」一詞為古希臘以來的歐洲文化產物，不應該逕自將其套用在中國傳統之上。〔註 14〕另一種較弱的版本是，就

〔註 13〕　朱利安（Francois Julien）〈法國對中國哲學的研究〉，收入戴仁編、耿昇譯《法國中國學的歷史與現狀》，上海：上海辭書，2010，頁 367～368。

〔註 14〕　必須澄清的是，論及中國有無哲學者，多引用德希達宣稱中國無嚴格意義的哲學來做討論，但德希達講這話時的意圖與立場，常常被有意無意地曲解。至少在《書寫與差異》一書的訪談中，是訪談者先問他為何自居於哲學的邊緣或極限，在此情況下要如何看待哲學的穩定性，他才有這段回答的。據此，德希達其實是在說明自己的研究策略或視角，根本沒有判斷中國傳統優劣高低之意。由於要解釋穩定性，或說自己的學思基礎，他自然會採取一種比較嚴格的定義。而為了對應到哲學的開放與不受侷限，他自然也要對其他文化的思想傳統表示敬意。所以，與其說德希達是在說中國傳統沒有哲學（在漢語學界常被看作一種貶詞），不如說他是在說中國傳統有些不可被化約到西方哲學的、必然有其獨特價值的成分，這才能呼應到他自己所說的，哲學的邊界有不斷重新估價或重新描述的必要。由於這類曲解太過嚴重，以下將訪談的相關部分引出，以供讀者參照與辨正：「問：您曾說過：『我所嘗試的是將自己保持在哲學話語的極限處』（《立場》，頁 14）。後來您又將那本從多方面看都是《書寫與差異》的延續的著作命名為《邊緣：論哲學》。如果哲學與非哲學的界限總是相對的、移動的，那麼又如何去思考能夠保持一般哲學姿態的那種『穩定性』或持續性呢？即便這種穩定性是充滿問題的？答：的確，哲學與非哲學的這種界限有不斷重新估價或重新描述的必要。在哲學與非哲學之間並不存在一種靜態的、明晰的界限。從某種角度講，哲學的性質，哲學自身的運動，就在於征服一切空間，在於不肯接受存在著哲學的某種外部。而哲學家正是認為哲學空間是不受限制，因此也就不存在著局限的那種人。而且他傾向的是將非哲學納入、內化到哲學之中。這個界限永遠不是給定的，因此必須不斷地同時查測揭示它的定居之地，觀察它的位移，並去移動它，既然這種界限不是靜態的（如您所言，

算把古典儒學看成是一種哲學傳統，當我們運用方法架構來進行研究時，所呈現出來的思維內容，也必定某程度上受到了形塑或改造，因而不能完全對應到原意，故其哲學性有相當部份是來自於方法架構。以譬喻言之，古典儒學有如一棟中式樓房，而問題設定與術語界定有如一套施工藍圖與技術，研究過程即是要把中式樓房改造成爲現代風格的建築。

排斥方法所帶來的哲學性者，主張復歸傳統義理的原有框架與脈絡，是透過排斥哲學性來強調中國性。如方朝暉就有系統地比較了儒學和哲學的差異，包括概念、對象、功能以及思維方式等，更指出在傳統義理中，經典必須結合自己的生活經驗來理解，治學和修身是不分的，但現今的學科體制，決定了今人不需以古人的方式治學。〔註 15〕他甚至認爲，中國哲學史這一學科的負面作用遠大於正面作用，因爲它只重視抽象思辨而忽略工夫實踐，但後者才是儒學的精華所在。〔註 16〕這樣的觀點，顯然認爲中國性和哲學性有不小的衝突，故要復歸儒學本意，不應採取「中國哲學」及哲學的方法架構，而應採取「經學」或「國學」模式，因爲過度參照西方哲學的概念、問題與理論，會使得儒學的特質湮滅不彰。

其主要理據是，相較於古典儒學，現代儒學在概念術語、問題設定、論證推演以及理論結構上，都是以西方哲學爲主要參照對象。而難以否認的是，如果以西方哲學爲標準來篩選傳統義理的思維內容，許多儒學所特別看重的

它是移動的），問題就變成了『什麼』是哲學的問題。什麼是人們以一致的、系統的方式命名的哲學？既然我們這裏是面對中國讀者在說話，我想說，我曾經——現在依然如此——受到海德格式的那種肯定的吸引，他認爲哲學本質上不是一般的思想，哲學與一種有限的歷史相聯，與一種語言、一種古希臘的發明相聯：它首先是一種古希臘的發明，其次經歷了拉丁語與德語『翻譯』的轉化等等，它是一種歐洲形態的東西，在西歐文化之外存在著同樣具有尊嚴的各種思想與知識，但將它們叫作哲學是不合理的。因此，說中國的思想、中國的歷史、中國的科學等等沒有問題，但顯然去談這些中國思想、中國文化穿越歐洲模式之前的中國『哲學』，對我來說則是一個問題。而當它引進了歐洲模式之後，它也就變成歐洲式的了，至少部分如此。這也是馬克思主義、中國式馬克思主義問題的來源等等。我想要說的是，我對這種非歐洲的思想絕不缺乏敬意，它們可以是十分強有力的、十分必不可少的思想，但我們不能將之稱爲嚴格意義上的『哲學』。」見德希達（Jacques Derrida）著、張寧譯《書寫與差異》，臺北：麥田出版，2004，頁 15～16。

〔註 15〕 方朝暉《「中學」與「西學」：重新解讀現代中國學術史》，保定：河北大學，2002。

〔註 16〕 方朝暉《學統的迷失與再造——儒學與當代中國學統研究》，西安：陝西師範大學，2010，頁 119。

部份，就容易被忽略甚至取消掉。儘管本有主義者會堅稱，此參照只是一種針對形式的系統化，只是用更有條理的形式來呈現出儒學內容，而原則上不去改變其原意，但方法主義者則會說，系統化過程必然會對我們的文本理解產生影響。因為我們並非先對古典儒學有充分理解，才用一套方法架構來將其「轉述」成為有系統的理論形式，而是先熟悉了現代術語體系（很大一部分是從西方思想中翻譯而來）才來理解古典儒學。當然，這之中未必有絕對的孰先孰後，一個更為恰當地說法是，在儒學重構的研究過程中，或者透過現代術語來理解儒學文本，或者思考儒學內容要用哪個現代術語來表述，兩者是交互進行而難以明確區別開來的。

　　故方法主義者認為，因參照西方哲學而有的中國哲學，並無法真正擺脫西方哲學的框架，因而無法真正呈現儒學本身的特質。簡而言之，現代儒學並不能相應於古典儒學。由此可見，類似「中國沒有哲學」的說法，有時是出自於一種尊重，是要說傳統義理不宜完全化約到「哲學」的框架內來理解。

　　值得注意的是，方法主義並不能直接等同於一種「原意無法被確知」的詮釋學立場。這是因為，它是立基於哲學學科對現代儒學的重大影響而有的發言，此類影響在古典儒學的發展過程中前所未有，唯佛學傳入中國勉強可以比擬。但哲學學科所帶來的、以問題設定為主的論述模式，為儒學發展所帶來的轉折，是佛學傳入所遠遠不及的。〔註 17〕此外，所要處理的文本材料與思維內容越多，我們也就越需要依賴一套方法架構，找出其主要脈絡，並做一番統整、組織與建構理論的工作。處理內容越多，方法架構的影響就越不可忽視。倘若只是研究一篇短文，而可以詳細處理其中的每字每句，那麼方法架構的影響力就會小上許多。故現代儒學的研究成果，其哲學性主要是來自此方法本身。

〔註17〕　如張祥龍即說：「在今天，要搞『中國文化本位的哲學研究』勢不可能，因為『哲學』本身，包括『中國哲學』，浸透了西方哲學的方法論，絕非幾個口號和意向可驟然改變的。中國的哲學只有與西方哲學，特別是激變之後的現代西方哲學進行更深入且多維的對話，緣構發生，方有希望擺脫目前仍然存在的『被征服』的狀態。」見張祥龍《從現象學到孔夫子》，北京：商務印書館，2001，頁 190～191。值得注意的是，張祥龍之所以提出這一點，是為了論證現象學方法運用在傳統義理上的可行與價值。這乍看之下似乎有點矛盾，因為現象學方法也是西方哲學的產物，但張祥龍顯然認為，現象學方法更能貼近儒家所論及的、具體生動的倫理情境，因為儒家的道德論述並非傳達了任何存在預設，而是「揭示出一個人與人相互對待、相互造就的構成原則，一種看待人生乃至於世界的純境域的方式」。

至於本有主義，以哲學性是自儒學內容本身而來，亦以古典儒學爲一種強調工夫論的哲學傳統，此傳統有其內在結構與發展脈絡，方法架構能夠忠實地呈現其內容與特質。也就是說，研究者所運用的問題設定與術語界定，是爲了把儒學的本有內容用系統性形式呈現出來。故所謂儒學重構（或說儒家哲學研究），意在呈現此傳統的核心要義，是一種採納哲學資源的儒學研究，亦即以古典儒學的思維內容爲本位，而後採納哲學的思想資源來呈現之。在此意義下，古典儒學本來就是一種哲學傳統，儒家文獻本來就是哲學文獻，它們本身就具備有哲學性。也就是說，在本有主義那裡，中國性和哲學性非但並不相互衝突，反而還必然是一致的。這是因爲，哲學性的主要標準，就是來自於儒學本身，所以哲學方法的主要功能，就是把儒學的內容與特質給完整呈現出來。以譬喻言之，古典儒學是一棟中式樓房，而那些問題設定與概念約定，是一種對此樓房的描述或反映，研究過程則是要忠實呈現出樓房原本的建築結構。

那麼，本有主義者要如何面對方法主義的挑戰呢？或至少是說，堅持本有主義，可以帶來哪些方法主義所沒有的好處？面對「儒學本來不具有哲學性」或「現代儒學不相應於古典儒學」之說，本有主義的回應主要有二：

其一，古典儒學本就具有哲學內容，只是缺乏有系統的理論形式，故現代儒學才需要進行一種系統性重構。現代學者所提出的方法架構，是用以呈現儒學本有的內容，這完全可以對應到儒學原意，而沒有任何形塑或改造的成份。胡適即指出，中西文化並非有本質上的差異，並非先天上就不可相容，歷史背景條件的種種不同，才是造成文化差異的主因。〔註 18〕他更強調，中西文化在發現、思考與解決問題的理性思維能力上並無二致，此能力是所有人類文化所共有者，所以中西思想交流融合的可能性無庸置疑，借用西方思想來印證古代學說更是可行的。成中英也認爲，沒有理由不能用西方的概念或範疇來分析中國哲學，但也不代表所有西方概念與範疇都能用於分析中國哲學，其實不適用者甚多。之所以要如此做，是爲了運用西哲資源來做本體的、知識的、語言的詮釋，以達到中國哲學在本體、觀念、邏輯、知識結構與語言義理上的澄清與創新。〔註 19〕

〔註 18〕 「簡單地說，歷史的看法只是認爲東方人和西方人的知識、哲學、宗教活動上一切過去的差別都只是歷史造成的差別，是地理、氣候、經濟、社會、政治，乃至於個人經歷等等因素所產生，所決定，所塑造雕琢成的。」見胡適〈中國哲學史裡的科學精神與方法〉，收入歐陽哲生編《胡適文集》卷 12，頁 398。
〔註 19〕 成中英《從中西互釋中挺立──中國哲學與中國文化的新定位》，北京：中國人民大學，2005，頁 34～36。

其二，以哲學可區分爲多種類型，而中國哲學正是其中一種。此觀點通常也以文化發展到某種程度就會產生哲學，所以中國文化必有屬於自身的哲學，而儒學就是中國哲學的代表。馮友蘭曾說，人類的思想不分國界、哲學不分東西，這已經不以哲學爲歐洲文化的專屬產物。〔註 20〕而張岱年更明確指出中國哲學是哲學的類型之一，並對照於西方哲學來指出中國哲學的諸多特點，如合知行、一天人、同眞善、重人生而不重知論、重了悟而不重論證、既非依附科學亦不依附宗教等。〔註 21〕承此思路，陳來進一步說：

> 我們就必須承認，各個民族的文化都對人類文明發展有所貢獻。在這個意義下，「哲學」本來就是文化，就是一個家族相似的概念，西方哲學只是哲學的一個例子，而不是哲學的標準。因此，「哲學」，不論是內容或方法，不應當只是西方傳統的特殊意義上的東西，而應體現爲世界多元文化的一個富有包容性的普遍概念。〔註22〕

這是要把哲學的指涉範圍擴大到世界上的各大文化，建立一種哲學多元主義。如此一來，世界各地皆有哲學可言，並且它們各自皆可被視爲獨立發展的傳統，故哲學在起源上是多元的，在內容上是多樣的。這同時也隱隱蘊含了下列觀點：古典儒學和現代儒學之間有很強的連續性，並未因學術轉型而使儒學傳統從此斷絕，或者是說，現代儒學是承繼於古典儒學的發展演變，兩者並非截然異質的。

由此可見，儒學重構當中的「哲學性」，除了先前論及的概念清晰、論證嚴謹以外，從更爲寬廣的角度來看，還具有以下三個相互關聯的重要意涵：其一，肯定儒學爲一延續千年以上的哲學傳統，有其自身的發展脈絡與獨特關懷。這同時也代表中國文化具有屬於自身的哲學傳統，並且就是以儒學爲主流。其二，肯定古典儒學與現代儒學並非截然異質的兩套，現代儒學就是古典儒學在現代社會的直接承繼與發揚。這同時也代表儒學傳統在現代社會當中有其定位，而非僅是博物館中的陳跡。其三，以儒學可與其他哲學傳統深入對話、交流與激盪，並進一步爲人類文明創造價值、做出貢獻。這同時也代表儒學能夠進入世界哲學之林，成爲未來思想潮流的一環。如此一來，

〔註 20〕　馮友蘭《三松堂自序》，《三松堂全集》卷 1，頁 180。
〔註 21〕　張岱年《中國哲學大綱》，《張岱年全集》卷 2，頁 2～9。
〔註 22〕　陳來《現代中國哲學的追尋：新理學與新心學》，北京：三聯書店，2010，頁 18～19。

本有主義必須堅持儒學內容的整體性，儘管其中有些部份並不容易用理論思辨的形式呈現出來，能否滿足此一要求，將決定本有主義的進路是否暢通。在此意義下，我們就必須基於儒學的內容與特質，來嚴格檢驗哪些源於西哲的理論或方法適用於重構儒學。

回顧思想發展的脈絡，儒學之所以基於中國哲學的框架來進行重構，與其說是一種自由選擇，不如說是要回應西方思想所帶來的一系列衝擊。由於哲學在西方文明那裡自有其價值與定位，在各方面皆以西方為標竿的中國轉型期裡，儒學、哲學兩者之間的磨合與融通，或許是不得不然之舉。如此一來，哲學在西方文化中的價值，才能為儒學所繼承，使得儒學於歷經如此重大的變動後，在中國文化裡還能保有哲學那樣的學術定位。本有主義正是在此觀點下成型的，以下即要來看，牟、勞兩家的重構成果如何對應到本有主義的思路。

第二節　整體評價

一、從本有主義來看「道德的形上學」

要了解「道德的形上學」何以出現，可以從西方思想對於儒學的影響開始說起。清朝末年，西風東漸，種種因素交織之下，「中國有哲學」一說漸漸開始為中國學人所接受。而隨著學人對西方哲學的了解加深，形上學及其相關術語，遂開始被運用在中國哲學研究之上。陳來即指出：繼承中國古典哲學的問題意識，以中國傳統哲學的固有主張和觀念為核心，以西方哲學的概念格義之、發明之，為 20 世紀常見的「中國哲學」的表現形式。〔註23〕牟氏「道德的形上學」一說，顯然正是承繼了這樣的思想背景。

第一位基於形上學的問題設定來研究中國哲學者，當屬王國維。他於 1905 至 1907 年間所發表的〈孔子之學說〉中，明確在章節標題上使用了「形上學」一詞，並指出孔子所說的「天」兼含四義：主宰、自然理法、宇宙本原與天命。其中的自然理法、宇宙本原兩義，都有相當的形上學意涵，譬如自然理法是「管理流行於一切現象間之陰陽二氣」者，宇宙本原則是「超絕一切現象界」、「恒永久而不變不滅」者。〔註24〕這樣的做法，一定程度上是為了證

〔註23〕　陳來《現代中國哲學的追尋》，北京：人民出版社，2001，頁 15。
〔註24〕　王國維〈孔子之學說〉，收入王國維撰、佛雛校釋《王國維哲學美學論文輯佚》，
　　　　　上海：華東師範大學，1993，頁 30。

明中國哲學確實有哲學性可言。承此思路，馮友蘭在《中國哲學史》兩卷本中設定了本體論：研究「存在」之本體及「眞實」之要素者，張岱年在《中國哲學大綱》設定了本根論：論宇宙之最究竟者。如果我們爲形上學下一個簡單的定義：研究根本性的存在及其性質者，則所謂本體論與本根論，皆可說是形上學的同義詞。馮、張兩家，皆是有意識地要透過形上學來研究傳統義理，或說是找出傳統義理當中，那些可以被視爲形上學的部份。郁振華曾對民初以來的諸多形上理論做了綜合性的分疏與研究，指出大多數學人承認了形上學的合法性，反映出當時學人對形上學的積極興趣。儘管他似乎沒有明確區分「形上思維」與「形上學」，或說沒有探問這些理論能否算是嚴格意義的形上學，但在這之中，確實有採納傳統資源來建立形上學的積極嘗試。所謂「中國式形上學」，即是因此時代背景而有的思路。〔註25〕

　　這樣的做法，是「中國有哲學」此一認知的直接延伸：由於西方哲學具有形上學，如果中國有哲學的話，那麼其中也必然包括了形上學，就算沒有形上學的嚴格理論形式，也必然具有形上學的思維內容。尤其是，爲了要與西方哲學比肩，我們更應該去找到一種「中國式形上學」。此思路之所以出現，是由於中國哲學始終無法擺脫與西方哲學的比較，如羅根澤所說：「中國的哲學，其價值是不是衹在與西洋某一哲學家相同？假使如此，那末中國哲學便根本不必研究。」〔註26〕這原是要反對輕率的比附，反對把傳統學說和西方學說逕自等同起來。但此一思路的延伸，對中國哲學的價值形成了巨大威脅：如果西哲和中哲都是在回應相同的問題，甚至給出的回應方案也差不了太多，那站在純粹解決問題的立場，我們研究西哲就好了，根本不用研究中哲。這隱隱指出，所有中哲學說原則上都可以被化約爲西哲既有的某種理論，於是西哲足以取代中哲的哲學價值。此說有些極端，許多人不會接受，但也就

〔註25〕　「從內容上說，形上的智慧首先指向的是對存在的追問，這屬於普通所說的天道觀、玄學、形而上學的範疇。雖然，在中國現代哲學史上，有少數人持反形而上學的立場，但是，大多數的哲學家還是肯定了形而上學的合法性，並且積極地從事形上學體系的建構，出現了像梁漱溟的生命本體論、張東蓀的泛架構主義的宇宙觀，熊十力的新唯識論、馮友蘭的新理學、金岳霖的論道體系、賀麟的新心學、馬克思主義的辯證唯物論、張申府和張岱年兄弟的解析的辯證唯物論等形上學體系。」見郁振華《形上的智慧如何可能？──中國現代哲學的沉思》，上海：華東師範大學，2000，頁 5。

〔註26〕　羅根澤〈中國學術思想史的計劃〉，收入韋政通編《中國思想史方法論文選集》，臺北：大林，1981，頁 103。

因為這樣的挑戰，學者們才積極地要去突顯中國哲學本身的特質，積極地要去建構一套「中國式形上學」。

　　牟氏「道德的形上學」，無疑正是這類努力中最有貢獻者，也是最有爭議者，是一種兼顧中國性與哲學性的積極努力。〔註27〕本節即意在說明：相較於西方哲學，「道德的形上學」展現了什麼樣的特質，使得它得以滿足中國性？又，牟氏何以認定其真的處理到了形上學問題，使得它得以滿足哲學性？

　　牟氏認定，「道德的形上學」不僅證成了形上本體與解釋萬物存在，其理論體系還較西哲傳統（包括康德哲學）要高明。此一宣稱能否成立，實有不小爭議，但至少我們可以先問，他何以能夠有如此信心呢？這充分反映在牟氏對道德理性三義的說明之上：

> 這「具體清澈精誠惻怛之圓而神之境」，如果想把它拆開而明其義理之實指，便是在形而上（本體宇宙論）方面與道德方面都是根據踐仁盡性，或更具體一點說，都是對應一個聖者的生命或人格而一起頓時即接觸到道德性當身之嚴整而純粹的意義，（此是第一義，）同時亦充其極，因宇宙的情懷，而達至其形而上的意義，（此是第二義，）復同時即在踐仁盡性之工夫中而為具體的表現，自函凡道德的決斷皆是存在的、具有歷史性的、獨一無二的決斷，亦是異地則皆然的決斷，（此是第三義）。〔註28〕

牟氏以宋明儒者能夠契合於先秦儒家所開發的、因工夫實踐而達致的聖人境界，只要認可並達到了此境界，就可打破應然與實然之間的截然二分，更好地解決康德所面對的、應然與實然如何合一的問題。當然，承認了此三義，是否必定就能打通應然與實然之間的鴻溝，恐怕尚有許多討論空間，但至少我們可以看出牟氏的理據為何。

　　牟氏稱第一義為「截斷眾流」，以本心、良知所提供的道德法則，其內容不被任何外在對象所決定，也就是「意志自律」一語所強調者。牟氏認為，儘管康德在分析道德的普遍性、必然性與無條件性上有很深入的探討，但其

〔註27〕　「中國性」一詞，是在與西方哲學相比較下，為了強調中國哲學本身的特質而有的說法。但本書所處理的材料，並未涉及佛道兩教，而是以儒家為主。加上儒學為中國哲學的主流，故許多學者論及中國哲學時，常常是就對儒學的理解來發言的。因此這裡所提到的「中國式形上學」，也可以直接視為是「儒家式形上學」。

〔註28〕　牟宗三《心體與性體》第一冊，《牟宗三先生全集》卷5，頁121。

思想也僅僅有發揮這第一義，是純概念思辨的進路，而不及後面兩義。第二義爲「涵蓋乾坤」，以本心、良知不僅是成就了道德行爲，更能直透天地萬物，有其宇宙論、形上學的意義，爲天地萬物共享之本體。此義所論及的「宇宙的情懷」，即是一種超越的道德情感，它可以讓我們把握到天道和宇宙萬物的超越面向，或說涉及了超越界。第三義爲「隨波逐浪」，以本心、良知不僅是「定然命令之純形式義」，「還要在具體生活上通過實踐的體現工夫，所謂『盡性』，做具體而眞實的表現」。這一來是說，道德實踐並非空口白話，而必須進入到生活週遭的種種情境之中，做出眞實具體的道德選擇；二來是說，在這種種情境與種種選擇中，工夫實踐不斷地在進行，體驗內容不斷地在累積，做爲工夫實踐之超越根據的本心、良知，其實質內容必得要在此過程中得到證成，或說得到顯現。〔註29〕

　　此中關鍵在於，牟氏把工夫論內容納入了形上學的問題域，並以此爲解決形上學問題的最佳進路。第二義所言的道德情感，即是儒家式的一種悲憫情懷，它推動了工夫實踐，或說使工夫實踐得以可能。第三義則是強調，工夫實踐及其相應體驗，賦予了本心、良知以實質內容。第二義和第三義，無疑地皆在儒家工夫論的問題域之內，而牟氏正是基於工夫論內容來建構出一套「道德的形上學」。西哲傳統缺乏此一工夫論進路，故不會有中國哲學的高度，這即是牟氏何以有如此自信的理據所在。

　　此觀點也反映在牟氏對於「眞」、「信念」以及「證成」三個條件的理解上。在筆者看來，牟氏有此思路：對於分解的形上學，或說純概念思辨的形上學，我們完全可以承認它爲眞，因爲其理論體系可以透過一組定義而推演出來，使得體系中的命題皆是分析地眞。牟氏自己也意識到，在承認兩層存有論、人人皆有智的直覺、道德行動必是自主自由自律、逆覺體證的可行性等前提下，他所謂「道德的形上學」是分析地爲眞，這就滿足了「眞」的條件。以天道爲例，若我們以規定工夫實踐必有一超越根據存在，又規定天道就是此一根據，則天道存在就是分析地爲眞。

　　而選擇了儒家價值、有著儒家式道德情感者，即是接受了儒學的價值與合理性，並堅不可移地相信儒家天道的存在，這就滿足了「信念」的條件。

　　最爲關鍵的「證成」，是一套使眞信念得以轉換成爲知識的可信程序。牟氏堅決認爲，唯有工夫實踐足以擔當此一程序，只要工夫修養以達致聖境，

〔註29〕　牟宗三《心體與性體》第一冊，《牟宗三先生全集》卷5，頁142～143。

同時也就使儒者對於天道的眞信念轉換成爲知識。此程序必然要基於實踐來達成，是要有工夫體驗的長久積累方可完成，光是概念思辨，永達不到這樣的證成。如此一來，天道就再也不只是一個因純思辨而有的、空洞無物的形式概念，而可透過工夫實踐來賦予其以體驗內容。

牟氏據此指出了康德與儒家的差異所在：

> 這個問題的關鍵是在：他所分解表現並且批判表現的實踐理性只是形式地建立，一方未能本著一種宇宙的情懷而透至其形而上的、宇宙論的意義，一方亦未能從工夫上著重其「如何體現」這種眞正實踐的意義，即所謂「踐仁盡性」的實踐工夫，因而其實踐理性、意志自由所自律的無上命令只在抽象的理上的當然狀態中，而未能正視其「當下呈現」而亦仍是「照體獨立」的具體狀態。依儒家說，無論是「堯舜性之」，或「湯武反之」，無論是「即本體便是工夫」，或「即工夫便是本體」，這無上命令，因而連帶著發這無上命令的自由自主自律之意志、心性，都是隨時在具體呈現的。然而這境界，康德未能至，此即是人們所以常稱之曰形式主義之故。（形式主義是第一步，並不錯，只是不盡）。〔註30〕

這裡明確指出，康德所言的實踐理性，是純概念思辨下的產物，有形式義而無內容義，既沒有考慮到超越的道德情感，也缺乏工夫實踐及其相應體驗。若能有道德情感的發動與工夫實踐的體驗，則實踐理性就必有一當下呈現的具體狀態，也就必有其實質內容可言，而這正是儒家所勝過康德處。由此可見，牟氏的主要策略，是把工夫實踐看成儒家哲學當中的關鍵，透過工夫實踐所提供的體驗內容，我們可以更好地把握、理解某些概念術語，甚至在某些問題上有更好的回應，譬如如何使天道得到證成。儘管在名言上，「天道」、「良知」與「實踐理性」之所指，因應上下文而略有不同，但「因工夫實踐來賦予其實質內容」這一思路，則是完全相同的。更進一步說，這樣的賦予，在儒家聖境那裡才能實現到極致，在此意義下，我們可以說聖人完全體現了天道、證成了天道。〔註31〕由於把工夫實踐視爲對天道的證成程序，因工夫

〔註30〕 牟宗三《心體與性體》第一冊，《牟宗三先生全集》卷5，頁145。

〔註31〕 另一段相同思路，但更偏重聖境之理論功能的文本如下：「內聖之學，心性之學，惟在開闢此道德創造之眞幾以爲吾人之大主，亦且爲宇宙之大主。而理不空言，道不虛懸，必以德性人格以實之。德性人格者即體現此大主、體現此創造眞幾之謂也。體現之極致即爲聖。圓教者亦相應聖人境界而言也。故儒家道

實踐而有的體驗內容，可直接對應到天道做為形上本體的種種性質，所以體驗內容就和天道結合起來，使得天道再也不只是人爲定義下的形式概念，而可以眞正符應於形上本體。

　　以上是對「本心證成天道」的說明，而「本心創生萬物」的成立，亦是基於類似思路。同樣地，此命題可以透過人皆有智的直覺、智的直覺可直接把握物自身、事物的存在必須依靠一「在其自己」的性質才得以成立等前提，而分析地爲眞，也可以是儒者們的信念。至於其證成，則是要以工夫實踐爲可信程序，來把「萬物存在」從眞信念轉換成爲知識。或者按牟氏自己的說法，「萬物存在」若要成立，則必須賦予萬物以「在其自己」的性質，此性質可說是事物之所以能和其他事物有別的、之所以能夠獨立存在的那個性質，亦可說是事物得以存在的超越根據。但光是認定此根據存在，頂多是停留在眞信念的層次，我們需要一套可信程序來使「萬物存在」由眞信念轉換成爲知識。而工夫實踐正是這樣的可信程序，它使得萬物那「在其自己」的性質，不只是人爲定義下的、純形式的概念，而是有工夫體驗的相應內容在其中。也就是說，當工夫修養到了一定程度，使得主體能夠直接體驗到萬物本身時，就是爲萬物的「在其自己」加入了體驗內容，從而使「萬物存在」成立。

　　這一思路，可說是牟氏之所以區分五峰蕺山系與象山陽明系的原因之一。伊川朱子系與其他兩系之間的區別，爲牟氏所一再強調，不需多言。然而，儘管牟氏也分五峰蕺山和象山陽明爲兩系，卻甚少論及兩者之間的差異，反而還經常強調其相同之處，以兩者皆屬「道德的形上學」。那牟氏爲何還要做此區分呢？五峰蕺山系有「以心著性」義，此乃象山陽明系所無，那「以心著性」有何重要性，因而要據此區分出兩系呢？牟氏指出，五峰、蕺山是先客觀地講性體，象山、陽明則是直指心體，乍看之下，兩者似乎沒有太大區別，而且皆可言逆覺體證。但牟氏認定五峰、蕺山是先有了客觀自存的本體概念，而後以工夫體驗來證成之，這就完全對應到牟氏「本心證成天道」與「本心創生萬物」的論證次序，即「以心著性」所以成立的理據。至於象山、陽明，則是工夫修養達致聖境後，才轉而把握到本體本身。所以嚴格說來，象山陽明系並無「因工夫實踐來賦予本體以實質內容」這一論證程序，而是先有工夫體驗，而後意識到體驗內容即是形上本體的內容。

　　德哲學之有形上的意義與宇宙論的意義必依踐仁知天之圓教而理解始不誤，一離乎此，則迷茫而亂矣。」同上書，頁339。

由此可見，牟氏以工夫論內容來回應形上學問題的思路，同時滿足了中國性與哲學性，亦可說是自覺地把傳統上所強調的工夫實踐，納入到哲學理論當中來考量，並賦予其論證或證成哲學命題的理論效力。有些人可能會認為，我們當然可以承認傳統義理中有許多工夫實踐的描述，但實踐與否與理論建構完全是兩回事，實踐的好壞與理論的好壞也並不相干。主張實踐與學問合一不分的牟氏，顯然就是要打破這樣的認知，他所強調的逆覺體證，正是要用工夫實踐的達成來建立形上學理論，是要把儒學的核心關懷，在現代學術的標準下，用哲學系統的方式呈現出來。儘管許多人不會同意牟氏的思路，但必須注意的是，就算我們認定「道德的形上學」並未處理到形上學問題，也不代表它在儒學重構上的貢獻減低，相反地，那些牟氏認為屬於形上學的思維內容，仍然可能是儒學的哲學性與核心要義所在。

二、牟氏透過工夫體驗來保證工夫論的可理解性、普遍性與必要性

牟氏指出了工夫實踐及其體驗內容在儒學當中的重要性，並據此來說「本心證成天道」與「本心創生萬物」。而由先前論述可知，天道與萬物的獨立實存，恐怕是不能因此而得到證立的。然而，某些觀點也讓我們注意到，牟氏的重構成果並非毫無意義，它或許有過度推論的情況，但卻仍有其哲學價值。如傅偉勳所言：

> 道理不像真理，毋需經驗事實的充分檢證或反檢證（sufficient confirmation or disconfirmation），但絕不能違反、抹殺或歪曲經驗事實。道理的特質是在依據見識獨特而又意味深遠的高層次觀點，重新發現、重新了解並重新闡釋現前現有的經驗事實對於人的存在所能彰顯的種種意義。道理所能具有的哲理強制性與普遍接受性（但絕不是客觀真確性），本質上是建立在相互主體性脈絡意義的合情合理與共識共認。合情合理指謂道理的強制性；共識共認則指道理的普遍性，意謂相互主體的可體認性與可接受性。如果我們仍想套用「真理」一辭到道理上面，我們就應該說，道理乃是關涉人存在（human existence）的相互主體性真理（intersubjective truth），而非客觀真理（objective truth）。〔註32〕

〔註32〕 傅偉勳《從西方哲學到禪佛教》，頁 228。

這裡區分了「道理」與「真理」兩個概念：「真理」乃是對應到客觀真確性，需要通過事實的檢證；而「道理」則對應到強制性與普遍性，這更接近於一種價值，其合理性來自於主體之間的共同認可。據此，牟氏理論或許不能屬於「真理」，但在「道理」的層次上則有相當貢獻。從儒學重構的角度看，牟氏試圖把儒學當中的工夫實踐與體驗內容，納入形上學的問題設定來理解，並賦予其證成形上本體與解釋萬物存在的效力。故工夫體驗的有無，決定了「道德的形上學」之證立與否。儘管工夫體驗未必真有證成形上學的效力在，但我們仍可考慮它具有什麼樣的哲學意義，或說它在儒家哲學當中具有怎樣的地位。依傅偉勳的思路，儒家對於工夫實踐及其根據的思維內容，都應當歸屬於「道理」。也就是說，儘管牟氏建立儒家形上學的意圖未必成功，但我們不應忽略，牟氏試圖把儒學中的重要思維內容，透過哲學語言來表述與呈現，或說把工夫體驗納入形上學體系以進行一種哲學化。而在面臨某些難以避免的批評時，那些以「本心證成天道」與「本心創生萬物」為倫理學命題的詮釋，似乎反映出：若要把工夫活動予以哲學化，倫理學的問題設定會比形上學來得更為合理。

　　論述至此，筆者想要指出：牟氏的努力與貢獻，其實並不在於形上學的建構，而是在於儒學的系統性重構，尤其在於工夫實踐及其體驗內容的哲學化上。也就因為如此，就算「道德的形上學」沒有證成任何形上學命題，也不代表牟氏的儒學重構是以失敗告終，我們仍然可以承認「道德的形上學」成功哲學化了儒學的重要義理。而牟氏理論中最具有創發性的部份，莫過於以工夫體驗為證成天道的可信程序，和以工夫體驗賦予了萬物那「在其自己」的性質。當然，許多人認為「本心證成天道」與「本心創生萬物」並不能算是形上學命題，但在一種同情的理解下，我們還是可以承認，把工夫體驗納入儒學重構的核心考量，可以為我們理解天道流行與萬物存在帶來更豐富的意義。那就是說，許多儒學中所論及的概念與命題，皆包含有工夫體驗的內容，譬如「萬物皆備於我」、「盡性知命知天」、「仁者，以天地萬物為一體」等表述，實際上都反映出了很強的體驗性質，甚至其本意就是在於描述聖境所具有的工夫體驗。

　　那麼，當牟氏把這類工夫體驗視為一種證成，它究竟證成了什麼？或者說，工夫體驗可以帶來什麼哲學意義？西哲所謂證成，是要賦予真信念以成為知識的性質，或說是把真信念轉換成為確定的知識，這樣的知識是普遍的，

是對所有人都有效的。當一套形上學被證成，它在理論上就應該被所有人所接受，如果有人不接受或反對，代表他的理性沒有充分發揮，或說他因爲某些因素而產生偏見。但牟氏所謂證成，則是要論證工夫論的可理解性、普遍性與必要性。從工夫論的角度出發，「天道」是道德義務與道德動力的最終來源，而「萬物」是工夫實踐所要改善的對象，它們的理論功能在於描述與支持工夫論。在工夫實踐前，它們做爲必然可能實現者而存在；在工夫實踐中，它們做爲實踐過程的要素而存在；在達致聖境後，它們做爲道德理想的反映而存在。

在此意義下，「天道」與「萬物」的證成，其實是要反映出下列三者：一是可理解性，即人必然能夠理解如何透過工夫實踐來達致聖人境界，這是爲了應對有人因不可能理解而不去實踐；二是普遍性，即所有人都有達致聖境的能力、動力與潛力，這是爲了應對有人因不可能做到而不去實踐；三是必要性，即人人都應該以工夫實踐爲人生必行之事，這是爲了應對有人因沒有意願而不去實踐。可理解不代表可能做到，可能做到不代表有意願做到，這樣的證成代表，人不能因爲自己不可能理解、不可能做到或沒有意願做到，來做爲不進行工夫實踐的藉口。

依此思路，牟氏所言的本體，可說是介於形上本體與倫理價值之間的概念，我們沒有足夠理據來說此本體的存在是客觀事實，卻也不能簡單視其爲主觀價值。這是因爲，其證成的主要方式在於工夫體驗，一來我們不太容易去承認體驗內容屬於客觀事實，二來工夫體驗似乎不僅是主觀建構出來的價值。在儒家看來，人人都能藉由工夫實踐而達致聖境，儘管這通常需要長期的實踐與積累，但此本體有眾多道德主體的工夫體驗所共同支持。這樣的儒學重構，是把工夫實踐當成理論核心，是問題設定與術語界定要來配合工夫實踐的操作過程，而非基於前者來篩選後者的哪些內容屬於哲學。

梁漱溟曾指出，中國傳統上的儒釋道三教都強調反躬向內的實踐活動，理論思辨的成分並非沒有，但更像是一種副產品。〔註 33〕徐復觀亦有類似觀點。〔註 34〕儘管兩者所要達到的結論有些微差異：梁氏意在反對以「哲學」之名來框限傳統思想，而徐氏意在反對以「（西方）形上學」來框限儒家思想，

〔註 33〕 梁漱溟《梁漱溟全集》第 7 卷，山東：山東人民出版社，1989，頁 757。

〔註 34〕 徐復觀〈有關中國思想史中一個基題的考察〉，《中國思想史論集續編》，上海：上海書店，2004，頁 255。

但從中我們可以看到，他們都強調了工夫實踐才是儒學義理的核心，不能被簡單地化約爲理論思辨。而牟氏的儒學重構，正是把工夫論與形上學的問題域重疊起來，用工夫論內容來回應形上學問題，或者是說，基於形上學理論來將工夫實踐及其體驗內容予以哲學化。這一方面使工夫論內容透過形上學語言而表述出來，二方面使其有了如形上學一般的、最爲根本的理論地位。

三、勞氏忽略了天道、萬物與工夫體驗的重要意義

以儒學當中具有倫理學內容，乃是學界共識。但從種種質疑與詮釋來看，設定形上學，特別是以「道德的形上學」來代表儒家的圓教型態，是頗有爭議的做法。當然，我們也可以只將儒學視爲一套倫理學，而勞氏正是如此做的。在他看來，孔孟心性論並不涉及形上學內容。此觀點所遭遇到的質疑，並非推論有效與否，而是能否涵蓋儒學重要義理。從其成果來看，基於價值論的問題設定來重構儒學，似乎不好充分解釋儒家對天道、萬物的種種敍述，也難以處理工夫體驗的論證效力。

勞氏極力指出，孔孟言天並非形上本體，以其僅是虛說，而沒有獨立於主體自覺以外的實際意義。在文本解讀上的一個案例，就是他反對以《中庸》「天命之謂性」一說來解讀孟子學說：

> 蓋若以「性」出於「天」，則「性」比「天」小；換言之，以「天」爲一形上實體，則「性」只能爲此實體之部分顯現；由「天」出者，不只是「性」。如此，則何以能說「知其性」則「知天」乎？「其」字自是指「人」講，「知其性」縱能反溯至對「天」之「知」，亦只是「天」或「天道」之部分，人不能由知人之性即全知「天」也。
> 〔註35〕

這是把《中庸》「天命之謂性」理解爲「性出於天」，並要透過論證「性出於天」與《孟子》「知其性，則知天矣」的不一致，來指出孟子思想並未如《中庸》那樣，以天爲一形上本體。或者是說，若以天爲形上本體，「知其性，則知天矣」是解不通的。勞氏並未指名任何人，但由於牟氏是以天道爲一形上本體，故我們可以視此說爲對牟氏的可能批評。當然，牟氏很可能如此回應：「知性知天」，是以性體與天道在內容上同一，天道與性體的關係是「理一分殊」、「月映萬川」，故性體發揮就可以是天道的完全顯現。

〔註35〕　勞思光《新編中國哲學史》卷一，頁 144～145。

勞氏也注意到這一可能回應，故他又說：

> 以「性」與「天」相等，如此則天所具之一切性質或內容，均爲「性」之所有，而且二者內容全不可分辨，如可分辨，則不「相等」。由此推之，「天」與「性」成爲二名一實之關係。吾人可說「天」是「性」之別名，亦可說「性」是「天」之別名。如取此說，則《孟子》本文中所說之「存其心，養其性，所以事天也」，已不可解；且取《孟子》書中言「性」之語，以「天」字代之，則處處皆不可通。〔註36〕

在此必須區分兩種意義的「同一」：勞氏言「同一」是同實異名，亦即「性」與「天」在所有性質上都完全相同，其區別僅僅在於表述上，故在任何語句中它們都可以相互替換。這是從邏輯蘊涵的角度來看待「性」與「天」之間的關係。但牟氏言「同一」，則是指道德法則的內容同一。對儒家而言，人雖然爲性善，但善的實現與否有賴於人的選擇與實踐。而天道則總是化育萬物、流行不已。據此，人能選擇是否實現天道，卻不能選擇天道是否流行，因此「性」與「天」在《孟子》文本中無法隨意替換。在此意義下，「性」與「天」同樣提供了道德實踐的根據，在道德法則的內容上完全同一，但「養性」是就工夫實踐的選擇與過程言，「事天」是就工夫實踐的方向與目標言，「性」與「天」還是有其不應混淆之處。

對此觀點，牟氏曾有如下評論：

> 勞思光最反對我們講道德形而上學。他說道德就是道德，何必要形而上學呢？他說儒家都是根據存在學講道德。我說正好相反，儒家都是根據道德來講存在，並不是根據存在來講道德。根據存在來講道德是形上學的道德學。勞思光故意把儒家講成說道德都靠一個宇宙論中心。他討厭宇宙論中心，討厭形而上學。某一種形而上學你可以討厭。儒家講的是道德的形而上學，不是形而上學的道德學，你怎麼相反來講呢？〔註37〕

所謂「根據存在學來講道德」，乃是對於道德概念的後設討論，可說屬於後設倫理學的一環。勞氏在一系三階段說的論證處理上，是相當細緻且明確的，頗可自成一家之言。然而，這些說法足以涵蓋儒學的主要義理嗎？廖曉煒即

〔註36〕 勞思光《新編中國哲學史》卷一，頁145。
〔註37〕 牟宗三《原始的型範第三部分・先秦儒學大義（三）》，《鵝湖月刊》第385期，2007年7月，頁11。

指出，勞氏是把對道德實踐的關懷轉換為價值哲學，這雖然使問題的討論更具普遍性，但其詮釋多少也存在窄化儒學的情況。〔註38〕那麼，哪些地方是勞氏所沒有處理到的呢？

首先，勞氏忽略了天道有其特殊意義在。比較牟、勞兩家對孟子「盡心知命知天」的解讀，可以很好地反映出這一點。

勞氏解「盡心」為發揮心之自覺功能；解「知性」為心發用到充足狀態，即可自覺其最高主宰性（或曰萬理之源）；解「知天」為心發用到充足狀態，即可把握本然理序（或曰萬事萬物之理）。〔註39〕由此可見，勞氏是以《孟子》之「天」為本然理序，而以《中庸》之「天」為形上實體。而牟氏的理解是：

> 「盡心」之「盡」是充分體現之意，所盡之心即是仁義禮智之本心。孟子主性善是由仁義禮智之心以說性，此性即是人之價值上異於犬馬之真性，亦即道德的創造性之性也。你若能充分體現你的仁義禮智之本心，你就知道了你的道德的創造性之真性。此中「盡」字重，「知」字輕，知是在盡中知，此亦可說是實踐的知，即印證義。你若這樣證知了你的真性，你就知道了天之所以為天。此知亦是證知義，在實踐中證知也。「天」是超越意義的天，是個實位字，即天道之天，天命不已之天，與天爵之天完全不同。〔註40〕

由此可見，牟氏把重點放在道德價值的體現與實踐上，他以「創造性」一詞來代表心、性、天皆有道德創造的功能，而「盡」即代表了此功能的充分發揮，至於「知」，則是指此創造性的證實與證知。牟氏也就根據道德創造的功能，或是人實現道德創造後所達致的聖境，來說心、性、天是一。

兩相比較，勞氏所言的本然理序，完全出自於道德主體，或說出自於良知、本心，「天」不過泛指萬事萬物之理而已，而此理可化約到主體自覺之來理解。牟氏則以「天」具有超越性，人若發揮了仁義禮智之心，就可把握天之所以為天。當然，我們不見得要同意儒家天道是一形上本體，但孔孟言天似乎也不應被過度簡化。蔡仁厚即說：

〔註38〕　廖曉煒《牟宗三・勞思光哲學比較研究——以儒學重建與文化哲學為中心》，頁102～103。
〔註39〕　勞思光《新編中國哲學史》卷一，頁146。
〔註40〕　牟宗三《圓善論》，《牟宗三先生全集》卷22，頁130。

> 勞先生的意思，認爲正宗儒家只是「心性論」，似乎不容許儒家有「天
> 道論」……照他這個講法，孔孟之教被縮小了，儒家「心性與天道
> 通而爲一」的義理規模被割裂而拆散了，「本天道以立人道，立人德
> 以合天德」的「天人合德」之教也不能講了。〔註41〕

由於把天道予以虛位化，「天人合一」或「天人合德」之說，在勞氏那裡就似
乎沒有一個好的解釋，或至少是沒有什麼特殊意義，而僅是主體自覺的另一
種表述或延伸，可以被化約到主體自覺來理解，如林維傑所言：

> 勞先生其實也可以有某種程度的辯解，此即由心（或良知）之主體
> 的「超驗義」著眼：本心良知乃超越於一切經驗而能涵蓋萬有，依
> 此而論，象山陽明所使用之宇宙論、造化之類的語詞，只是主體之
> 超驗性的投射或形變，而不具備真正的宇宙論或形上學意涵。〔註42〕

此類回應試圖指出，勞氏仍然可以對天道等語詞給出解釋，但此解釋的合理
性終究要訴諸於道德主體，而非宇宙論規律或形上學本體。由此可見，勞氏
實是要把儒學當中的形上學（甚至宇宙論）成份給解消掉，而在文本詮釋上
代之以主體自覺。儒家天道的特殊意義，也就因此而被忽略掉了。〔註43〕

其次，勞氏並未提供對於萬物存在的解釋，如牟氏所言：

> 如果照他們這種說法，儒家純粹是道德而不牽涉到存在問題，那麼
> 這樣一來，儒家除了《論語》、《孟子》以外，以後就只有一個陸象
> 山，連王陽明都還不純。這樣儒家不是太孤寡了嗎？當然他們這種
> 說法也自成一個理路，也不是完全沒有道理，這種說法主要是照著
> 康德的道德哲學來講的。〔註44〕

這儘管承認了勞氏理論的合理性，卻也指出勞氏的說法太過侷限，以致於捨
棄了儒學當中的許多重要經典與義理。在此意義下，勞氏是先設定了價值論，
取出儒學當中能夠對應於這套價值論的思維內容，而後建構出回應價值問題
的三種理論型態。至於那些不屬於這些型態的思維內容，就被排除在勞氏的
儒學重構以外。楊祖漢也說：

〔註41〕 蔡仁厚《新儒家的精神方向》，臺北：學生書局，頁141。
〔註42〕 林維傑〈宋明理學的分系問題〉，《東海哲學研究集刊》第15期，2010年7月，頁290。
〔註43〕 吳汝鈞曾有類似看法，他說：「德性我若只在主體的道德自覺、價值自覺方面說，不能上達於形而上的天命、天道，則境界仍是有限，不能成無限心，終是有憾。」見吳汝鈞《純粹力動現象學》，臺北：商務，2005，頁189。
〔註44〕 牟宗三《中國哲學十九講》，《牟宗三先生全集》卷29，頁71～72。

但是如果照勞先生的說法，那麼儒家的道德學或道德心性論就只能從個人主體的自覺不自覺來講，自覺克己復禮就可以表現道德價值，不自覺就落在形軀的慾望裏面，只講這一方面，對存在界便不能討論。即只關心個人生命能否自覺，而不能夠涉及到個體之外的存在界之問題。那麼如牟先生所說，存在界由誰負責呢？這樣的哲學思想未免太偏狹了一點。〔註45〕

牟氏認為，除了價值以外，儒學亦應對於存在界有一套合理的解釋。如果用主體自覺（心性論）一說來做為儒學的主要代表，雖然與儒學義理並不衝突，但對於萬物存在的解釋就付之闕如了，尤其是孟子「萬物皆備於我矣。反身而誠，樂莫大焉。」或是程顥《識仁篇》：「仁者以天地萬物為一體，莫非己也。」這些說法都確實涉及了自我與萬物之間的一種內部連結，或至少是主體的一種內在體驗。「萬物存在」在這之中具有怎樣的哲學意義，應該要有所解釋。而勞氏的解讀，往往強調了主體的價值自覺，並未論述「萬物」的存在地位，故楊祖漢又說，以本心、良知僅涉及價值而不涉及存有，以道德價值純為主體自覺之事，「此一詮釋既不合於文獻，亦不相應於由踐德而來的感受。」〔註46〕

其三，勞氏並未把工夫體驗納入儒家哲學的一環，或說是不以其具有任何哲學上的論證效力。牟氏主要是透過工夫體驗來解釋萬物的存在地位，以工夫體驗具有論證萬物之存在性質的效力。但在勞氏那裡，顯然沒有把工夫體驗當成是儒學重構的重要組成，鄭宗義即指出：

> 須知宋儒程明道〈識仁篇〉便以感通訓仁，並由仁心的感通無外、覺潤無方說仁者渾然與物同體，倡天道性命相通之旨。但依勞先生，說仁者渾然與物同體是發揮公心則可，若進而謂天道性命相通則不可，因為此乃主客不分、存有與價值不分、心性論與形上學不分的混淆說法。〔註47〕

我們不一定要把「渾然與物同體」視為是形上學命題，但它確實代表了一種工夫體驗，或說聖人境界所應有的心理狀態。然而，勞氏卻僅從「立大公心」

〔註45〕　楊祖漢《當代儒學思辨錄》，頁320。
〔註46〕　同上書，頁110。
〔註47〕　鄭宗義〈心性與天道——論勞思光先生對儒學的詮釋〉，劉國英、張燦輝合編《無涯理境：勞思光先生的學問與思想》，香港：中文大學，2003，頁69。

的角度來說明之。儒家本就強調天地位、萬物育，立定公心來進行道德實踐，本是儒學應有之義，但除此之外，「感通」、「覺潤」等表述，明顯反映出了一種工夫體驗。當然，勞氏對此應非毫無所覺，但他爲何沒有明確指出來呢？除了要避免主客不分、存有與價值不分以外，這樣理解勞氏可能更爲恰當：工夫體驗可以是主體的一種感受或活動，但這不代表它具有任何哲學上的論證效力。

　　勞氏的確論及了工夫論當中的實踐指導與聖人境界，他曾說：「順陸王的方向看，『道德境界』方是道德哲學的眞歸宿，『道德理論』只是附屬的部分而已。」〔註48〕其中，道德境界對應到的是工夫論，而道德理論對應到的則是價值論，儒學乃是成德之學，故重點還是落在工夫論上，價值論則爲一種附屬。然而，勞氏工夫論的問題域中，卻毫無工夫體驗的部分，這導致了工夫體驗的有無，對於哲學理論成立與否毫無影響。勞氏自己就曾說：

> 人由崇敬感自證其成聖之念非妄想，自是不虛，然此作用是附加作用。眞正使人確定聖之爲必然可能者，不在於現實上是否已有一已成之聖，而在於成聖條件爲何。〔註49〕

這裡所言的崇敬感，正是一種工夫實踐的相應體驗，而成聖條件則在於成聖意志本身。由此可見，在勞氏看來，僅管工夫體驗的確是主體所可有者，但價值根源必須由主體自覺來證成，工夫體驗對哲學理論而言，更多地是一種可有可無的副現象，而不具有嚴格意義上的論證效力。

第三節　儒學重構的方法論建議：以工夫論爲核心

　　如前所言，方法主義者所帶來的挑戰是，儒學重構更接近於「採納儒學資源的哲學研究」，或說就算我們以呈現儒學原意爲目標，所得成果也必然受到了方法架構的影響、形塑甚至改造。那麼，本有主義者應如何爲自己辯護呢？最好的回應方式，就是針對古典儒學的思維內容，量身定做一套獨特的方法架構，包括嚴謹的問題設定、精確的術語界定以及完整的理論結構，以滿足中國性、哲學性與整體性的要求。關於這一點，當代學者多有論及。景海峰認爲，中國古代哲人對宇宙人生的思考有獨特方式，所提出的問題也不

〔註48〕　勞思光《思辯錄——思光近作集》，頁48。
〔註49〕　勞思光《書簡與雜記》，頁260。

盡相同，有些根本與西方哲學無法類比。〔註 50〕陳來亦言，要準確呈現中國
哲學的義理結構，必須持「心知其意」的還原精神，瞭解中國哲學問題意識
的獨特性與獨特解決方式。〔註 51〕方法主義告訴我們，儒學重構往往是採納
了儒學的思想資源，來回應研究者自己的問題設定，故哲學性是來自於方法
架構。而本有主義者則會堅持，問題設定原則上可以和儒學所關懷的問題有
完美對應，其功能即在於呈現出儒學原有的哲學性。僅管現階段還稱不上完
美，但我們的方法架構可以逐漸朝此目標邁進。然而，這只是一種原則性的
宣稱，有沒有什麼更具體的建議可供依循呢？

　　牟、勞兩家的研究是立基於本有主義，這是以古典儒學爲一種哲學傳統，
乃哲學的眾多類型之一。勞氏就曾指出，若把哲學視爲歐洲文化專屬，則中
國哲學將被排斥於哲學研究的領域之外：

> 對這種看法本身，我也並無大反感。畢竟誰不是在一種傳統脈絡下
> 思考和言說呢？將哲學一詞依成俗使用有什麼錯處呢？不過，若是
> 一個人要了解其他哲學傳統，則這就是一種障礙了。移除這種障礙，
> 便須修改或擴大哲學概念。〔註 52〕

儒學做爲中國文化的獨有傳統，乃是成德成聖之學，工夫論即是其核心關懷
所在。而要更爲了解儒學，將其視爲哲學傳統並採納相關資源，即是一個很
好的方式。按此思路，我們應該把工夫論內容以哲學理論的形式呈現出來，
以充分反映其特質。事實上，當今學界對於工夫論已有充分意識，只是表述
上不盡相同，譬如用「生命」〔註 53〕、「實踐」〔註 54〕、「生活方式」〔註 55〕

〔註 50〕　景海峰《中國哲學的現代詮釋》北京：人民出版社，2004，頁 195。

〔註 51〕　陳來〈前言：「中國哲學史」的學科建設〉，郭齊勇等編《問道中國哲學：中國
　　　　　哲學史研究的現狀與前瞻》，北京：九州出版社，2014，頁 4～5。

〔註 52〕　勞思光《思辯錄——思光近作集》，頁 36。

〔註 53〕　牟氏即用「生命的學問」來概括儒學義理的性質。相關論述，見牟宗三《生命
　　　　　的學問》，頁 42～43。

〔註 54〕　強調實踐一詞者頗多，以下略舉兩篇論文：許宗興〈「中國生命實踐哲學」的
　　　　　範疇論〉，《華梵人文學報》第 8 期，2007 年 1 月。杜保瑞〈實踐哲學的檢證
　　　　　邏輯〉，《哲學與文化》第 42 卷 3 期，2015 年 3 月。

〔註 55〕　李明輝與陳少明都引用了法國哲學家 Pierre Hadot 的著作，來說中國在傳統上
　　　　　是把哲學看成一種生活方式，而中國哲學研究正應該考慮這一點來做出反省。
　　　　　分別見李明輝〈省思中國哲學研究的危機——從中國哲學的「正當性問題」談
　　　　　起〉，《思想》第 9 期，2008 年 5 月，頁 168～169。以及陳少明《做中國哲學：
　　　　　一些方法論的思考》，頁 140～143。

等語詞以及相應的哲學論述，來反映出這樣的特質。這就代表，在問題設定上，工夫論是必不可少的，其中的實踐指導、聖人境界與工夫體驗等三個面向，都值得進一步深入探究，特別是工夫體驗應當具有一定的論證效力。此外，工夫論乃是理論層級的第一序，故儒學當中的一切內容都要以工夫論爲前提來得到理解。也就是說，我們必須以工夫論爲基礎，來考慮方法架構如何滿足中國性、哲學性與整體性。

當然，牟、勞兩家的研究成果還未臻完美，消化並反省之，可望爲儒學重構的方法架構，提供一些更爲具體且有用的建議。

牟氏「道德的形上學」，或曰與此相應的方法架構，是把工夫實踐的超越根據，透過形上學的問題設定給呈現出來，並賦予工夫體驗以證成天道、本體的功能。天道、本體在儒者看來可說是無庸置疑的、必然存在的，它是人所以能夠修養成聖的關鍵，也和工夫體驗有著直接連結。儘管從現代哲學的眼光來看，儒者對天道、本體的堅持，或許只屬於眞信念的層次，而不能是客觀事實，但儒者的工夫實踐及其體驗內容，可以證成一種價值意義的本體。當然，「形上學」這一表述並不是太恰當，它帶來了「是否有（西方意義的）形上學」之爭論，或是「本心證成天道」與「本心創生萬物」能否成立的質疑。它們的證成，並不宜被理解爲客觀事實的證成，從工夫論的角度出發，「天道」是道德義務與道德動力的最終來源，而「萬物」是工夫實踐所要改善或轉化的對象，它們的理論功能在於描述與支持工夫論。在工夫實踐前，它們做爲必然可能實現者而存在；在工夫實踐中，它們做爲實踐過程的要素而存在；在達致聖境後，它們做爲道德理想的反映而存在。故所謂「證成天道」，是要論證工夫論的可理解性、普遍性與必要性。其中，可理解性是指人必然能夠理解如何透過工夫實踐以達致聖人境界，普遍性是指所有人都有達致聖境的能力、動力與潛力，必要性是指人人都應該以工夫實踐爲生命意義的重要一環。而所謂「創生萬物」，則論證了道德價值必得要在主體與萬物的互動當中顯現，代表了工夫實踐有改善或轉化萬物的強烈要求。

筆者認爲，儘管在許多表述上還頗有討論空間，但在同情的理解下，牟氏確實充分突顯出了儒學的獨特思路，爲「天道性命相貫通」等說法賦予了哲學上的合理性。儘管有些人可能會說，就算我們有著「體驗到天道」的體驗，其中的「天道」也只不過是幻覺。不過，幻覺仍是一種覺，當我們說自己看到的某某事物是幻覺時，這頂多是否定此事物的獨立實存，而不能否定我們有著「此

事物」的覺。同樣地，就算「天道」只是幻覺，這僅是否定「天道」的獨立實存，但工夫體驗爲主體所帶來的道德動力、道德義務等，則是確然無疑的。更何況儒家是把「天道」視爲一獨立實存者，只是這樣的獨立實存性，不見得要理解爲一種形上本體，也可以理解爲一種道德價值。故工夫體驗絕不只是一種可有可無的幻覺，我們不應忽略它所具有的論證效力。〔註56〕

至於勞氏的方法架構，則用價值論來處理工夫實踐的超越根據，並根據對價值論的不同回應來判分一系三階段。從基源問題研究法與理論設準的提出來看，他對問題設定與術語界定已有高度意識，其分析是清晰明確的，並且在論證推演的處理上也相當細緻，這是值得我們借鏡之處。但無法否認的是，由於把天道、本體化約到主體自覺來理解，勞氏確實忽略了某些儒學義理，是把古典儒學的固有內容給窄化了。當然，勞氏設定價值論，也未嘗沒有論證工夫論之可理解性、普遍性與必要性的意圖，但他是透過純理論思辨的方式來進行的，而沒有考慮到工夫體驗的論證效力。

綜合上述，我們可對儒學重構之問題與方法提出幾點建議：

其一，除了工夫體驗以外，還必須考慮到工夫實踐的積累過程，儒學工夫論才是完整且融貫的。牟、勞兩家都注意到了對治私欲、意志純化與直發本心等不同的工夫活動，但他們根據其所設定的形上學與價值論，劃分出了截然不同的理論系統或學說型態，使得工夫活動的差異被放大成互不相容。實則，不同心理狀態適用於不同工夫活動，而無論哪類工夫活動都會產生某些工夫體驗，這些體驗的不斷積累，最終讓我們達致聖人境界，並獲得天人合一式的體驗內容。若了解體驗積累是達致聖境的必要過程，則知各類工夫活動原是相輔相成，其中並無真正衝突在。以不同工夫活動歸屬於互不相容的理論系統或學說型態，並不符合儒家本意，也割裂了工夫論內容的整體性，妨礙我們了解各類工夫活動之間的融通。〔註57〕如前所言，工夫論可分爲實

〔註56〕 劉述先即說：「大抵在中國哲學史上，以佛學與理學最不容易處理，以其牽涉到內在的體驗的緣故。如果缺乏體驗，根本就看不出這些東西的意義。入乎其內，而後才能出乎其外，這是研究一家哲學的不二法門。要瞭解一個哲學家所要解決的問題是什麼，著手的方法是什麼，所根據的經驗基礎是什麼，這樣才能看出這一哲學的優點與缺點所在。」見劉述先《劉述先自選集》，濟南：山東教育出版社，2007，頁152。

〔註57〕 此觀點的一個可能困難是，若以各種工夫活動皆可相互融通，那麼我們將無從比較工夫活動的優劣好壞與理論效力。這就延伸出以下幾個問題：工夫活動有絕對的優劣好壞嗎？抑或是因時因地因人而異的？如果有的話，又是以什麼爲

踐指導、聖人境界與工夫體驗等面向，其中，實踐指導是進行式論述，聖人境界是完成式論述，而工夫體驗的積累，即是從進行式到完成式的轉變過程。故證悟聖境是長久的工夫實踐、多次的工夫體驗積累而成的，並非一蹴可幾。據此，儘管工夫活動可分爲數類，但這樣的區別，只代表適用於不同情境、不同人格特質的不同操作，它們在修養成聖上皆是不可或缺的，它們的工夫體驗是互補且可積累的。各類工夫活動，皆有其相應的工夫體驗，必得要經歷一個循序漸進的積累過程，才能達致聖境。〔註58〕

　　牟氏已注意到工夫體驗的重要性，但他所言的逆覺體證，代表了聖境之下的、最爲極致的體驗內容。然而，在未達聖境之前的一切工夫，無論是對治私欲或意志純化，也都有體驗可言。並且這些體驗的積累，是聖境體驗得以達致的先決條件。〔註59〕牟氏儘管注意到聖境體驗，並以其具有證成天道、創生萬物的理論效力，但未及聖境前的工夫體驗，牟氏則沒有多少處理。杜保瑞即說，牟氏「竟是忽略了即便是聖人之本心呈現也是必經一艱難困苦的實踐歷程而拾級上達的工夫論旨。」〔註60〕也就因爲如此，牟氏所言的逆覺體證，似是一旦獲得聖境體驗，證成也就隨之完成，其中並未反映出工夫體驗的分類、漸進、層次與積累過程。至於勞氏，則未把工夫體驗納入儒學重構的環節，更未考慮工夫實踐的積累性質。無論有何工夫體驗、工夫實踐如何積累，都不影響心性論型態的證立，可見無論是在工夫論或價值論的設定上，勞氏都未把這兩點納入其問題域之中來考量。此情況實值得我們深思。

判斷標準？這些問題值得專文處理，筆者在此只能簡要地指出，工夫活動的適用性應是可以比較的，但適用性可能因時空背景與人格特質而有所變動。

〔註58〕　注重實踐經驗的研究進路，在學界已有人提出過。如顧紅亮主張「做中國哲學的史」，這指的是描述哲學的活動過程與實踐經驗，因爲中國哲學家往往在生活中運用哲學、洞察人事，所以這種哲學史更契合中國哲學的傳統。見顧紅亮〈三種中國哲學史概念〉，《江海學刊》，2013年第4期，頁65～66。陳少明則認爲哲學史研究應該關注思想經驗，因爲觀念是體現在人的具體言行之中，他更把經驗分爲幾個層次：身體活動的、道德生活的、語言學習的、認知與情感活動的。見陳少明《做中國哲學：一些方法論的思考》，頁242～244。

〔註59〕　楊儒賓提出了「體證論述」與「證體論述」的區分，即反映出了聖境需要有對於內在經驗的反思與積累，他說：「體證論述源於學者對內在的經驗之反思：如何覺得生命有缺陷？如何轉化？轉化最後所達到的身心一如、天人相通之現象如何理解？最後這個階段的實踐，已導向性天相通的冥契之境，其語言已演化爲證體語言。」見楊儒賓〈悟與理學動靜的難題〉，《國文學報》第52期，2012年12月，頁3。

〔註60〕　杜保瑞《牟宗三儒學平議》，頁590。

　　其二，對於工夫實踐之超越根據，應有更恰當的問題設定與術語界定，並且應有更細緻的區分。牟氏設定了形上學，並以工夫論內容來回應之，兩相磨合的結果，出現了兩種疑難：一是形上學術語能否對應到儒學義理的性質；二是儒學義理能否有論證形上學命題的效力。而勞氏採取價值論，雖然不至於產生牟氏那樣的疑難，但其問題域的範圍卻太窄，以至於有些重要義理不能涵蓋。

　　基於這樣的反省，在筆者看來，儒家所言的、工夫實踐的超越根據，首先必須是獨立自存的，不能被化約爲主體的道德意識，但它同時也內存於天地萬物之中，而非外於天地萬物者。它規定了人與世界的理想狀態，並推動天地萬物朝此狀態邁進，這代表它是天地萬物發展變化的動力，而非純靜態的法則，並且一切事物都有理想狀態可言，其存在並非偶然或混亂無序的。不僅如此，它也代表了道德義務與道德動力的根源，是超越於經驗現象者，人必然能夠據此來工夫實踐，也必然能夠透過工夫體驗來直接把握之。這些觀點代表了儒家的基本態度，它們不見得是最能經得起嚴格反省與檢驗的，但從儒學重構的角度來看，我們更應該去努力探索它們的合理性，而非僅是挑出那些看似理所當然者，再排除其他部分。從儒學重構的角度看，工夫體驗必有其意義，我們不應將其排除在哲學討論的範圍以外，但此意義也不能是個人信念式的理所當然，而應該要接受理性思辨的檢驗。〔註 61〕我們顯然需要考慮更恰當的問題設定與術語界定來呈現之，以及更細緻的論證來支持之。這是一項任重道遠的工作，本書在此僅能略述其要。

　　此外，也可擴充問題設定的數量，或是在主要問題之下設定次級問題。〔註62〕譬如牟、勞兩家都設定了工夫論，但工夫論至少還可進一步區分爲實踐指導、聖人境界與工夫體驗等三個面向，三者都可以轉換爲次級問題的形式：實踐過程所依循的準則有哪些、聖人的心境與行動是什麼樣的、工夫體驗有哪些性質與內容可言。而工夫實踐之超越根據，無論採取什麼樣的問題表述，

〔註61〕　鄭宗義即說：「凡以親證離言爲可免於理論審查的防護罩，或以爲親證必須以理論出之始有意義可言，都是誤把不同層次的『體驗』與『理證』混爲一談。我們固然不應該誇大『體驗』的通用範圍，但也不應忘記『理證』的有效性的限制（即根本沒有完美的理論證明）。」見鄭宗義〈生命的學問——當代建構「中國哲學」的一個嘗試〉，收入景海峰編《拾薪集：「中國哲學」建構的當代反思與未來前瞻》，北京：北京大學，2007，頁 264。

〔註62〕　杜保瑞即提倡了工夫論、境界論、宇宙論、方法論的問題設定，並有了一定的成果。見杜保瑞《中國哲學方法論》，臺北：臺灣商務，2013。

也應該進一步區分出數個次級問題。如此一來，問題與問題之間的邏輯連結就可更加明確地呈現出來。

其三，無論採取怎樣的問題設定，都不應強行分判不同的學說或學派，並以它們彼此之間互不相容。在西方哲學史上，我們常常可以看到新理論推翻了舊理論的基本預設，而新舊理論在某些關鍵點上互斥。然而，儒學是以工夫論爲理論層次的第一序，其他理論內容都是爲了更好地支持工夫論而有的。工夫論是以達致聖境爲主要目標，只要對聖境的認知並不互斥，工夫論內容、工夫實踐之超越根據也就必然一致。所以我們不應由於其他理論問題上的可能衝突，反過來把不同工夫活動給看成是相互衝突的。不同工夫活動之所以出現，往往並不能全盤否定其他活動的價值，而是要因時代背景與個人品性的特殊性，來做出一種修正、補充或拓展，其中並無截然互斥的情況。〔註63〕在先前的章節之中，我們看到牟氏以形上學爲標準來分判縱貫、橫攝兩系統，勞氏則以價值論爲標準來分判了天道觀、本性論與心性論等三階段，並以它們之間無法相容並立。此做法所導致的疑難是，爲了使這些判分維持一致，往往必須犧牲文本解讀上的準確性，譬如爲了使朱熹和陸王有明確的、根本上的差異，朱熹學說必須就被解讀爲無逆覺體證或無主體自覺可言，進而被認定爲缺乏道德動力，或在工夫上只談後天習慣的養成。但朱熹學說其實亦有這類內容，只是被有意無意地忽略掉而已。我們應該要試著接受另一種認知：儒學義理內部並無互斥的情況，儘管因應種種具體條件，或有適用與否可言。當然，我們還是可以因內容偏重不同，來做出一些有價值的區分，但它們在理論層次上不會有眞正的互不相容。

以上所言僅是方法上的建議，尚有許多細節需要考量。筆者對牟、勞兩家雖然有所批評，但絕非是要否認他們的貢獻，在文本的細部分析上，兩位前輩學者的觀點仍有許多值得我們參考之處。

〔註63〕　唐君毅就以中國傳統諸多學說可融合成爲一義理整體，面對其可能衝突，應一概視之爲表面而加以解消。無論是何概念或命題，只要能夠找出其之所以成立的觀點、層次、方向或深度，就可發現各意義本無互斥。見唐君毅《中國哲學原論・原性篇》，北京：中國社會科學出版社，2005，自序頁5～6。

第六章　結　論

　　儒學做爲延續千年以上的思想傳統，在清末民初的學術轉型後，透過中國哲學這一學科而展現出了新的面貌，而牟、勞兩家在儒學的呈現、延續與發展上，無疑都做出了不小貢獻。本書對兩家成果的研究，遠遠稱不上是全面，只能說是指出了問題與方法在儒學重構上的關鍵功能，並據此來反映出牟、勞兩家的洞見。

　　爲何要從方法架構——特別是問題設定——的角度出發，來檢視牟、勞兩家在儒學重構上的成果？這是因爲，現代的儒學研究，是先有了問題設定，而後把文本材料解讀爲對理論問題的描述、解釋與回應，從而形塑出學說的邏輯結構。故問題設定的恰當與否，可說是決定了研究成果的品質。尤其是，基於中國哲學此一學科框架而有的儒學重構，由於種種因素，實難以擺脫西方哲學所帶來的、正面或負面的影響。就正面而言，西方哲學提供了許多術語、問題與方法，而可以更精確地表述儒學當中的某些內容；就負面而言，過度參照西方哲學，甚至以西方哲學爲標準來篩選儒學，將使儒學本身的特質被忽略或是曲解。故怎樣的問題設定才眞正適用於儒學重構，就是一個不得不嚴肅面對的問題了。

　　也就因爲如此，筆者才提出了中國性、哲學性與整體性三個標準，來做爲儒學重構所應達到的要求。其中，把工夫論做爲一個獨立的理論問題來看待，是滿足這些要求的關鍵所在。這是因爲，儒學乃是成聖之學，而工夫論正是爲了達致聖人境界而有的，甚至可以說，儒學當中的一切內容，都是爲了更好地支持工夫論。唯有把握到這一點，工夫論內容才不會被納入其他理論問題（譬如知識論）之下來看待，其特質也才能被眞正地彰顯出來。據此，

儒學是以工夫論為理論層級的第一序，工夫論特質即是儒學的特質，這滿足了中國性；而如何有系統地與忠實地呈現工夫論內容，則分別滿足了哲學性與整體性。

從方法架構的角度，特別是問題設定的分析出發，本書得出了下列論點：

其一，牟、勞兩家皆以成德成聖為儒學的核心關切，也皆以工夫論為一獨立的理論問題，並對其內容有專門且細緻處理。這避免了以工夫論內容為其他問題的附屬，並充分反映出了儒學特質，故在儒學研究上能夠有重要貢獻。也唯有完整反映出儒家的工夫論特質，才能深入檢視哪些西哲的概念與理論與此相應，並進而收到中西哲學相互激盪之效。

其二，牟氏是以工夫論內容，特別是工夫體驗來回應形上學問題。「本心證成天道」與「本心創生萬物」之所以能夠成立，是因為天道、萬物兩個因理性思辨而有的概念，原本只是純形式的，但牟氏認定工夫體驗具有論證效力，故它可以為天道、萬物賦予真實且具體的內容。或者換個方式說，在承認人人皆有智的直覺等前提下，「本心證成天道」、「本心創生萬物」兩個命題是分析地為真，就算承認我們有這樣的信念，它們也頂多是停留在真信念的層次。而要使真信念成為知識，就必須要有一套可信程序來提供證成。牟氏認為，儒家的工夫活動，就是一套可證成天道、萬物真實存在的程序。這是由於，工夫體驗與天道性質有直接且完整的對應，體驗內容如道德義務、道德動力、道德規範等，在在彰顯了天道本身。不僅如此，工夫體驗也賦予萬物以「在其自己」的性質，因為體驗內容直接對應到了事物的本質，使此本質有具體內容可言。這樣的理解，實際上是把「本心如何解釋天道、萬物的必然存在」問題，轉換成「本心如何提供『天道存在』、『萬物存在』的體驗內容」問題，提供之即是解釋之，即是完成了證成。儘管我們不一定要認同此說真的回應了嚴格意義下的形上學問題，但這也不減損牟氏儒學重構的意義，因為牟氏的主要目的，是要把工夫實踐及其體驗內容積極地予以哲學化，呈現其在哲學理論中的論證效力。

其三，勞氏設定了價值論，以價值根源為何來做為宋明儒學的基源問題，並認定心性論型態能夠最好地回應之。在此我們必須先行區分理論問題與理論型態兩者：所謂理論問題，是就宇宙論、形上學或工夫論等而言的，它們各自有各自的問題表述與問題域。而所謂理論型態，在勞氏那裡，是指天道觀、本性論、心性論三者，它們分別基於宇宙論內容、形上學內容與工夫論

內容來對「價值根源爲何」的問題提供了不同答案。勞氏指出，心性論所強調的主體自覺，才能完整地處理「未定項」問題，使價值選擇的空間得以確立，相較之下，天道觀和本性論兩型態皆是有所不足的。我們很可以承認，勞氏緊緊把握了儒學以「價值說明存有」的性質，但從問題分析的角度看，宇宙論內容是爲了回應宇宙論而有，形上學內容是爲了回應形上學而有，心性論內容是爲了回應價值論而有。故宇宙論和形上學內容，本來就不是爲了回應價值論而有的，天道觀與本性論兩種型態，是勞氏用宇宙論內容去回應價值論、用形上學內容去回應價值論的結果。如此一來，宇宙論、形上學在回應價值論上的缺失，可說是在方法層面上就被決定的事，是它們一開始就沒有針對價值論來給出回應，而非針對價值論但提出了有疑難的方案。眞正針對價值論來提供回應的，原本就只有心性論。

其四，牟、勞兩家的儒學重構，形成了一種詮釋競爭。其根本差異，從問題設定的角度看：牟氏設定了形上學來處理工夫實踐之超越根據，而勞氏則設定價值論來處理之；從對天道的理解看：牟氏以天道爲客觀眞實的存在，勞氏則以天道爲主體自覺的投射；從對工夫體驗的態度看：牟氏以工夫體驗具有論證效力，勞氏則否。其中，牟氏正是因爲工夫體驗有形上學的論證效力，能夠證成天道的形上學意義，故設定了形上學。據此，牟氏以天道既超越又內在於萬物之中，這代表天地萬物自身皆蘊含有一價值目的，皆有朝理想狀態發展變化的強烈傾向，而聖人即是本天道而推動萬物化育者，必然參與了這一發展過程。而勞氏以主體自覺來證成自由意志，並解釋了價值根源於何處，故設定了價值論。據此，價值提供了我們一套行爲指導，也可以說是道德規範，此規範必不能立基於宇宙規律或形上規律，因爲這兩種規律是必然不能違背的，必然造成特定結果的。但道德規範可由人來選擇是否遵從，且遵從規範不保證能夠實現道德理想，故價值只能根源於主體自覺，而工夫體驗對於儒學理論能否成立而言，是可有可無的。

雙方爭論的焦點，可以化爲下列表述：是否存有任何一種直覺體驗，可以證成做爲形上本體的天道存在？勞氏會說，不可能有這種體驗存在，任何體驗都僅限於主體內部，而無法決定任何主體之外的事物是有是無。牟氏則會堅稱這種直覺體驗存在，且它就是儒家工夫實踐所得的那種體驗。這樣的歧異，決定了雙方儒學重構的最終成果：牟氏重構出強調逆覺體證的「道德的形上學」，而勞氏則重構出強調主體自覺的「心性論」。

其五，無論是牟氏的三系說或勞氏的一系三階段說，都產生了一些判分上的問題，甚至因此而曲解了文本材料。在牟氏那裡，縱貫、橫攝兩系統的形上學內容是截然有別的，連帶工夫論內容也被區分爲兩種：縱貫系統之工夫主要是頓教（逆覺體證），但亦有「權說」的漸教可言；而橫攝系統則無頓教可言，其工夫乃是「本質」的漸教。如此一來，爲了維持兩系統的嚴格區別，被判定爲橫攝系統的朱熹學說，其論述工夫體驗的部份就被忽略掉了。而在勞氏那裡，天道觀、本性論與心性論等型態，它們對價值論的回應也是截然有別的，連帶工夫論內容也被區分爲對治私欲、認知天理與堅定意志並行、主體自覺等三種。然而，各學說所言及的工夫往往不只一種，使得勞氏常常有型態間的「混合」與「跨越」之說。

牟、勞兩家都注意到了不同種類的工夫活動，但他們劃分出了截然不同的理論系統或學說型態，來使工夫活動的差異被放大成互不相容。然而，以儒學工夫論內部有截然對立、相互衝突的情況，將會造成文本解讀上的疑難。我們應當注意，工夫論當中的實踐指導是進行式論述，聖人境界是完成式論述，而工夫體驗的積累，即是從進行式到完成式的轉變過程。故工夫活動皆是爲達致同一聖境而發，不同工夫活動會導致不同工夫體驗，而聖境則是工夫積累下的最終成果。在此意義下，一切工夫活動與體驗，皆有同一超越根據，因爲它們都指向同一聖境。據此，儘管工夫活動可分爲數類，但這樣的區別，只代表了適用於不同情境、不同人格特質而有的不同操作，而不能被放大爲相互衝突的理論。

其六，牟、勞兩家皆持本有主義的立場，以中國性與哲學性必然是一致的，因爲儒學本身就是中國文化專屬的哲學傳統，重構成果的哲學性是來自於儒學的思維內容，而方法架構的功能則是忠實、完整且有系統地呈現之。我們或許得承認，儒學原意爲何，並沒有一個絕對且明確的標準，現代儒學研究只能去無限接近之。但必須注意的是，堅持本有主義的立場，才能眞正肯定：儒學爲一源遠流長的哲學傳統，有其自身的發展脈絡與獨特關懷。而古典儒學與現代儒學並非截然異質的兩套，現代儒學就是古典儒學在現代社會的直接承繼與發揚。並且，儒學可與其他哲學傳統深入對話、交流與激盪，並進一步爲人類文明創造價值、做出貢獻。

其七，對於工夫實踐之超越根據，應有更恰當的問題設定與術語界定。在筆者看來，儒家所言的工夫根據，首先必須是獨立自存的，它規定了人與

世界的理想狀態，並推動天地萬物朝此狀態邁進，這代表它是天地萬物發展變化的動力，而非純靜態的法則。此外，它也代表了道德義務與道德動力的根源，是超越於經驗現象者，人必然能夠據此來工夫實踐，也必然能夠透過工夫體驗來直接把握之。而這樣的根據，應當要能充分解釋工夫活動何以有這三個性質：一是可理解性：人必然能夠理解如何透過工夫實踐來達致聖人境界，二是普遍性：所有人都有達致聖境的能力、動力與潛力，三是必要性：人人都應該以工夫實踐為人生必行之事。如何更為恰當地呈現這些內容，是未來所應努力的方向。

由此可見，對方法架構與問題設定的深入反省確實有其價值，這對於我們釐清儒學重構的過程，尤其在文本材料如何被解讀為哲學理論的各個部份上，無疑極有幫助。但我們也必須注意，在實際研究上，方法架構和文本內容當然是必須並重的，也是相輔相成的。本書主要是一種方法層次上的反省，並未對儒學的文本材料有詳細處理，不過，著重於問題設定，絕不代表文本材料的解讀可以被輕易忽視。由於有了恰當的問題設定，才更需要紮實且深入的文本解讀，才更能把儒學的豐富內容予以全面地呈現出來。

我們必須注意：一個問題設定是否恰當？其問題域包含了哪些內容？其下又可以設定哪些次級問題？這些疑問的解答，最終都必須訴諸於如何忠實且完整地呈現文本內容的意義。少了問題設定，文本解讀是盲目的；少了文本解讀，問題設定是空洞的。也就因為如此，對儒學重構的執行與發展而言，本書頂多只能說是完成了理論奠基的階段性任務，在這之後，文本材料的處理與解讀，當屬更為迫切的工作。

此外，筆者想就工夫體驗來略述未來可能的研究方向。工夫體驗是儒學工夫論當中不可或缺的一個部份，但也可以說是最難以用現代哲學語言予以表述的部份。這是因為，工夫體驗並不如日常的感官經驗那樣普遍，它必須立基於一定的生命經歷、工夫活動與自我覺察，不是輕易能夠獲致的。這樣的性質，使得它更多地是透過具體操作過程來呈現，而非理性客觀的哲學語言。換個角度說，我們或許可以用哲學語言來描述之，但若沒有相應的工夫體驗，或把握到工夫體驗的特殊性質，讀者就很難明白其真正意義所在。相較之下，詳細描述具體操作的過程與情境，往往更容易令人感同身受，從而觸發類似體驗、達到理解效果。

　　據此，我們若要更全面地去理解儒者們的工夫體驗，以及工夫體驗如何積累並提升個人的修養境界，除了哲學語言的分析以外，更需要去把握儒者在不同具體情境下的種種心理轉折，這就需要重建其個人的生命歷程。在這方面，儒者的自述當然是最爲重要的參考，而思想史、人類學與社會學等學科，對於具體情境則能提供更爲詳盡且豐富的資訊。至於心理轉折，近年來越見熱門的認知科學，特別是道德心理學的研究，則可以提供一些描述工具。譬如，儒學向來強調忠孝仁愛、禮義廉恥等德行，我們當然可以做一種行爲定義與分類，來說哪些行爲屬於忠、哪些屬於孝等等。但現實情境往往是複雜的，同樣一個行爲，可能蘊含了多種不同的道德情感。所以更爲重要的是，這些德行各自相應於怎樣的道德情感，以及儒者在處理與反省這些情感的影響時，獲致了怎樣的工夫體驗。要進行這樣的研究，顯然必須就具實際案例來詳加分析，這就需要不同學科的資訊來支持。不僅如此，探討現代人可能有的道德體驗，也是一種可能進路。儘管按儒家工夫論來要求自己的現代人，可能是少數中的少數，但按儒家性善論，道德意識是人人皆有皆同的，探討此類道德意識所促成的心理狀態與轉折，也就是探討儒家工夫論在現代的可能應用。在這方面，則可以請益於心理諮商或哲學諮商。

　　最後，熊十力、馮友蘭對於良知的爭論，甚爲牟氏所看重，此事已廣爲學界所知。筆者在開始本書的研究以前，並不太了解爲何它會對牟氏造成如此大的影響。如今有了自己的看法，便寫出來做爲本書的結尾：

> 有一次，馮友蘭往訪熊先生於二道橋。那時馮氏的《中國哲學史》已出版。熊先生和他談這談那，並隨時指點說「這當然是你所不贊同的」。最後又提到「你說良知是個假定。這怎麼可以說是假定！良知是眞眞實實的，而且是個呈現，這需要直下自覺，直下肯定。」馮氏木然不置可否。這表示：你只講你的，我還是自有一套。良知是眞實，是呈現，這在當時，是從所未聞的。這霹靂一聲，直是振聾發聵，把人的覺悟提升到宋明儒的層次。然而馮氏依舊聾依舊聵。這表示那些僵化了的教授的心思只停留在經驗層上，知識層上。只認經驗的爲眞實，只認理智所能推比的爲眞實。這一個眞實形成一個界線，過此以往，便都是假定，便都是虛幻。人們只是在昏沉的氣息中滾，是無法契悟良知的。心思在昏沉的氣息中，以感覺經驗來膠著他的昏沉，以理智推比來固定他的習氣。〔註1〕

───────────

〔註1〕　牟宗三《生命的學問》，頁 136。

　　馮友蘭認爲良知是一假定，這是一種概念型定義的思路。他以良知爲道德行爲的先決條件或理論根據，是純就因果關係而有的一種推論，故嚴格說來是一假設。〔註2〕而熊十力說良知乃是一呈現，則是操作型定義的思路，是從具體實踐的角度來理解良知。在此意義下，良知是在修養經驗中而有一體證，是在修養過程中而有一實現，故必然爲一當下呈現。「實踐的體證」、「以生命滲透此學」、「良知是呈現」等表述，其實都是要強調這一點：此學是立基於特定的工夫體驗而得以證成，只要有了這樣的工夫體驗，此學的價值與意義就毫無可疑。

　　牟氏顯然是批評馮友蘭而支持其師熊十力的。這是因爲，如果我們只是因爲工夫實踐必須有一超越根據，並稱此根據爲良知，這樣的良知就僅是一假定，僅是不具有任何內容的形式概念。然而，若我們透過工夫實踐及其體驗來直接把握良知本身，就等於是賦予了良知以體驗內容，同時也使良知得到了證成，如此一來，良知方能透過工夫實踐而得以呈現出其眞正意義來。

　　據此，牟氏的眞正立場是，我們不能只把良知視爲假定層次的形式概念，而是要把工夫體驗考慮在內，才能在呈現的層次上來理解良知，才能顯出儒學精髓。如果只承認一般經驗與思辨知識，而把工夫體驗排除在眞實的範圍之外，則工夫體驗將無太多哲學意義可言，而這絕非是儒學本色。也就因爲如此，牟氏才說工夫體驗屬於「內容眞理」的一種，這是要賦予工夫體驗以論證效力，並積極將其納入哲學體系的一環。儒家必然肯定天道，也必然肯定萬物，更重視工夫實踐當中所獲得與積累的體驗，但我們如何把這種肯定的過程，如何把它們的合理性，用問題設定予以呈現出來？牟氏基於工夫體驗來建立「本心證成天道」與「本心創生萬物」兩命題，即是此思路的延伸。儘管這兩者不見得眞能被視爲是形上學命題，但從儒學重構的角度來看，眞正重要的並非命題成立與否，而是儒學論及天道與萬物的思維內容，如何以哲學命題的形式表述出來。

　　關注工夫體驗無疑是正確的思路，尤其是，牟氏把西方哲學中所謂「證成」，與傳統義理中所謂「證悟」，視爲是同一件事、同一過程。也就是說，

〔註2〕　如劉述先即認爲，馮友蘭的說法亦非完全無理，他是遵循康德的思路，以純粹理性不能證立良知，故必須訴諸於實踐理性，把良知當成是一個必須預設的基本假定。見劉述先〈從中心到邊緣：當代新儒學的歷史處境與文化理想〉，收入劉述先《現代新儒學之省察論集》，臺北：中研院文哲所，2004，頁113。

當本心證成天道，個人也就達致聖境，這是以工夫論內容來回應形上學問題的結果，也是以哲學理論來呈現工夫實踐的結果。故證成就必不只是概念思辨之事，而更是工夫實踐之事。

更詳細地說，問題設定的功能，在於賦予特定內容以理論結構；術語界定的功能，是表述各種內容的具體意義；而論證推演的功能，則是爲了找出內容之間的邏輯連結。我們當然可以去討論問題設定的準確與否、術語界定的恰當與否、論證推演的有效與否，這些做法對於提昇哲學體系的嚴謹程度有極佳助益，但它們是爲了展示儒學內容而有，我們不應該反過來篩選甚至割裂儒學自身。儒家工夫論及其體驗內容，似乎不太容易被現有的問題、術語與論證所完全處理，但正是因爲如此，我們才更應該朝這個方向去努力。哲學理論不能代替工夫實踐及其體驗，再怎麼精通理論也不等於具體實踐，但理論必然能夠對其做後設反省，而我們應該積極去尋求後設反省的極限，而非因爲這種反省有其困難而放棄。

我們應該認識到，哲學討論的題材，一直以來都是變動不居的。〔註3〕探索人類理性的各種可能性，拓展哲學反省的邊界，不斷提出嶄新的、有意義的理論問題並試著回應之，是哲學最爲可貴之處。古典儒學做爲流傳數千年的哲學傳統，有如一個精神寶庫，其中有太多思想資源等待我們去挖掘與開發，特別是工夫體驗的部份。筆者相信，必得要有這樣的格局與眼光，儒學研究才能有進一步的、層次上的躍進。對此，許多前輩學者已經做出了努力，筆者對他們絕不缺乏敬意，但如果我們不能充分消化之、積極反省之，並在此臺階上更進一步，那就是浪費儒學精益求精的大好機會了。

〔註3〕　勞氏亦有類似看法。見勞思光《思辯錄——思光近作集》，頁3～4。

參考文獻

一、儒家典籍

1. 宋・朱熹《朱子語類》，北京：中華書局，1986 年。
2. 宋・陸九淵《象山先生全集》，上海：商務，1935 年。
3. 明・王守仁《王陽明全集》，上海：國學整理社，1936 年。

二、牟宗三之著作

1. 牟宗三《心體與性體》，《牟宗三先生全集》卷 5～7，臺北：聯經，2003 年。
2. ———《從陸象山到劉蕺山》，《牟宗三先生全集》卷 8，臺北：聯經，2003 年。
3. ———《智的直覺與中國哲學》，《牟宗三先生全集》卷 20，臺北：聯經，2003 年。
4. ———《現象與物自身》，《牟宗三先生全集》卷 21，臺北：聯經，2003 年。
5. ———《圓善論》，《牟宗三先生全集》卷 22，臺北：聯經，2003 年。
6. ———〈訪韓答問錄〉，收入《時代與感受》，《牟宗三先生全集》卷 23，臺北：聯經，2003 年。
7. ———〈十年來中國的文化理想問題〉，收入《時代與感受續編》，《牟宗三先生全集》卷 24，臺北：聯經，2003 年。
8. ———〈《家國時代與歷史文化》序〉，收入《時代與感受續編》，《牟宗三先生全集》卷 24，臺北：聯經，2003 年。
9. ———〈客觀的了解與中國文化的再造〉，收入《牟宗三先生晚期文集》，《牟宗三先生全集》卷 27，臺北：聯經，2003 年。

10. ───《中國哲學的特質》，《牟宗三先生全集》卷 28，臺北：聯經，2003 年。

11. ───《人文講習錄》，《牟宗三先生全集》卷 28，臺北：聯經，2003 年。

12. ───《中國哲學十九講》，《牟宗三先生全集》卷 29，臺北：聯經，2003 年。

13. ───《中西哲學之會通十四講》，《牟宗三先生全集》卷 30，臺北：聯經，2003 年。

14. ───《宋明理學演講錄》，《牟宗三先生全集》卷 30，臺北：聯經，2003 年。

15. ───《周易哲學演講錄》，《牟宗三先生全集》卷 31，臺北：聯經，2003 年。

16. ───《四因説演講錄》，《牟宗三先生全集》卷 31，臺北：聯經，2003 年。

17. ───《五十自述》，《牟宗三先生全集》卷 32，臺北：聯經，2003 年。

18. ───《生命的學問》，臺北：三民書局，1970 年。

19. ───《實踐的智慧學演講錄（九）》，《鵝湖月刊》第 402 期，2008 年 12 月。

三、勞思光之著作

1. 勞思光《書簡與雜記》，臺北：時報文化，1987 年。

2. ───《思辯錄──思光近作集》，臺北：三民，1996 年。

3. ───《思想方法五講新編》，香港：中文大學，1998 年。

4. ───《哲學淺説新編》，香港：中文大學，1998 年。

5. ───《自由、民主與文化創生》，香港：中文大學，2001 年。

6. ───《哲學問題源流論》，香港：中文大學，2001 年。

7. ───《虛境與希望──論當代哲學與文化》，香港：中文大學，2003 年。

8. ───《新編中國哲學史》，桂林：廣西師範大學，2005 年。

9. ───〈對中國哲學研究之省思──困境與出路〉，《中國文哲研究通訊》第 20 卷 2 期，2010 年 6 月，頁 193～202。

10. ───〈從唐君毅中國哲學的取向看中國哲學的未來〉，收入鄭宗義編《中國哲學研究之新方向》，香港：中文大學新亞書院，2014 年。

四、專書

1. 王國維撰、佛雛校釋《王國維哲學美學論文輯佚》，上海：華東師範大學，1993 年。

2. 王學珍等編《北京大學紀事（1898～1997）》上冊，北京：北京大學，1998 年。

3. 王興國《牟宗三哲學思想研究——從邏輯思辨到哲學架構》，北京：人民出版社，2007 年。

4. 北京大學檔案館校史館編著《北京大學圖史：1898～2008》，北京：北京大學，2010 年。

5. 左玉河《從四部之學到七科之學——學術分科與近代中國知識系統之創建》，上海：上海書店，2004 年。

6. 方朝暉《「中學」與「西學」：重新解讀現代中國學術史》，保定：河北大學，2002 年。

7. ———《學統的迷失與再造——儒學與當代中國學統研究》，西安：陝西師範大學，2010 年。

8. 成中英《從中西互釋中挺立——中國哲學與中國文化的新定位》，北京：中國人民大學，2005 年。

9. 余英時《猶記風吹水上鱗》，臺北：三民書局，1991 年。

10. ———《現代儒學論》，臺北：八方文化企業公司，1996 年。

11. ———《重尋胡適歷程：胡適生平思想與再認識》（增訂版），臺北：中研院、聯經出版，2014 年。

12. 杜保瑞《南宋儒學》，臺北：臺灣商務，2010 年。

13. ———《中國哲學方法論》，臺北：臺灣商務，2013 年。

14. ———《牟宗三儒學平議》，新北：臺灣商務，2017 年。

15. 林安梧《人文學方法論：詮釋的存有學探源》，臺北：讀冊文化，2003 年。

16. ———《牟宗三前後：當代新儒家哲學思想史論》，臺北：學生書局，2011 年。

17. 吳有能《百家出入心無礙——勞思光教授》，臺北：文史哲，1999 年。

18. 李明輝《當代儒學的自我轉化》，北京：中國社會科學出版社，2001 年。

19. 李瑞全《儒家道德規範根源論》，新北：鵝湖出版社，2013 年。

20. 李維武《中國哲學的現代轉型》，北京：中華書局，2008 年。

21. 李澤厚《中國現代思想史論》，天津：天津社會科學院，2003 年。

22. 周桂鈿《中國哲學研究方法論》，太原：山西教育，2006 年。

23. 胡　適《中國哲學史大綱》，上海：上海古籍出版社，2000 年。

24. ———《胡適口述自傳》，歐陽哲生編《胡適文集》卷 1，北京：北京大學，1998 年。

25. ———《中國古代哲學史》，歐陽哲生編《胡適文集》卷 6，北京：北京大學，1998 年。

26. 韋政通《中國思想傳統的創造轉化：韋政通自選集》，昆明：雲南人民出版社，2002 年。

27. 郁振華《形上的智慧如何可能？——中國現代哲學的沉思》，上海：華東師範大學，2000 年。

28. 袁保新《從海德格、老子、孟子到當代新儒學》，臺北：學生書局，2008 年。

29. 唐君毅《中國哲學原論：原性》，北京：中國社會科學出版社，2005 年。

30. 徐復觀《徐復觀雜文：論中共》，臺北：時報文化，1980 年。

31. ———《中國思想史論集續編》，臺北：時報文化，1982 年。

32. 陳少明《做中國哲學：一些方法論的思考》，北京：三聯書店，2015 年。

33. 陳　來《現代中國哲學的追尋》，北京：人民出版社，2001 年。

34. 陳德溥編《陳黻宸集》上冊，北京：中華書局，1995 年。

35. 張汝倫《現代中國思想研究》，上海：人民出版社，2001 年。

36. 張　法《走向全球化時代的中國哲學：從世界思想史看中國哲學的現代轉型與當代重建》，北京：北京大學，2011 年。

37. 張岱年《中國哲學大綱》，《張岱年全集》卷 2，石家莊：河北人民出版社，1996 年。

38. ———《中國哲學史方法論發凡》，《張岱年全集》卷 4，石家莊：河北人民出版社，1996 年。

39. 張祥龍《從現象學到孔夫子》，北京：商務印書館，2001 年。

40. 閔仕君《牟宗三「道德的形而上學」研究》，成都：巴蜀書社，2005 年。

41. 郭齊勇等編《問道中國哲學：中國哲學史研究的現狀與前瞻》，北京：九州出版社，2014 年。

42. 梁漱溟《梁漱溟全集》第 7 卷，山東：山東人民出版社，1989 年。

43. 章炳麟《章太炎政論選集》上冊，北京：中華書局，1977 年。

44. 馮友蘭《三松堂自序》，《三松堂全集》卷 1，鄭州：河南人民出版社，2001 年。

45. ———《中國哲學史》卷上，《三松堂全集》卷 2，鄭州：河南人民出版社，2001 年。

46. 馮耀明《中國哲學的方法論問題》，臺北：允晨，1989 年。

47. ———《「超越內在」的迷思：從分析哲學觀點看當代新儒學》，香港：中文大學，2003 年。

48. 景海峰《中國哲學的現代詮釋》，北京：人民出版社，2004 年。

49. 傅斯年《傅斯年全集》卷 1，長沙：湖南教育出版社，2003 年。

50. ———《傅斯年全集》卷 7，長沙：湖南教育出版社，2003 年。

51. 傅偉勳《從西方哲學到禪佛教》，北京：三聯書局，1989 年。

52. 葛兆光《思想史的寫法：中國思想史導論》，上海：復旦大學，2004 年。

53. 楊祖漢《當代儒學思辨錄》，臺北：鵝湖，1998 年。

54. 楊海文《化蛹成蝶：中國哲學史方法論斷想》，濟南：齊魯書社，2014 年。

55. 楊澤波《貢獻與終結：牟宗三儒學思想研究》卷 2，上海：上海人民出版社，2014 年。

56. 熊十力《十力語要》卷二，臺北：廣文書局，1971 年。

57. 廖曉煒《牟宗三・勞思光哲學比較研究——以儒學重建與文化哲學為中心》，新北：花木蘭文化，2012 年。

58. 蔡仁厚《中國哲學的反省與新生》，臺北：正中書局，1994 年。

59. ———《哲學史與儒學論評：世紀之交的回顧與前瞻》，臺北：學生書局，2001 年。

60. 劉述先《儒家思想與現代化：劉述先新儒學論著輯要》，北京：中國廣播電視出版社，1992 年。

61. ———《現代新儒學之省察論集》，臺北：中研院文哲所，2004 年。

62. ———《劉述先自選集》，濟南：山東教育出版社，2007 年。

63. 劉笑敢《詮釋與定向——中國哲學研究方法之探討》，北京：商務印書館，2009 年。

64. 劉軍平《傳統的守望者：張岱年哲學思想研究》，北京：人民出版社，2007 年。

65. 鄭家棟《當代新儒學論衡》，臺北：桂冠，1995 年。

66. ———《牟宗三》，臺北：東大，2000 年。

67. 蕭超然等編《北京大學校史（1898～1949）》（增訂本），北京：北京大學，1988 年。

68. 謝無量《中國哲學史》，臺北：中華書局，1976 年。

五、專書論文

1. 李明輝〈牟宗三先生的哲學詮釋中之方法論問題〉，收入《牟宗三先生與中國哲學之重建》，臺北：文津，1996 年。

2. 李賢中〈中國哲學人文精神的直覺方法〉，《中西哲學的人文意蘊論文集》，臺北：輔大書坊，2013 年。

3. 沈享民〈新儒家哲學的類型論──「三類型」論之證成〉，收入鍾彩鈞編《中國哲學史書寫的理論與實踐（中國文哲專刊 49）》，臺北：中研院文哲所，2017 年。

4. 林鎮國〈中觀學的洋格義〉，收入《空性與現代性》，臺北：立緒文化，1999 年。

5. 胡　適〈一個最低限度的國學書目〉，收入歐陽哲生編《胡適文集》卷 3，北京：北京大學，1998 年。

6. ───〈整理國故與「打鬼」〉，收入歐陽哲生編《胡適文集》卷 4，北京：北京大學，1998 年。

7. ───〈中國哲學史裡的科學精神與方法〉，收入歐陽哲生編《胡適文集》卷 12，北京：北京大學，1998 年。

8. 倪培民〈于女安乎──對普蘭亭格－銳德有關終極存在知識理論的儒家回應〉，收入哈佛燕京學社編《儒家傳統與啓蒙心態》，南京：江蘇教育出版社，2005 年。

9. 唐君毅〈中國哲學研究之一新方向〉，收入韋政通編《中國思想史方法論文選集》，臺北：大林，1981 年。

10. 徐復觀〈研究中國思想史的方法與態度問題〉，收入韋政通編《中國思想史方法論文選集》，臺北：大林，1981 年。

11. ───〈有關中國思想史中一個基題的考察〉，《中國思想史論集續編》，上海：上海書店出版社，2004 年。

12. ───〈儒家精神之基本性格及其限定與新生〉，收入李維武編《儒家思想與人文世界》（徐復觀文集卷二），武漢：湖北人民出版社，2009 年。

13. 張燦輝〈勞思光早期思想中的自我問題〉，收入劉國英、張燦輝編《無涯理境──勞思光的學問與思想》，香港：中文大學，2003 年。

14. 陳威瑨〈「中國哲學史」通史專書寫作的發展──從中日交流的視角談起〉，收入鍾彩鈞編《中國哲學史書寫的理論與實踐（中國文哲專刊 49）》，臺北：中研院文哲所，2017 年。

15. 馮友蘭〈泛論中國哲學〉，收入《三松堂全集》卷 11，鄭州：河南人民出版社，2001 年。

16. ───〈怎樣研究中國哲學史？〉，收入《三松堂全集》卷 11，鄭州：河南人民出版社，2001 年。

17. 傅偉勳〈中國哲學的方法論建構問題〉，收入韋政通編《中國思想史方法論文選集》，臺北：大林，1981 年。

18. 賀　麟〈兩點批判，一點反省〉，收入三聯書店編《胡適思想批判》第二輯，北京：三聯書店，1955 年。

19. 劉笑敢〈「反向格義」與中國哲學研究的困境：以老子之道的詮釋爲例〉，收入《中國哲學與文化》第一輯，桂林：廣西師範大學，2007 年。

20. 鄭宗義〈心性與天道——論勞思光先生對儒學的詮釋〉，收入劉國英、張燦輝合編《無涯理境：勞思光先生的學問與思想》，香港：中文大學，2003 年。

21. ———〈生命的學問——當代建構「中國哲學」的一個嘗試〉，收入景海峰編《拾薪集：「中國哲學」建構的當代反思與未來前瞻》，北京：北京大學，2007 年。

22. 鍾彩鈞〈明代程朱理學的演變——牟、勞二先生註釋理論的應用與反思〉，收入鍾彩鈞編《中國哲學史書寫的理論與實踐（中國文哲專刊 49）》，臺北：中研院文哲所，2017 年。

23. 羅根澤〈中國學術思想史的計劃〉，收入韋政通編《中國思想史方法論文選集》，臺北：大林，1981 年。

六、期刊論文

1. 李賢中〈中國哲學研究方法之省思〉，《哲學與文化》第 34 卷 4 期，2007 年 4 月，頁 73～99。

2. 沈享民〈論中國哲學的研究及其方法論問題：一個後設的反省〉，《哲學與文化》第 34 卷 4 期，2007 年 4 月，頁 67～85。

3. 杜保瑞〈實踐哲學的檢證邏輯〉，《哲學與文化》第 42 卷 3 期，2015 年 3 月，頁 77～98。

4. ———〈從天人合一談實踐哲學的檢證邏輯〉，《宗教哲學》第 74 期，2015 年 12 月，頁 99～117。

5. 吳啓超〈儒家爲何要對存在問題有所交代？再論牟宗三的「道德的形上學」〉，《國立政治大學哲學學報》第 20 期，2016 年 7 月，頁 33～67。

6. 吳汝鈞〈對於當代新儒學的再認識與反思（二）〉，《鵝湖月刊》第 382 期，2007 年 4 月，頁 42～53。

7. 李明輝〈省思中國哲學研究的危機——從中國哲學的「正當性問題」談起〉，《思想》第 9 期，2008 年 5 月，頁 165～173。

8. 李瑞全〈龍溪四無句與儒家之圓教義之證成——兼論牟宗三先生對龍溪評價之發展〉，《當代儒學研究》第 6 期，2009 年 7 月，頁 131～147。

9. 李維武〈從中西哲學比較中發現中國傳統哲學的特色與精義——以張岱年《中國哲學大綱》為中心〉，《江海學刊》2014 年第 6 期，頁 24～32。

10. 林安梧〈中西哲學會通之「格義」與「逆格義」方法論的探討——以牟宗三先生的康德學與中國哲學研究為例〉，《淡江中文學報》第 15 期，2006，頁 95～116。

11. ———〈新儒學理論系統的建構：牟宗三兩層存有論及相關問題檢討〉，《杭州師範大學學報》（社會科學版）2013 年第 2 期，頁 58～64。

12. 周詠盛〈論楊簡的覺悟經驗及其修養論〉，《揭諦》第 32 期，2017 年 1 月，頁 135～182。

13. 高柏園〈論勞思光先生之基源問題研究法〉，《鵝湖學誌》第 12 期，1994 年 6 月，頁 57～78。

14. 許宗興〈「中國生命實踐哲學」的範疇論〉，《華梵人文學報》第 8 期，2007 年 1 月，頁 53～88。

15. 張汝倫〈邯鄲學步，失其故步——也談中國哲學研究中的「反向格義」問題〉，《南京大學學報》（哲社版）2007 年第 4 期，頁 60～76。

16. 張志偉〈一種中國哲學的形而上學是否可能？——圍繞「格義」與「反向格義」關於「形而上學」譯名的分析〉，《中國社會科學評價》2017 年第 2 期，頁 15～22。

17. 陳　來〈關於「中國哲學」的若干問題淺議〉，《江漢論壇》2003 年第 7 期，頁 20～24。

18. 陳清春〈牟宗三「智的直覺」理論的內在矛盾與出路〉，《國立臺灣大學哲學論評》第 40 期，2010 年 10 月，頁 1～28。

19. 程偉禮〈中國哲學史：從胡適到馮友蘭〉，《學術月刊》第 8 期，1995，頁 68～73。

20. 彭文本〈良知的辯證——康德、費希特、牟宗三的理論比較研究〉，《臺大文史哲學報》第 69 期，2008 年 11 月，頁 273～308。

21. 葛兆光〈道統、系譜與歷史——關於中國思想史脈絡的來源與確立〉，《文史哲》2006 年第 3 期，頁 48～60。

22. 楊儒賓〈悟與理學動靜的難題〉，《國文學報》第 52 期，2012 年 12 月，頁 1～31。

23. 鄧曦澤〈合法性、方法論、格義與言說方式之牽掛——從二零零五年五月香港會議談起〉，《鵝湖月刊》第 362 期，2005 年 8 月，頁 43～53。

24. 劉笑敢〈再論中國哲學的身分、功能與方法——紀念唐君毅先生誕辰一百週年〉，《中國文哲研究通訊》第 19 卷 4 期，2009 年 12 月，頁 33～51。

25. 鄭宗義〈如何充分繼承勞思光先生對中國哲學研究的成果〉，《中國文哲研究通訊》第 23 卷 4 期，2013 年 12 月，頁 63～74。

26. 鄭家棟〈「中國哲學」的「合法性」問題〉,《中國社會科學文摘》2002年第 2 期。

27. 蕭振聲〈論馮友蘭、張岱年、勞思光三家的哲學史觀〉,《當代儒學研究》第 11 期,2011 年 12 月,頁 149～187。

28. ───〈牟宗三道德形上學新詮〉,《中正漢學研究》第 24 期,2014 年 12 月,頁 95～125。

29. 顧紅亮〈三種中國哲學史概念〉,《江海學刊》2013 年第 4 期,頁 62～68。

七、外文著作

1. Alvin Plantinga, *Warrant and Proper Function*, Oxford University Press, 1993.

2. Benjamin I. Schwartz, *In Search of Wealth and Power: Yen Fu and the West*, President and Fellows of Harvard college, 1983.

3. Ouyang Ming, 2012,"There is no Need for Zhongguo Zhexue to be Philosophy", *Asian Philosophy*, 22(3): 199～223.

八、翻譯著作

1. 朱利安（Francois Julien）〈法國對中國哲學的研究〉,收入戴仁編、耿昇譯《法國中國學的歷史與現狀》,上海:上海辭書,2010 年。

2. 安樂哲（Roger T. Ames）著、溫海明等譯《和而不同:比較哲學與中西會通》,北京:北京大學,2009 年。

3. 康　德（Immanuel Kant）著、鄧曉芒譯《純粹理性批判》,北京:人民出版社,2004 年。

4. 德希達（Jacques Derrida）著、張寧譯《書寫與差異》,臺北:麥田,2004 年。

5. 戴卡琳（Carine Defoort）著,楊民、季薇譯〈究竟有無「中國哲學」?〉,《中國哲學史》2006 年第 2 期。

九、學位論文

1. 林宏仁「勞思光宋明儒學方法論辨析」,臺北:中國文化大學哲學系博士論文,2012 年。